体育科学研究方法

『体育教育、运动训练方向』

Research Methodology
for Sport Science

《体育科学研究方法》编写组 编

北京体育大学出版社

序

人才培养是高等学校的根本任务，对处于学校工作中心地位的教学工作来说，其质量建设是高等学校的永恒主题。作为传授知识、掌握技能、提高素质的载体，教材在人才培养过程中起着非常重要的作用，是高等学校提高教学质量，促进内涵发展的有力抓手。

一本好的教材，不仅要充分体现教材应有的基础性、示范性和权威性，还要正确把握教学内容和课程体系的改革和创新方向，充分反映学科的教育思想观念、人才培养模式以及教学科研的最新成果，集中展现教材体系的创新，教材内容的更新和教学方法、手段的革新，善于处理好理论与实践、继承与创新、广度与深度、知识与技能、利学与利教的关系，成为开拓学生视野、引导学生探索、鼓励学生奋进的学业与人生兼备的“工具书”。

从中央体育学院到北京体育学院再到北京体育大学，这 60 年的办学历程，是继承发展的 60 年，是改革创新的 60 年，也是教材建设硕果累累的 60 年。学校不断探索教材建设的内在规律，引领高等体育教育教材建设的创新之路，发展了具有自身特色的教材体系，形成了特色鲜明的 3 个发展阶段。第一阶段是在 20 世纪 50 年代至 60 年代，我校教师在苏联专家的指导下，制定和编写了各专业的教育计划、大纲和主要教材。这批教师在主持和参与 1961 年国家体委组织的体育院校 18 门课程教材编著工作中发挥了重要作用；而这批教材也成为我国独立编写的、对苏联教材模式有所突破的第一批体育院校教材。第二阶段是 20 世纪 70 年代末至 90 年代，我校教师在大量承担第二次重编体育院校教材牵头组织工作的同时，针对学校“三结合”的办学目标和人才培养模式，开始了多学科、多专业的自编教材建设。第三阶段是进入 21 世纪以后，特别是国家体育总局于 2002 年下拨教材建设专款 480 万元之后，我校教材建设在数量和质量上都取得了重大突破。至 2010 年，共立项建设了涵盖我校各专业课程的 187 项教材，其中有 4 项教材获得国家级优秀（精品）教材称号，14 项教材获得北京市精品教材称号。可以说上述 3 个阶段的发展，使我校教材建设水平达到了一个空前的高度，为高等体育人才的培养发挥了重要的作用。

为全面提高高等体育教育质量，深化高等体育教育教学改革，继续加强体育学精品教材建设，2012 年年初，在北京体育大学教学指导与教材建设委员会的具体指导下，我们启动了高等教育体育学精品教材建设工程。学校遴选教育部新颁布的体育学类所属的体育教育、运动训练、社会体育指导与管理、武术与民族传统体育、休闲体育、运动康复、运动人体科学 7 个本科专业的部分基础课程和主干课程开展精品教材建设。我们整合了全校的优质资源，组织专家、教授全程参与教材的规划、编写、初审、终审等过程。按照精品教材的要求，以优秀的教学团队编写优质的教材，出精品、出人才为建设思路，编委会优选学术水平与教学水平兼备、具有创新精神的专家、教授担任教材主编，组织优秀教学团队成员参与教材编写：精确定位教材适用对象，准确把握专业知识结构、能力结构和综合素质要求，深刻领会课程内涵，简洁洗练地表达知识点、能力点和素质点；融入最新的教改成果和科研成果，吸收国外优秀教材的先进理念和成果，创新利于学生自学和教师讲授的教材体例；学校还投入专项资金，对教材进行一体规划、一体设计、一体编审，并采用多色印刷技术增加教材的可读性；为全力保证教材编写质量，北京体育大学出版社资深编辑深度介入教材编写的所有环节。当这批教材展现在读者面前时，我们充满了期待。

岁月如流，薪火相传。60 年的教材建设成绩斐然，推动着体育学教材建设步入新的起点、站在新的高度。展望未来，一批批体育学精品教材将随世界一流体育大学的建设进程应运而生，不仅在学校内涵式发展的改革进程中发挥重要作用，而且在全国高等体育院校人才培养中做出积极贡献，在高等教育教材建设中留下浓墨重彩的一笔。

北京体育大学校长
校教学指导与教材建设委员会主任
2013 年 9 月

北京体育大学高等教育体育学精品教材编委会

教材编写组

组　长：池　建

副组长：张　凯

成　员：（以姓氏笔画为序）

池　建　张　凯　屈子圆

前　言

大学教育发展到今天，强调通识教育似乎是一种趋势。而通识教育中，方法学教育又是更具基础性和全局性的教育。体育科学研究方法课程的目的，就是帮助学生在学习和掌握各科知识的基础上，理解什么是科学，什么是研究，理解如何去控制，怎样去操作，以获取真知。从远古至今，在漫长的发展过程中，人类为了获取真知、适应环境、发展自己，尝试着各种方法，如从自己的祖辈中、从宗教中、从经验中，都可以在某种程度上获得有用的知识。但能够最可靠、最有效、最系统地获取真知的方法，莫过于科学；能够最可靠、最有效、最系统地帮助人类超越其他物种的方法，也莫过于科学。而科学的精华，便凝炼在研究方法中。这套研究方法体系，引领并保证了人类更好地选择、适应和改变环境。攀登珠峰，必须借助专业攀岩设备；同理，探索未知，必须依靠科学方法。在大学教育中，许多课程是定向于已知的；而科学研究方法课程，则是定向于未知的。

体育科学研究方法与其他学科研究方法既有明显的共同点，也有明显的不同。这些异同也表现在本书的框架与内容之中。例如，实验方法、调查方法等各学科大同小异，技术统计则具有体育科学研究的特性。体育科学研究方法的教学也体现出可能不同于其他学科研究方法教学的特点。例如，一些学生擅长并习惯于具象思维，因此，在教学中就需要通过多举实例说明概念；又如，一些学生注重如何做而忽视为什么，因此，在教学中就需要解释为什么与如何做的关系。

本书在编写思路上有四个特点，（1）强调针对性。本书是为体育院校术科专业本科生“体育科学研究方法”课程所编写的教材，面对的教学对象是体育教育、运动训练、民族传统体育、社会体育、休闲体育等专业本科生。因此，本书从内容选择、体例设计到深度把握和难度掌控方面，主要针对的是其学士学位论文撰写工作。根据术科专业研究需求、学生知识能力基础、课时设定情况，在内容上，除了介绍科学研究一般过程，包括选题、文献回顾、研究设计、格式规范以外，还选择了体育术科专业本科生更多采用的问卷调查、访谈、实验、内容分析和比赛技术统计等具体研究方法。在研究案例上，除了选择体育术科专业研究成果，还特别增加了大量全国体育院校优秀本科毕业论文。（2）强调实践性。根据科研方法类课程强调实践性特征，本书中有大量研究案例，每一章都配有与主题内容相关的研究摘要，便于学生通过案例理解抽象的理论知识。（3）强调操作性。国内一些科研方法类图书的最大弊端是理论性太强，操作性较弱，而研究方法是一门实践性、操作性极强的课程。本书尽量将复杂的研究过程转化为流程图、对比表、操作图，增加了对案例的详解，使研究过程更具操作性。（4）强调拓展性。本书通过专栏设计对相关问题进行延伸阅读，以开拓学生的研究视野，丰富其知识内涵。

本书共分七章。第一章“科学与研究”介绍了科学的基本含义、研究的类型与过程；第二章“研究思路与选题规划”介绍了好的研究、好的论文的标准和选题的来源与方法；第三章“研究设计”介绍了概念的操作性界定、概念的测量、信度与效度，以及如何确定研究类型与方法、选择研究参与者、本科毕业论文开题报告的撰写；第四章“文献研究”讨论如何从文献中梳理研究信息，发展研究设想，讲述内容分析研究设计；第五章“实验研究”介绍了实验的要素、类型与程序；第六章“调查研究”介绍了问卷调查、访谈调查两种最常用的调查方法以及比赛技术统计的研究设计过程。第七章“报告与交流”介绍了研究报告的撰写常规、论文投稿与论文答辩的注意事项。

本书由北京体育大学池建教授负责编写纲要、体例格式的整体规划及最终统稿，第一至第七章执笔人为张凯，第六章“调查研究”中的第三节“比赛技术统计”执笔人为屈子圆。

特别感谢胡杨老师对本书整体规划上所给予的无私帮助与支持，以及完成过程中的支持。

感谢张力为老师、毛志雄老师、郭璐老师对本书编写思路和技术细节予以的悉心指导，感谢种青、张慧、金潇、王子涵、王鹤、赵丹彤等同学帮助收集部分资料和文字校对，感谢书中所引用的所有研究文献的作者。

《体育科学研究方法》编写组

2013年8月

目录 CONTENTS

第一章　科学与研究

3 / 第一节　科学含义

8 / 第二节　研究类型

19 / 第三节　研究过程

23 / 第四节　科学精神

第二章　研究思路与选题规划

32 / 第一节　研究思路

42 / 第二节　选题来源与原则

51 / 第三节　选题方法与程序

第三章　研究设计

59 / 第一节　概念的操作化

64 / 第二节　变量的测量

70 / 第三节　信度和效度

76 / 第四节　确定研究方法

81 / 第五节　选择研究参与者

92 / 第六节　开题报告的撰写

第四章　文献研究

104 / 第一节　文献概述

115 / 第二节　文献检索

133 / 第三节　文献阅读
139 / 第四节　文献综述
142 / 第五节　内容分析法

第五章　实验研究

155 / 第一节　实验概述
162 / 第二节　实验的基本程序
168 / 第三节　实验设计的类型

第六章　调查研究

182 / 第一节　问卷法
203 / 第二节　访谈调查法
212 / 第三节　比赛技术统计

第七章　报告与交流

228 / 第一节　研究报告的撰写格式
245 / 第二节　研究成果的交流与答辩

附　录

第一章 科学与研究

关键术语

科学　研究　方法　探索性研究　描述性研究　解释性研究　定量研究　定性研究　横向研究　纵向研究　调查研究　实验研究　文献研究　趋势研究　同期群研究　同组研究　科学精神

学生疑问

究竟什么是科学？科学与宗教是什么关系？体育是科学吗？
怎么做研究？都有哪些具体的研究方法？
本科生也可以做科研吗？为什么要写毕业论文？

学习目标

通过本章的学习，你将能够：

1.理解科学的内涵，明确科学、研究、方法等基本概念的含义。

2.掌握按照不同标准，研究可以划分的不同类型。

3.理解研究方法是有层次的，方法论取向上的差异导致具体研究方法的选择不同。

4.了解科学研究的基本步骤以及学士学位论文的工作流程。

研究摘要

Bar-Eli, M., Azar, O. H., Ritov, I., Keidar-Levin, Y, & Schein, G. Action bias among elite soccer goalkeepers: The case of penalty kicks. Journal of Economic Psychology, 2007, 28（5）, 606－621.

问题：2008年12月14日，纽约时报专文介绍本年度对公众影响最大的核心观点，其中第八个核心观点被称作“守门员的科学”（Thompson, 2008）。该文介绍了以色列运动心理学家发表在《经济心理学》上的论文“优秀足球守门员的行动偏误：点球案例分析”，该论文是用数据来说明，在足球罚点球中，守门员是向左扑救，还是向右扑救，抑或站在中间等待更有可能救到球?

方法：对高水平足球比赛中的286次点球进行分析，计算守门员向左或向右扑救以及站在中间的次数，并分别计算成功扑救的百分比。比较向左或向右扑救和在中间等待的成功率，并进行卡方检验。

结果：在286次点球中，守门员有268次（93.7%）扑向左边或右边，只有18次（6.3%）站在中间等待。而实际上，此时守住中间最有可能救到球，成功率为33.3%；向左或向右扑救的平均成功率仅为13.4%。对两者进行差异检验，χ^2（1, 286）= 5.33, p = .02，站在中间等待的扑救成功率显著高于向左或向右的扑救成功率。既然如此，为什么守门员还是更多做出向左或向右扑救的行为，而不是站在中间等待呢？作者分析了这种错误决策背后的原因：守门员希望给人留下他们在关键时刻决策果断的印象，而不愿意别人认为他们因无所作为而失球。如果站在中间不动，会让人觉得自己很无助，不知如何是好。但在正常情况下，人们遇到难题时，往往是观望、不行动，期待难题慢慢退去。因为，此时一旦决策失误，会使人承受更大的代价，产生更多的后悔。然而，守门员临危时的举动却与平常人遇到难题时的举动大相径庭。该文作者之一Bar Eli（亚洲及南太平洋地区运动心理学会副主席）进一步分析说，同样的情况可能正出现在当前的金融危机中：在危机面前，政府官员、首席执行官、经理、投资人等都面临着果断决策、挽救败局的强大压力，但结果很有可能是，全球金融系统跃起扑救，却冲向了错误的方向。

第一节 科学含义

一、什么是科学?

提到“科学”一词，每个人瞬间产生的联想各不相同，有数学、物理、化学等学科名称，有电脑、航天飞机、精密仪器等高科技产品，有身穿白大褂、手握试管瓶的实验室场景，也有爱因斯坦、伽利略等大科学家的形象表征……关于“科学”的含义，近代以来，人们始终没有停止过争论。

（一）科学有公认的定义吗?

“科学”这一概念耳熟能详，但若深究其确切含义时却发现众说纷纭、莫衷一是，可以说，“什么是科学”是困扰人类的一大问题。几个世纪以来，不断地有哲学家、思想家、科学家和教育家试图给予自己的解释，终因各自的视角、认识不同，而难以形成一个公认的界定方式。

1. “科学”的词源

科学（Science）一词应该是“现代科学”（Modern Science）的简称，直到16世纪才真正开始对其进行定义。“science”来源于拉丁语“scientia”，原意为“知识”或“学问”，指发现、积累公认的普遍真理或普遍定理的运用，已系统化和公式化了的知识，通常是指自然科学。在中国古汉语中，科学一词意为“科举之学”，而非科学（Science）之含义，science一词传入中国之时，被翻译为“格致”。明治维新时期，被称为“日本近代教育之父”的福泽渝吉将“science”翻译成“科学”，并于1893年由康有为引进并使用“科学”一词，沿用至今。由此可见，科学一词为中国人所熟知，不过才有百余年历史。

2. “科学”的含义

近代以来，人们对科学有着不同的定义方式，从各自视角去解释科学的含义，归纳起来，有如下比较重要的观点。

（1）科学是知识体系。“科学是人类社会现存各类知识体系的总称，涵盖了人类认识进步的一切成果”，这是人们对“科学”定义中最为一致的观点。科学是知识体系，但知识不等于科学，它只是科学的产物。

（2）科学是方法手段。科学是产生知识的方法，也是解释世界的一种方法。人类生存与发展的目的之一就是理解我们所生活的世界，而科学即是这方法之一。

（3）科学是探索过程。爱因斯坦曾言："科学的本质不单单是知识的总和，还应该包括研究方法与探索过程。"科学不等于真理，而是人们获得真理的途径与方法。

（4）科学是思维方式。科学不只是获得知识的手段，还是审视和思考的方法。科学崇尚理性，主张使用合理的方法、正确的推理以及客观的证据去发现真理。科学哲学家理查德·费恩曼（Richard Phillips Feynman）说："科学是一种方法，它教导人们：一些事物是如何被了解的，不了解的还有些什么，对于了解的，现在又了解到什么程度（因为任何事情都没有被绝对了解），如何对待疑问和不确定性，依据的法则是什么，如何思考问题并作出判断，如何区别真理与欺骗、真理与虚饰……在对科学的学习中，你学会通过试验和误差来处理问题，养成一种独创精神和自由探索精神，这比科学本身的价值更巨大。"

（5）科学是思想文化。科学是现代西方文化的一部分，西方文化主要包括3大部分，即希腊经典与罗马政治、基督教和科学与民主。近代科学始终是伴随着与宗教神学斗争发展而来的，科学在西方的出现既是思想进步的历史，也是文化发展的历史。

近代以来，关于科学概念的理解可谓见仁见智，综合对科学的各种定义方式可以概括为：科学既是人们审视和思考世界的方式，也是运用客观的方法所获得客观世界及其变化规律的知识体系，是认识和理解世界的一种方法。

3. 科学与技术有什么不同？

科学与技术是人们经常合并使用的两个词，也是容易混淆的两个概念。"技术"（Technology）来源于希腊语，意为知识技能和操作技巧，科学与技术是有着显著差异的。（表1-1）

表1-1　科学与技术的差异

科学	技术
认识世界	改造世界
发现规律、揭示规律	利用规律
是什么、为什么	做什么、怎样做
原理	产品
发现	发明
从具体到抽象	从抽象到具体

（二）科学的目标是什么？

科学的最终目标是理解我们所生活的这个世界。科学意义上的理解包括4个具体目标，即描述（Description）、解释（Explanation）、预测（Prediction）和控制（Control）。体育科学则是力图对体育运动参加者的活动和行为进行描述、解释、预测和控制。一般来说，"描述"回答"是什么"的问题，"预测"回答"将怎样"的问题，"解释"回答"为什么"的问题，而"控制"回答"我（们）将使它怎样"的问题。针对任何一个具体目标的研究都是有价值的，但不是等值的。这4个具体目标是按难度递增和分层的。

以本章文前的研究摘要为例，上述4个科学的具体目标可用图1-1表示。

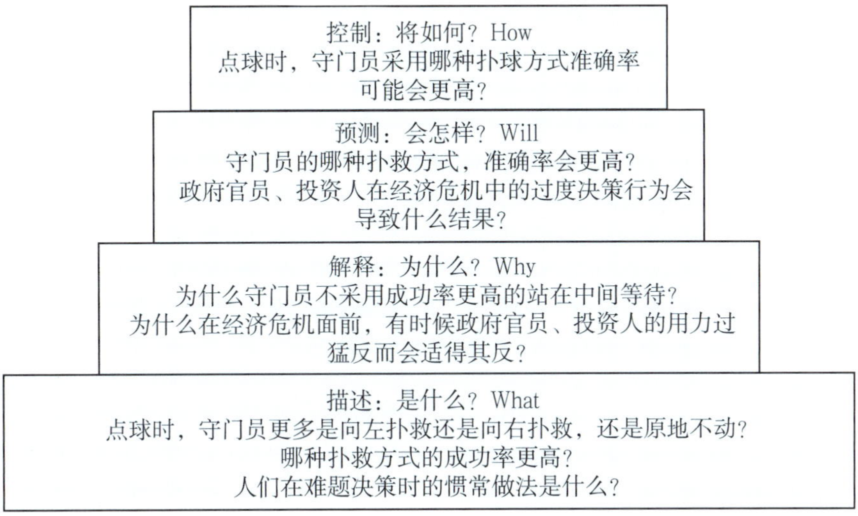

图1-1 科学目标的4个递进层次：描述、解释、预测和控制

（三）体育科学隶属于哪一类学科体系？

体育科学（Sports Science）是用科学的方法来探求体育的本质和规律，是研究社会各种体育现象、最大限度发挥人体运动能力，通过身体练习进行教育并提高健康水平的综合性科学，是一个系统的学科群。

根据联合国教科文组织制定的分类法，将大学学科分为6类：自然科学、工程学、医药科学、农业科学、社会科学和人文科学与艺术。此分类中并未明确注明体育学的隶属范围。《中华人民共和国学科分类与代码国家标准》（简称《学科分类与代码》），是我国关于学科分类的国家标准，标准号是GB/T 13745-2009。在此国家标准中，共设5个门类、62个一级学科或学科群、676个二级学科或学科群、2382个三级学科。体育科学作为一级学科隶属于人文与社会科学门类，并有13个二级学科，即体育教育学、运动训练学、体育史、体育理论、运动生物力学（包括运动解剖学等）、运动生理学、运动心理学、运动生物化学、运动保健学、武术理论与方法、体育管理学、体育经济学和体育科学其他学科。

二、什么是研究？

所谓研究（Research），简单地说就是一种发现问题答案的方法。广义上讲，其实每个人都会做研究，我们需要搜集资料，经过思考，以解释某种现象或解决某个现实问题。例如，运动员需要找到适用于自己的赛前情绪调整方案，以期达到最佳竞技运动状态；体育教师面临解决激发高中女生运动动机的难题，以实现运动参与的教学领域目标；2013年2月14日，南非残奥明星“刀锋战士”奥斯卡·皮斯托瑞枪杀女友之后，警察、法官、心理学家、犯罪学家、家人、教练、队友、同行以及无数普通民众，都在为这一行为作出自己的各种解释。

除了研究，还有其他方法可以获得问题答案，诸如权威、传统、常识、媒体、个人经验、宗教、理性等，人们常常运用权威和经验的方法来获得知识或理解我们所生活的世界（表1-2）。无论古今，人们的许多知识都是从权威那里获取的，每天通过上课、读书、看报纸、听广播、看电视、上网等方式接受权威的知识。这些知识非常重要，但是也会有局限，他们只是某一领域或某一专业的权威，也会随着知识的快速更新而滞后。科学研究的特征之一就是可争辩性，崇尚质疑与反驳。因此，当与权威的观点相左时，应该保持独立思考的意识与能力，不盲从、不偏信，用科学的方法去实证和检验，人类对世界的认识正是在这样不断的质疑中向前发展的。经验也是知识获取和问题解决的重要来源，既有从别人那里获得的间接经验，也有个人在生活中观察和体验到的直接经验。但是，这些经验往往是不精确的，没有得到严谨的推理检验，带有非常强烈的主观性和片面性，常常出现个人经验的过度概念化。中国的竞技体育训练中存在比较严重的忽视科学方法全凭经验感觉的现象，如询问教练选拔运动员的标准和方式，最常见的回答就是“凭感觉”。经验固然重要，人类所有的知识理论最初都是来源于直接经验，但无条件的相信经验则是危险的，因为未经检验的经验中包含着许多谬误与偏见。

表1-2　科学研究的替代方式

替代性解释	例子：在家务劳动的性别分工中，为什么妇女倾向于洗衣服呢？
权威	专家说：当他们还是孩子时，女性就被教导着制作、挑选、缝补和清洗衣服，这些是女性注重外表、照顾孩子和其他家人的一部分。女人洗衣服是基于她们孩童时期的准备。
传统	女人已经洗了几个世纪的衣服，所以这是很长时间内都在发生的事情的延续。
常识	男人不如女人注重服饰，所以女人更常洗衣服才说得过去。
媒体	电视广告播放女人经常洗衣服，而且都喜欢洗，所以她们洗衣服是因为她们认为这很有趣。
个人经验	我的母亲和我所有朋友的母亲都洗衣服，我的女性朋友都为他们的男友洗衣服，但是男性都不为女性洗，女人洗衣服是理所当然的。

引自劳伦斯.纽曼，2007，9-10页

专栏1-1 都是幽门螺旋杆菌惹的祸

20世纪80年代以前，胃炎和胃溃疡是困扰医生和患者的一种反复发作难治愈的慢性病。1979年，澳大利亚病理学医生罗宾·沃伦（J. Robin Warren）在慢性胃炎患者的胃窦黏膜组织切片上观察到一种弯曲状细菌，并且发现这种细菌邻近的胃黏膜总是有炎症存在，因而意识到这种细菌和慢性胃炎可能有密切关系。1981年，他和同事巴里·马歇尔（Barry J. Marshall）

合作，以100例胃病患者为对象进行研究，证明这种细菌的存在确实与胃炎相关。1982年，他们做出了幽门螺旋杆菌的初始培养体，并发展了关于胃溃疡与胃癌是由幽门螺旋杆菌引起的假说。幽门螺旋杆菌假说在刚刚提出时被科学家和医生们嘲笑，因为以前的权威观点认为胃溃疡主要是由于压力、刺激性食物和胃酸过多所引起的，他们不相信会有细菌生活在酸性很强的胃里面。为了证明这个假说，马歇尔服用了试管里面的细菌并且在不久后罹患胃溃疡，而后使用抗生素治愈了胃溃疡。1984年4月，他们的成果发表在世界权威医学期刊《柳叶刀》上，立刻在国际消化病学界引起了轰动。大量研究表明，超过90%的十二指肠溃疡和80%左右的胃溃疡，都是由幽门螺旋杆菌感染所导致的，抗生素的治疗方法已被证明能够根治胃溃疡等疾病。幽门螺旋杆菌及其作用的发现，打破了当时已经流行多年的人们对胃炎和消化性溃疡发病机理的错误认识，被誉为是消化病学研究领域里程碑式的革命。由于他们的发现，溃疡病从原先难以治愈反复发作的慢性病，变成了一种采用短疗程的抗生素和抑酸剂就可治愈的疾病，大幅度提高了胃溃疡等患者获得彻底治愈的机会，为改善人类生活质量作出了贡献。2005年10月3日，瑞典卡罗林斯卡研究院宣布，2005年度诺贝尔生理学或医学奖授予罗宾·沃伦和巴里·马歇尔。

研究是应用科学的方法探求问题答案的一种过程，用专门的技术有计划和有系统地收集经验证据，然后用客观的证据来支持或否定理论假设，使用可获得的经验证据对世界的一种系统解释，这正是科学所强调的方法。但是需要强调的是，科学研究并不是人类解释世界或解决问题的唯一方法，有些问题本身或许不能用科学的方法去解决，如宗教的、伦理的、哲学的、艺术的，但它却是已知的各种方法中最可靠和最有效的方法。

三、什么是方法?

“方法”的含义比较广泛，在哲学、教育学、科学和日常生活中都有着不同的解释和定义。从哲学层面上理解“方法”一词，东西方存在较大差异，中国认为是规范和标准，西方则认为是工具和手段。归纳起来“方法”主要有如下含义：（1）古代指度量方形之法。语出《墨子·天志中》：“中吾矩者谓之方，不中吾矩者谓之不方，是以方与不方，皆可得而知之。此其故何？则方法明也。”（2）为达到某种目的、解决问题所采用的手段与方式。（3）方术、法术。（4）法则，规范与标准。（5）规律的应用，表现为方式、手段、途径和步骤等。现代汉语词典将“方法”定义为：关于解决思想、说话、行动等问题的门路、程序等，如学习方法、工作方法和思想方法。

第二节　研究类型

一、研究方法有层次吗?

研究方法是从事研究的计划、策略、手段、工具、步骤以及过程的总和，是研究的思维方式、行为方式以及程序和准则的集合，包括方法的特点、理论基础、操作程序、具体手段、作用范围等方面（陈向明，2000）。研究方法是一个有着不同层次的综合体系，通常将体育科学研究方法划分为3个层次，即方法论、研究方式和具体研究方法。方法论位于研究方法体系顶层，方法论取向上的差异决定了不同研究方式选择。具体的研究方法如实验法、问卷法、访谈法、内容分析法等处于体系的最下端，采用哪一种具体的研究方法取决于研究者所秉持的科学哲学方法论观念和研究议题的适用性。（图1-2）

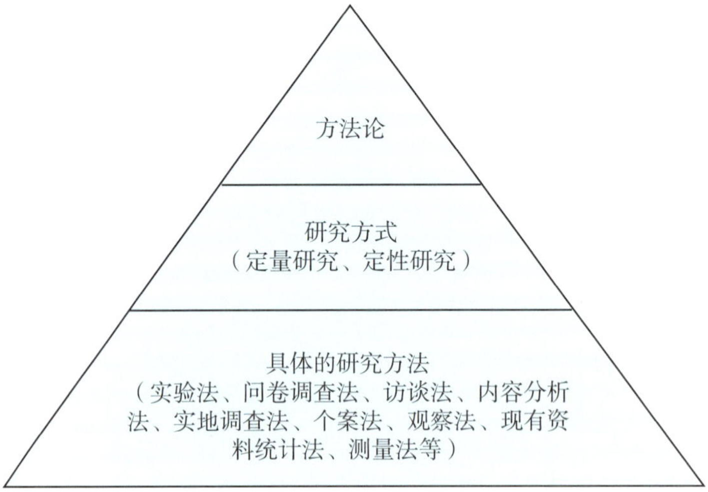

图1-2　体育科学研究方法体系图

（一）为什么方法论如此重要?

在日常生活中，人们常常把方法等同于方法论，但事实上，方法和方法论却是两个相关但含义不同的概念。方法是收集研究资料的具体手段与技术，而方法论（Methodology）所涉及的是研究的哲学基础，主要探讨研究的基本假设、逻辑、原则、规则和程序等问题，是指导研究的一般思想或哲学（袁方，1997；风笑天，2005）。虽然在研究报告中不会明确写上方法论，甚至是研究者本人也不一定自觉意识到自己所采用的方法论名称，但它的影响却贯穿在整个研究过程之中。不同的方法论取向，决定了研究者在收集和分析资料时采用截然不同的研究方式。在社会和行为科学领域，有两种相互对立的基本方法论倾向，即实证主义方法论和诠释主义方法论。实证主义取向的研究者会更多选择实验法、问卷调查法、数理统计法等定量方法，诠释主义取向的研究者则侧重于实地调查、访谈等定性方式。

1. 实证主义方法论

实证主义（Positivism）于19世纪30~40年代由法国哲学家孔德（Auguste Comte）提出，并在此后长期占据社会研究方法论的主流地位，对整个世界的社会与行为科学研究产生了深远的影响。实证主义认为经验是知识的唯一来源，一切知识都要建立在经验证实的基础上，主张社会科学研究和自然科学一样具备可重复性、可操作性的科学属性特征，能够通过具体的观察、客观的资料、精确的测量、严谨的推理，最终概括得出结论。因此，在研究方式上，定量研究成为实证主义方法论的最典型特征。

2. 诠释主义方法论

诠释主义(Interpretivism)也称为解释主义或人文主义,是与实证主义相对立的方法论取向。狄尔泰(Wilhem Dilthey)和韦伯(Weber)反对将社会现象等同于自然现象,反对将自然科学方法论直接应用于人文学科,主张人类对世界的体验并非是对外界物质世界的被动感知与接受,而是主动认识与解释,强调人对世界和行为的理解。研究者的目的并不是获得对认识事物的唯一客观答案,而是发挥他们在研究过程中的主观性,去理解生活在某个特定环境和历史背景下的人们思想与行为。在研究方式上,定性研究是诠释主义方法论的最典型特征。

实证主义与诠释主义方法论取向之比较,见表1-3。

表1-3 实证主义与诠释主义方法论取向之比较

方法论	实证主义	诠释主义
研究方法	定量	定性
推论逻辑	演绎	归纳
认识论	客观论（认识主体与认识对象是二元关系）	主观论（认识主体与认识对象不可分割）
价值观	研究是价值中立的	研究受到价值的限定
本体论	现实主义	相对主义
因果关系	结果之前或同时必有真实的原因	一切事物都会同时相互依存，不可能区分原因与结果

引自阿巴斯·塔沙克里，查尔斯·特德莱，2010，22页.

（二）为什么研究方式分为定性研究与定量研究?

实证主义和诠释主义方法论最集中的体现是定性研究与定量研究，这两种研究方式从开始的截然对立逐渐走向相互融合，体育科学研究方法发展的主流趋势之一便是定性、定量相结合。

1. 定量研究

定量研究（Quantitative Research）又称为量化研究，是自然科学的实证主义取向最典型的研究方式。定量研究是以数字化符号为基础去测量事物，进而分析和解释事物某些因素间量的变化规律，目标是确定变量之间的关系和因果联系。定量研究适用于大样本群体描述性和解释性研究，能够揭示群体行为的普遍规律。实验法、调查法、内容分析法是最常见的具体研究方法，其研究结果通常以数据、模型和图表来表示。

专栏1-2 唐诗排名谁能排第一？

中国素有“文无第一，武无第二”之说，对于文学艺术的评价历来都是见仁见智，极具主观感性色彩。如果问唐诗中哪一首最有名、最耳熟能详？恐怕很多人的回答都是李白的《静夜思》，然而武汉大学中文系王兆鹏教授却给出了一个出人意料的答案。

2011年，中华书局出版了一本极具争议的新书——《唐诗排行榜》，这是王兆鹏教授采用现代统计学量化的方法，潜心17年研究的成果。他说：“过去人们对诗人及其作品都是感性地评价，而我想用科学方法进行分析，这个排行榜不是我主观定制，也不是专家投票选出的，而是从1994年开始，我和我的历届研究生们人工收集、手工计算，后来又用计算机，一步步收集、整理数据所计算出来的结果，前后做了17年的时间。”研究选取了5个指标：历代选本入选唐诗的数据、历代评点唐诗的数据、20世纪研究唐诗的论文数据、文学史著作选介唐诗的数据、互联网链接文章篇数。每组数据进行标准化处理后，再加权求和，按照公式$R_j=(X_j\cdot 50\%+P_j\cdot 20\%+Y_j\cdot 15\%+L_j\cdot 10\%+H_j\cdot 5\%)\cdot 1000$计分，根据综合分值进行排名。

按照这个公式计算，崔颢的《黄鹤楼》因17次入选古代选本、24次入选现代选本、38次历代点评、9次文学史录入、1篇研究论文、总分815.3位列唐诗排行榜榜首，《静夜思》只能排第31位，李白凭借位列第10名的《蜀道难》勉强跻身前10强。

你如何看待这份榜单？

2. 定性研究

定性研究（Qualitative Research）又称为质化研究，是人文科学的诠释主义取向最典型的研究方式。定性研究采用自然主义的态度，以观察资料作为研究起点，具有描述性、探索性、情境性和主体性特征。定性研究是非实验、非数据化的，其目的是理解社会现象和个人。参与式观察、无结构式访谈、实地调查等是最常见的具体研究方法，其研究结果通常是以文字而不是数据表现出来。定性方法很适用于竞技运动领域的研究，（1）世界冠军、奥运会冠军、顶级运动员是有限人群，对这一少数群体进行研究，难以获得较大的样本量，不适宜做大样本的定量研究。（2）这一群体与普通人群在心理、行为、成长环境等方面都有着较大的差异，具有极为明显的个体特征。而定量研究更侧重对普通人群的一般规律探究，定性研究则适用于对特殊人群的深入理解。

定量研究方式与定性研究方式的比较，见表1-4。

表1-4 定量研究方式与定性研究方式的比较

	定量研究	定性研究
哲学基础	实证主义	诠释主义
研究范式	科学范式	自然范式
逻辑过程	演绎推理	归纳推理
理论模式	理论检验	理论建构
主要目标	确定相关关系和因果关系	深入理解社会现象
分析方法	统计分析	文字描述
主要方式	实验、调查	实地研究
资料收集技术	量表、问卷、结构观察等	参与观察、深度访谈等
研究特征	客观	主观

引自风笑天，2009，14页

专栏1-3　爱与哀愁：运动员退役过程中的心理状态

举国体制下运动员退役问题一直是政府、社会关注的难题，学术界的研究多集中在制度建设的争议中，较少关注心理因素对运动员退役过程的影响。浙江大学体育系王进教授于2008年在《心理学报》第3期和第4期连续发表两篇研究报告，用文字描述的定性和统计分析的定量两种方式，分别探讨了运动员退役过程中的心理状态。

王进.运动员退役过程中的心理定性分析：成功与失败的个案研究.心理学报，2008，40（3）：368-379.

研究采用定性分析的方法，旨在探索我国运动员退役过程中为什么有的运动员能够顺利退役，重新开创新事业，而有的运动员却不能。研究以Torregrosa等的理论模式为设计思路，采用综合个案研究设计，选取4个成功和4个失败个案，通过深度访谈、文献和语言分析技术，对8名运动员退役过程中的意识和行为进行剖析。结果发现，运动员退役过程中，主要在心理状态、退役意识、退役计划、自我调节、社会支持和生活满意度6个方面，反映出成功退役的运动员与失败退役的运动员之间的不同特征。成功退役的运动员通常有一个良好的退役意识，主动计划选择退役后的事业发展；失败退役的运动员则表现为对退役问题消极回避的应对行为。

王进. 我国运动员退役意识与心理状态的定量分析. 心理学报，2008，40（4）：496-506.

基于运动员退役过程理论，对我国运动员的退役意识和生活心理状态进行定量分析，旨在探索运动员在退役过程中的意识与心理状态变化。对现役运动员540人、退役运动员249人，共计789名运动员的退役意识和生活心理状态进行问卷调查。结果发现，在生活心理状态的评估方面，有退役想法的运动员要比无退役想法的运动员差；现役运动员的心理状态与退役运动员的心理状态在表现形式上不一样，主要表现为现役运动员反应了较高的生活焦虑，而退役运动员反应了较高的孤独感；运动成绩表现对运动员退役意识产生影响，表现为在国际比赛上获得名次的运动员退役意识相对高于其他运动员；运动员在退役过程中普遍感觉缺乏社会支持。

（三）具体研究方法有哪些？

具体的研究方法是指研究过程中所使用的资料收集和分析的方法，是在研究报告中需要详细说明的研究方法。目前，在体育科学研究报告中关于研究方法陈述部分存在许多问题，突出表现在以下几个方面：（1）研究方法不同层次的混用。在研究报告中需要陈述的是研究方法三层体系中最下端的具体研究方法，如实验法、问卷调查法、比赛技术统计法等。而属于上两层的研究方式和方法论则不应该出现在研究报告中。（2）不必罗列所有研究方法。通常一项研究在资料收集和分析过程中不可能只选择一种方法，而是多种方法共同使用，但在研究报告中只需要详细陈述研究所采用的最主要的研究方法即可，而不必将所有方法一一罗列。例如，文献回顾是所有研究的基础，只要是定量研究就会有数理统计，因此，不必将文献法和数理统计法陈述在研究方法中。（3）研究方法陈述说明过于简单。科学研究具有可重复特征，一项研究如果是科学的，就要经得起别人的重复检验。其他人按照同样的研究方法重新操作一遍，应该得到相同的结果。因此，具体研究方法应详尽描述研究工具与过程。

研究方法主要有实验法、调查法和文献法三大类别，具体研究方法体系构成详见图1-3。

- 研究方法
  - 实验法
    - 实验室实验
    - 现场实验
  - 调查法
    - 问卷调查法
    - 访谈调查法
    - 实地调查法
    - 观察法
    - 专家调查法
  - 文献法
    - 内容分析法
    - 现有统计资料分析法
    - 二次分析方法
    - 历史比较法

图1-3　具体研究方法体系构成

二、研究有哪些类型?

（一）按照研究目的如何划分?

1. 探索性研究

所有研究都是经历从无到有、由浅入深的过程，人类对自然界和自身的认识正是藉由这一过程而逐步深化的，而研究者对研究对象的最初了解过程即为探索性研究（Exploratory Research）。探索性研究是研究系列的第一个阶段，目的是要构想出较为精确的问题，以便未来研究能够据此寻求进一步的解答（劳伦斯·纽曼，2007）。此类研究适用于两种情况：（1）研究课题属于新的研究领域，前人未曾有所涉及，如专栏1-3所示例的运动员退役过程心理分析定性研究即属于探索性研究。（2）研究者本人对研究课题刚刚接触，不太熟悉。例如，长期从事中小学生自我发展问题的学者转向研究运动员自我发展过程与特征，需要熟悉和了解运动员的心理与行为特征，此阶段进行的分析即是探索性研究。

探索性研究由于前人研究积累较少，缺乏相应的理论基础，难以应用自上而下的演绎推理，更多采用自下而上的归纳总结。应用定性研究的资料收集技术，在实地调查、观察、访谈基础上，产生新的概念，提炼概括维度结构，并发展出可供后续实证检验的理论假设。

2. 描述性研究

描述性研究（Descriptive Research）是系统了解社会问题或社会现象的状况及其发展过

程，通过对现状的准确、全面描述，反映总体的特征及其分布（仇立平，2008）。描述性研究是科学研究的基础，也是科学研究的起点，试图呈现研究主题的一幅详细图像，回答“是什么”和“怎么样”的问题，并不进行原因探讨。典型的描述性研究是我国每十年一次的人口普查，目的是准确描述全国和各省市人口特征，包括人口数量、性别比例、城乡分配、年龄结构、受教育程度、婚姻状况、民族分布等重要指标状况。文献研究和调查研究是描述性研究最主要的方法。

3. 解释性研究

科学研究的目的是描述、解释、预测和控制，其中，解释是核心与关键，只有在明确现象发生原因机制的基础上，才能准确预测现象发生并进行有效控制。解释性研究（Explanatory Research）是建立在探索性研究和描述性研究的基础上，说明现象发生的原因，揭示现象之间的相互关系和因果关系，回答的是“为什么”的问题。科学研究常以因果关系分析的水平作为衡量研究质量的标准（王重鸣，1990），而实验法是揭示现象之间一一对应的因果关系最重要的研究方法。

（二）按照研究性质如何划分？

1. 基础研究

基础研究（Basic Research）是以揭示事物的本质及其发展规律，以获取新知识、新原理、新方法为主要目的而开展的研究。例如，“半乳糖凝集素在脐带间充质干细胞中的表达”（李常虹等，2013）、“工作记忆和长时记忆共享信息表征的ERP证据”（谭金凤等，2013）等，都属于基础研究。

一些学生质疑基础研究的意义，认为基础研究费时费力，还不能直接用于解决现实问题，不如应用研究有价值。事实上，大部分应用研究是建立在相关问题的基础研究之上的，是将基础研究提供的理论成果推广至具体应用领域，以解决现实存在的问题。例如，如何改进体育课教学方法以提高学生运动技能掌握程度是困扰体育教学的现实问题，对此，学术界进行了相当规模的应用性研究来探讨教师课堂有效教学行为和教学方法，但难以有突破性进展，原因在于人类动作发展和运动技能学习的规律尚未完全揭示出来，而这属于基础性研究。2011年，在第十三届中国科协年会期间，德国生物化学家、1988年诺贝尔化学奖得主哈特穆特·米歇尔和美国斯坦福大学物理系教授、1996年诺贝尔物理奖获得者道格拉斯·奥谢罗夫，在被问及中国何时能够摘取诺贝尔奖时，其不约而同地表达了一致的观点，即“中国应对基础性研究给予更多的重视”。道格拉斯·奥谢罗夫举了一个例子，1946年发现的核磁共振技术在当时是基础研究的一部分，应用范围非常小，但是几年后，这个发现很快就成为全球化学实验室中重要的工具之一。在核磁共振方面已经产生了4个诺贝尔奖，预计还会产生第5个诺贝尔奖。

2. 应用研究

应用研究（Applied Research）是以解决现实实践问题为主要目的而开展的研究，注重的是问题解决。应用研究通常是描述性的，目的在于描述现象状态和特征，并有针对性的提供问题解决的策略与方法。例如，在体育科学领域，“竞技运动员核心力量训练研究”（王卫星，李海肖，2007）、“论专项特征——当前我国运动训练存在的主要问题及对策”（陈小平，2007）等，都属于应用研究。学士学位论文以应用研究更为普遍，采用学科专业某一具体理论，以解决现实存在的问题。

（三）按照研究方式如何划分？

1. 实验研究

实验研究（Experimental Research）是以理论假设为指导，经过精心设计，在严格控制的条件下操纵和控制一些自变量，观察因变量随被操纵变量的变化而变化的趋势，探究自变量与因变量之间因果关系的研究。实验对解释性研究最为有用，是寻找和确定变量间因果关系最可靠的方法。实验研究有4个基本要素，即控制、自变量、因变量、因果关系。

2. 调查研究

调查研究（Survey Research）是通过问卷、访谈、实地观察等方式，收集各种资料，以探求客观事物真相、性质和发展规律的研究。可以说，调查研究是一项相当古老的研究方式，也是社会研究中使用最广的研究技术。适宜进行调查研究的议题主要有4类：（1）行为。例如，“我国城乡居民体育锻炼行为差异与均衡化途径研究”（杨芳，李先雄，2012）。（2）态度、信仰和观念等。例如，“大学生身体锻炼行为态度与体育价值观的关系”（陈开梅，董磊，杨剑，2012）。（3）特征。例如，“高校体育教师综合素质结构现状及培养方法”（陈黎明，安春海，2013）。（4）知识。例如，“体育院校大学生信息素养调查分析”（李爱玲，2012）。

3. 文献研究

文献研究（Literature Research）是收集文本或视频资料，对文字、图像、数据进行分析，以揭示研究对象现状特征和发展变化规律的研究。文献研究的最大特点是不直接接触研究对象，而是利用二手资料进行研究，具有明显的间接性、无干扰性、无反应性特点。具体研究方法主要有4种。（1）内容分析法。是对在书面或符号资料（包括图画、电影、网络等）中的信息或内容进行分析的一种技术，如“北美体育社会问题研究主题的趋势分析——以2007—2012年《Journals of Sports and Social Issues》为例”（张晓娟，陈玉忠，2012）。（2）统计资料分析法。适用于对政府官方统计资料的再分析。例如，“2000—2010年中日学生的体质差异与成因分析”（刘国永，2013）。（3）二次数据分析法。是对他人原始数据使用不同的统计技术加以重新检验的方法，例如，“体育锻炼对学生身体自我影响的元分析”（叶孙岳，2011）。（4）历史比较分析法。例如，“北京大学与清华大学早期体育发展的历史比较”

（蒋钦，李宁，2012）。

（四）按照研究者是否亲自收集资料如何划分？

1. 综述研究

综述研究（Review Study）具有鲜明的思辨特征，是对前人研究成果进行收集、整理、归纳、总结，目的是发现研究对象的总体特征和规律，对过去研究进行评价，并为后续研究指出思路和动向的研究。综述研究有两种表达方式，一种是传统的文字描述，另一种则是应用日益广泛的元分析技术，即以统计规律为基础对以往研究进行的量化评价方式。在学位论文中，文献综述部分则属于综述研究类型。

2. 实证研究

实证研究（Empirical Study）具有鲜明的直接经验特征，是指研究者采用调查或实验的方式，亲自收集观测资料，为提出理论假设或检验理论假设而开展的研究。由于本科生自身专业基础和研究能力所限，难以对一个研究主题既往历史的全部研究进行深入、细致、全面的回顾，更欠缺对未来研究发展动向的指导能力。因此，主张学士学位论文实证性研究取向，用客观数据资料检验既有的理论。

（五）按照时间维度如何划分？

时间维度是研究设计的一个重要方面，以时间维度为标准，研究可分为横向和纵向两种，分别适用于不同研究目标。横向研究用于描述某一观测对象在某一时刻的状况，而纵向研究则关注某一观测对象在一段时间内发展过程中的变化，揭示的是变化的趋势。例如，对第29届女子排球比赛快攻技战术进行分析，这是横向研究，可以描述出当今女子排球快攻的技战术特点。如果对1990—2012年连续6届奥运会女子排球比赛快攻技战术进行分析，20年纵向研究结果揭示的是世界女子排球快攻技战术的发展变化趋势。

1. 横向研究

横向研究（Cross-sectional Study），又称为横剖研究或界面研究，是指研究者在某一特定时间点上进行观察，收集观察资料，描述研究对象在这一时间点上的状况，或探讨在这一时间点上不同变量之间的关系。描述性研究最常使用横向时间维度，解释性研究也可采用这种方式。例如，各个国家的人口普查即是典型的横向研究，我国第6次人口普查的标准时间点是2010年11月1日0点0分，当时人口总数是1339724852人，这反映的是在这个时间点上全国人口的准确数量。横向研究的优势是简单且节省成本，局限是难以揭示研究主题随时间的变化趋势。如果将我国6次人口普查结果进行分析，则可以描述我国人口数量和结构60年纵向变迁的特征。

2. 纵向研究

纵向研究（Longitudinal Study）又称为趋势研究、纵贯研究或历时研究，是指研究者在2个或2个以上时间点上进行观察，收集观察资料，目的是描述现象的发展过程，揭示事物变化发展趋势及影响因素。纵向研究又分为趋势研究、同期群研究和同组研究。

（1）趋势研究（Trend Study）指的是对一般总体随时间推移而发生的变化的研究（风笑天，2009），研究者收集观测对象不同时间点的资料，分析研究对象特征的稳定性或变迁趋势。例如，1985—2010年，每隔5年我国组织一次多民族大规模学生体质与健康调研，共计6次。纵向研究结果显示，25年来，我国青少年身体形态发育持续提高，营养状况继续改善，乡村小学生蛔虫感染率持续降低，但7~18岁中小学生爆发力、柔韧性、力量、耐力等身体素质指标持续下滑。到了2010年持续下降趋势开始得到遏制，与2005年相比，各项身体素质指标有了不同程度的提高。25年的纵向研究清晰描述了我国学生体质变化过程与趋势，这项研究揭示的学生体质持续下降问题已经引起了政府和社会的广泛关注。纵向趋势研究比横向研究要复杂且成本高，但研究价值往往也更高，因为纵向研究不仅可以描述现状，还可以揭示变化趋势，能够对未来发展进行预测。体育学学士学位论文选题中最常见的主题是某一运动项目的技战术分析，但大多是针对某一次或某一届比赛的技战术指标，描述该技战术使用的状况特征，却难以描绘出该技战术应用发展的变化趋势。

专栏1-4 体育舞蹈比赛服有变化吗？

黎雨薇.体育舞蹈标准舞赛服的变迁.北京：北京体育大学，2012.

这篇学士学位论文采用访谈法和内容分析法，基于2000—2009年国际标准舞最高水平赛事“黑池舞蹈节”摩登舞职业组决赛8场比赛56对选手比赛服资料，探讨体育舞蹈比赛服10年间的变化趋势。下列4张折线图清晰地显示了10年间体育舞蹈比赛服在配饰材料、头饰、脖链、飘的使用上的变化。比赛服中使用钻作为配饰材料最为普遍，连续多年稳定居于各种配饰材料应用之首，备受参赛选手青睐；毛的使用情况波动最大；亮管和黑网的使用频率较低（图1-4）。比赛中采用裸服的现象逐年减少，1种配饰材料单独使用和2种配饰材料搭配使用方案成为主流（图1-5）。选手在脖链的使用数量上呈现相对稳定的上升趋势，而头饰的使用情况则随着时间的推近呈快速上升趋势（图1-6）。飘的使用趋势能够反映其在体育舞蹈比赛服中扮演的角色重要性程度日益提高，经历了一个从无到有、从小到大的渐进过程（图1-7）。研究结果显示，体育舞蹈比赛服的元素运用呈现多元化发展趋势。

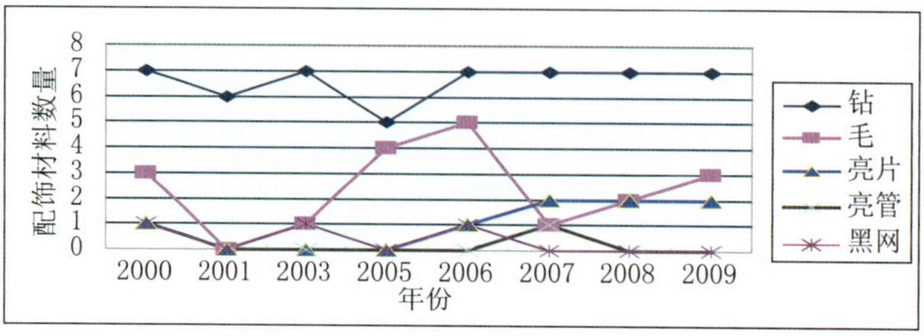

图1-4 2000—2009年摩登比赛服（女）配饰材料的使用趋势

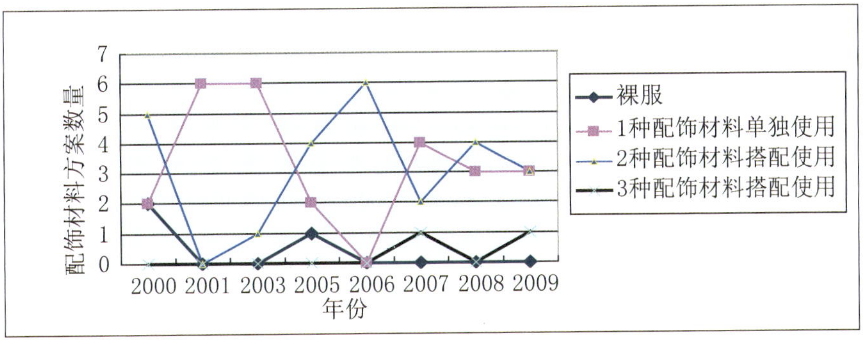

图1-5 2000—2009年摩登比赛服（女）配饰材料的使用趋势

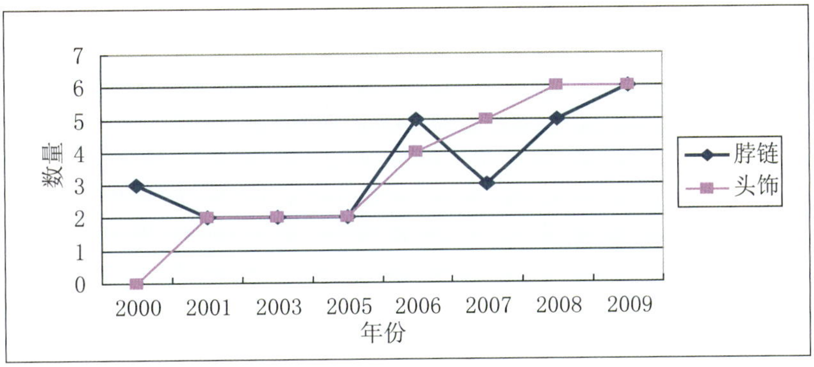

图1-6 2000—2009年摩登比赛服（女）脖链以及头饰的使用趋势

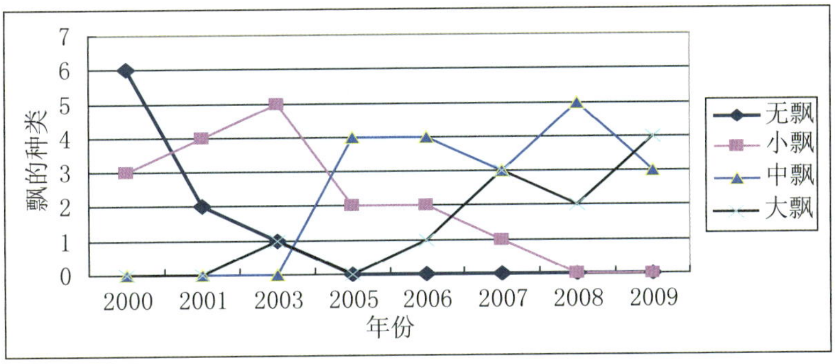

图1-7 2000—2009年摩登比赛服（女）飘的使用趋势

（2）同期群研究（Cohort Study）又称世代研究、人口特征组或共同特征组研究，是指对某一特殊人群随时间推移而发生变化的研究。在这种研究中，每次研究的样本并不相同，即每次研究的具体参与者可以不一样，但他们必须都同属于这一特殊人群，这种人群通常与时间或年代相关（风笑天，2009）。例如，体质理论表明个体或群体之间体质的差异除先天遗传因素外，后天环境影响最重要的是营养，尤其是出生早期的营养状况。中国在1960—1963年的困难时期，粮食等基本生存物质严重匮乏，新生儿营养难以保障。1960年左右出生的人群为特殊人群，分别在1985年、1990年、1995年、2000年、2005年国民体质监测中发现，这一人群的特质显著低于之前或之后出生的人群，称为国民体质的拐点。对三年困难时期出生人群体质的研究就是同期群研究。

（3）同组研究（Panel Study）又称为专题小组研究、定组研究或追踪研究，是指对同一组人随时间推移而发生变化的研究。同组研究与趋势研究、同期群研究的最大区别，是同组研究每次观察的都是同一个样本，而其他两种研究则不一定是同一个样本。由于长期追踪同一批人不是件容易的事情，因此同组研究的难度更大。但同组研究是在一段时间内跟随同一批样本，能够观测到参与者随时间推移而发生的各种变化，因而更适宜探讨人们行为、态度或意向的改变模式和变化过程，并对其变的化内在原因或影响因素进行深入分析。体育科学中对某一训练方法、教学模式或锻炼手段效果检验的实验设计，通常即是此类同组研究。

专栏1-5 青少年是过早离开家庭导致问题行为还是问题行为导致过早离开家庭?

Stattin，H.，& Magnusson，C. Leaving home at an early age among female adolescents: Antecedents，adolescent adjustment，and future life implications. New Directions for Child Development，1996，71，53-69.

常识和传统经验认为，孩子过早离开家庭会疏于父母的温暖与管教，是导致其后来发生各种问题行为的原因。然而事实是不是一定如此呢？Stattin和 Magnusson的研究会告诉我们，人们的经验判断常常是错误的。

这是一项关于青少年问题行为长达40年的追踪研究，也是区分相关和因果间差异的精彩案例。研究样本是来自斯德哥尔摩附近索尔纳地区1955—1958年出生的年轻人，并将关注的焦点放在女性身上，研究人员从他们出生开始就进行追踪。在这些孩子生命的前18个年头，研究者每年都会收集数据，然后在其21、25和36岁的时候再次收集，考察了在儿童期、青春期早期以及离家之后的岁月中她们的各种适应性指标间的相关情况。结果表明，在整个儿童期和青春期早期中，相对较早离开家庭的女性就已表现出更为紧张的家庭关系、更差的适应情况、更强的冲动性、更多的攻击性、更高的学校问题率、更低的学业抱负、更多的使用毒品和酒精制品、更早的性行为以及更多的性伴侣。因而，不是较早离开家庭导致了较低的学业成就，而是在离家之前，她们就已经在学业计划上更为不思进取，也更可能选择较早地离开家庭。

引自劳伦斯·斯滕伯格，2007，140-141.

第三节　研究过程

一、研究的一般程序是什么？

科学研究是认识和理解世界的方式之一，具有系统化和规范化特征，遵循着一套比较成熟的固定程序。从开始萌生研究想法到最后呈现结果报告，整个过程包括5个阶段10个步骤，即确定研究问题及文献准备阶段、研究设计阶段、研究实施阶段、资料收集及分析阶段，报告结果阶段。（图1-8）

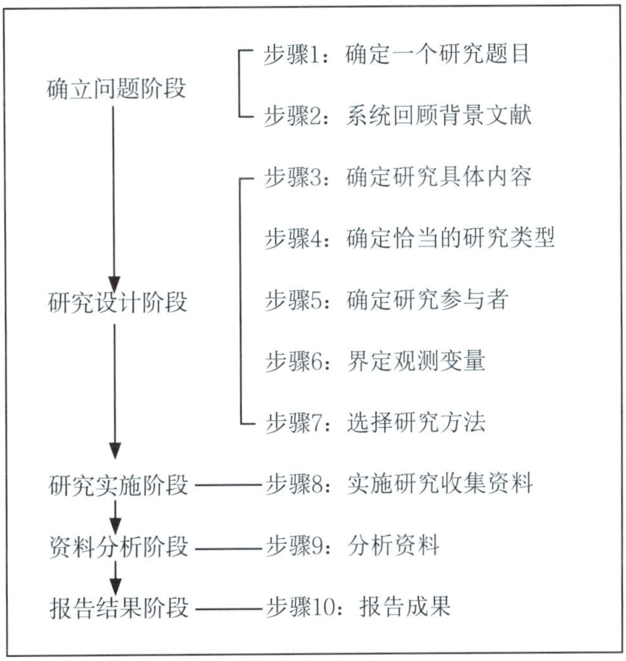

图1-8　研究过程中的步骤

以获得北京体育大学2010届优秀学士学位论文一等奖的《体育游戏对流动儿童社会适应的影响》（王尘尘，2010）为例，说明研究过程。

（一）确定研究问题

步骤1：确定一个研究问题。研究过程的第一步就是要找到一个研究问题，通常包括两个部分：一是选择一个自己感兴趣的主题，二是将感兴趣的主题转化为可研究的问题。应用心理专业本科生王尘尘同学，在大学期间经常参与北京某慈善机构组织的为打工子弟学校做志愿者活动，接触到很多流动儿童，而这一城市特殊群体的生存、发展与教育状态已引起了社会学、教育学、心理学研究人员以及整个社会的普遍关注。在儿童心理理论中，社会化是儿童个体发展面临的最重要问题之一。对于生于农村，后随打工父母来到城市成为流动儿童这一群体而言，能否快速适应陌生的环境、陌生的人群、陌生的生活方式，尽快融入新的城市，成为影响流动儿童心理发展的重要因素。因此，结合毛尘尘的专业背景与实践基础，首先确定了她感兴趣的研究主题，即流动儿童的社会适应性问题。

步骤2：系统回顾背景文献。确定了研究主题，尚需要将自己感兴趣的研究问题转化为可研究的题目，而这一步的完成则需要在系统回顾文献资料的基础上进行。通过阅读和分析近十年国内关于流动儿童心理社会适应性方面的文献资料发现，比较集中于流动儿童社会适应性现状描述、与当地城市儿童的比较、影响因素探讨等方面，很少有教育实践影响的研究，更罕见体育运动的干预实验。结合该慈善机构引进国际人道组织“运动机会”开发的体育游戏教程《健康快乐儿童》在打工子弟学校的实施，学生最终将毕业论文题目确定为《体育游戏对流动儿童社会适应的影响》，目的是通过在打工子弟学校实施体育游戏教程，探讨体育运动对流动儿童社会适应的影响。

（二）研究设计

步骤3：确定研究的具体内容。这一步骤包括两个部分：第一，根据研究目标和以往研究经验，确定了两个方面的研究具体内容，（1）流动儿童社会适应性特点，包括流动儿童社会适应的性别、年级特点；（2）体育游戏对流动儿童社会适应的影响。第二，将具体研究内容发展为可检验的假设，假设1：流动儿童的社会适应水平总体上低于城市当地儿童；假设2：流动少年儿童社会适应水平存在性别和年级差异；假设3：体育游戏能够促进流动儿童社会适应水平发展。

步骤4：确定恰当的研究类型。为了达到研究目标，需要两个连续性研究，选择两种研究方式。流动儿童社会适应特点属于描述性研究，采取横向调查的形式，而体育游戏干预则属于纵向同组实验研究。

步骤5：确定研究参与者。确定了研究目的与具体研究内容，需要决定选取哪些研究参与者并如何获得这些样本。该研究选取研究参与者时有如下考虑因素：第一，根据我国对流动儿童年龄界定为6～14周岁，主要是小学阶段，故将研究参与者选择为小学生。第二，研究方法是问卷调查法，需要有一定的汉字认知和理解能力，因此选择小学高年级（4～6年级）作为调查对象。第三，研究一的目的是对流动儿童与当地城市儿童社会适应水平进行比较，因此需要在流动儿童和城市儿童总体中分别选取研究参与者。第四，研究者考虑到研究经费、时间的限制，选择在学校进行集体测试，以班级为单位的整群抽样方式更为便利。故采用分层整群抽样方法，将学生按年级进行分层，从北京市海淀区2所打工子弟小学（红星小学、明圆小学）和2所公立小学（上地实验小学、清河五小）中，按照班级群体施测，获取研究参与者共计249人。第五，研究二的目的是检验体育游戏对流动儿童社会适应的影响，实验研究需要考虑实验组与对照组的等组性原则，将一所打工子弟学校、班主任根据平时表现综合各方面推荐后的四、五年级学生名单录入计算机，随机选择20名学生，在征得被试及其家长同意后，按照性别和年级相匹配原则，将被试分别分配至实验组与对照组。

步骤6：界定观测变量。实证量化研究需要精确测量，必须首先将抽象概念转换为变量并进行操作化定义。社会适应是该研究的重要变量，需要选择恰当的测量工具。研究采用由胡韬编制的《少年儿童社会适应量表》（2007），该问卷包括人际友好、活动参与、学习自主、生活独立、环境满意、人际协调、社会认同、社会活力8个一阶因素，8个一阶因素又可归为社会关系与观念适应、学习与学校适应、生活与活动适应3个二阶因素，共计48个题项。该量表是针对少年儿童编制的，在以往研究中经过多次检验，具有较好的效度和信度，可以直接引用。本次调查各维度的内部一致性信度克隆巴赫 α 系数为0.712～0.911之间，说明该量表具有较好的跨样本稳定性。

步骤7：选择研究方法。确定了研究方式，需要选择具体的研究方法。根据研究目的与假设，选择问卷调查法对流动儿童社会适应性进行描述分析，采用被试间准实验设计探讨体育游戏对流动儿童社会适应的影响。

3. 研究实施

步骤8：实施研究收集资料。经过前7步的精心准备与设计，研究才进入实施阶段。研究者按照计划进入选定的4所打工子弟学校和普通小学，对根据分层整群抽样方式选取的4～6年级研究参与者发放并回收问卷。同时，在1所打工子弟学校开始为期12周的体育游戏干预活动，每周1次，每次1小时，共计12次的“健康快乐儿童（HHC）”训练，并于干预结束时再次对实验参与者发放《少年儿童社会适应量表》，回收整理数据。

4. 资料分析

步骤9：分析资料。资料收集之后，需要对所有资料包括数据进行整理，同时使用各种统计方法对资料进行分析与评估。首先对回收问卷进行审核，剔除填答不完整的无效问卷；其次将问卷资料录入已经预设好的数据库，并利用 SPSS11.0统计软件包对数据进行统计。采用多元方差分析方法来探讨流动儿童社会适应的特点，采用协方差分析统计技术检验体育游戏的干预效果。最后研究者就统计数据和观察资料进行深入讨论。

5. 报告结果

步骤10：报告成果。通过对调查和实验资料的系统分析和探讨，研究者获得两个结论，第一，流动儿童的社会适应特点：总体水平低于城市当地儿童；存在性别差异，且女生的社会适应水平高于男生；存在年级差异，社会适应水平呈现随年级升高而提高的发展趋势。第二，“健康快乐儿童（HHC）”体育游戏训练计划对流动儿童的社会适应水平有辅导作用，值得进一步推广和应用。2010年4月，王尘尘同学完成研究报告《体育游戏对流动儿童社会适应的影响》的撰写，参加学位论文答辩，获得该年度北京体育大学优秀学士学位论文一等奖。后经过提炼整理，修改为会议论文，入选第九届全国运动心理学大会，以墙报形式进行交流，其摘要被大会的会议论文集收录。

二、学士学位论文的基本过程有哪些？

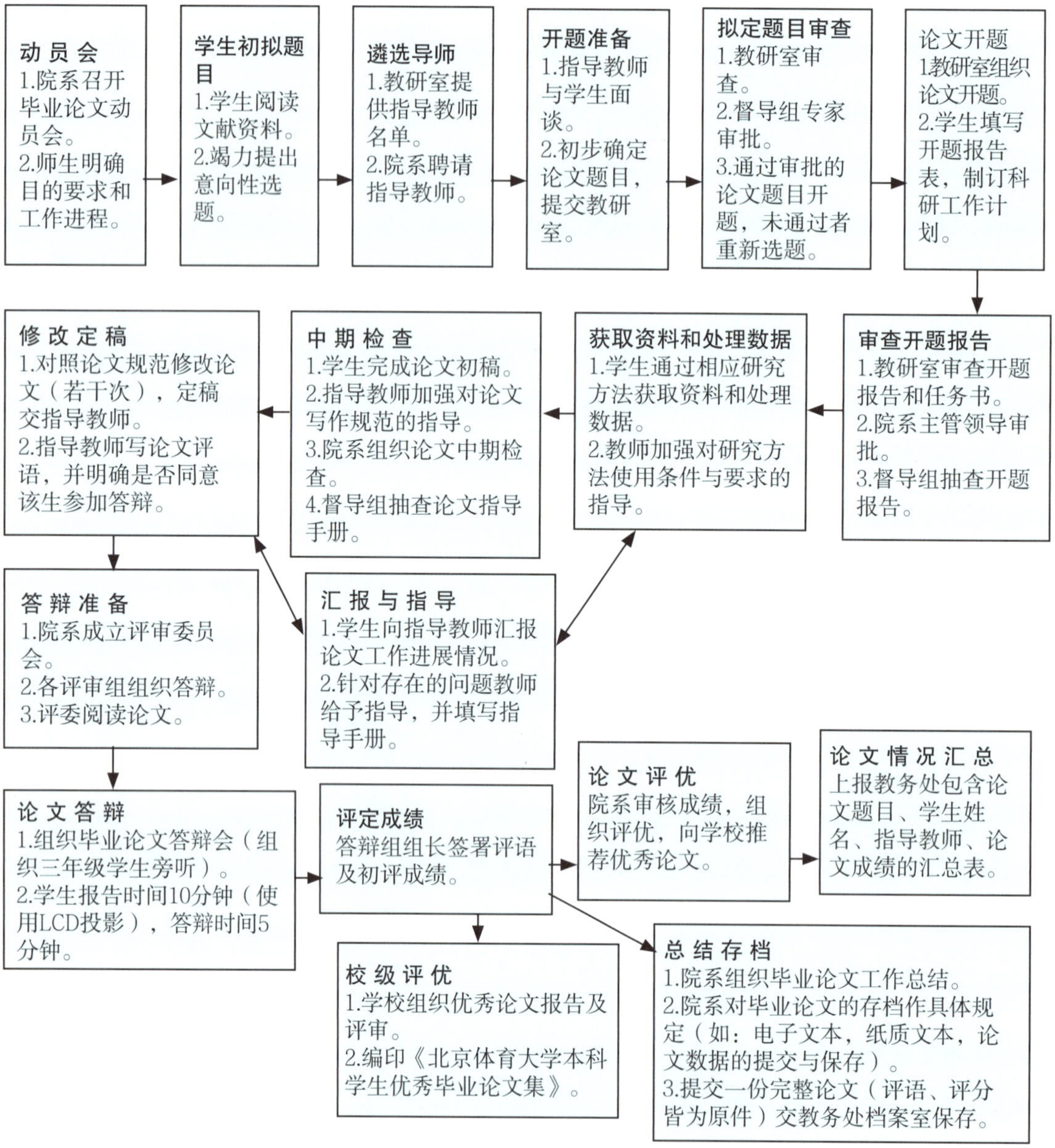

图1-9　北京体育大学本科生毕业论文工作流程图

第四节 科学精神

近年来，体育学术期刊连续发表针对学位论文质量的研究报告，指出无论是硕士还是博士学位论文都存在很多问题，整体质量不高。其主要原因并不完全是学生的学术能力，而是缺乏严谨的科学精神与研究态度。本科毕业论文工作存在同样的问题，甚至更为严重。

一、本科生为什么要写毕业论文?

（一）为什么说学位论文质量体现的是学生综合素质与能力?

体育专业大学生对完成学士学位论文通常有3个误区，一是由于从未进行过学术研究，未曾写过学术论文而产生畏难抵触情绪；二是存在毕业论文不过就是“天下文章一大抄，看你会抄不会抄”的错误观念；三是抱有自己今后工作不会是做学术搞研究，毕业论文与个人发展无关的轻视态度。其实，从本科到博士，每一个阶段的学位论文都非常重要，不仅是对学生在每一个学段学业成果的考查，更是个人多方面综合素质能力的检验。

1. 专业理论基础

科学是通过建立、检验和完善理论向前发展的，扎根于理论是研究的基本思路之一。学生从选题、研究设计到实施研究、分析讨论都是在4年专业理论基础上进行的，是对其专业理论理解和实践运用程度的全面检查。体育学学士学位论文存在的主要问题之一即是缺乏扎实的理论基础。

2. 发现问题的前瞻意识

学校教育的目标之一就是培养学生发现问题、分析问题和解决问题的能力，在众多理论和现实疑惑中发现并选择最具有研究意义与价值的核心问题，其本身就是一种能力。

3. 信息获取技术

在信息社会，面对每天浩如烟海的信息资讯，能够知道有哪些是可用的，哪些是真实的，掌握最快捷的技术手段获取最准确的信息，这些信息素养已不仅仅是研究技术与方法的掌握，更是大学生基本素质的最重要内容之一。

4. 文献阅读与理解

文献综述是学位论文的重要组成部分，是在广泛阅读研究主题相关文献的基础上，对前人研究的概括与总结。要求学生具有文献特别是学术文献的阅读理解能力，保持一定的阅读速度和阅读量。

5. 提炼概括综合

学位论文撰写中有多处需要学生具备提炼概括能力。例如，不超过20个汉字的题名是对研究主题的高度提炼；300字的摘要是对10000字左右全文的总结概括；每一级层次标题都是对下面成百上千文字的凝练；百余字的结论是对全部数据资料的总结。

6. 逻辑递进演化

研究是问题解决过程，需要清晰的思维层次与结构。研究设计的逐步深入，分析讨论的分层演进，结果呈现的逻辑顺序，无不体现研究者的思维能力。

7. 数理统计技术

社会科学发展趋势是定量与定性相结合的实证性研究取向，复杂而多样的统计技术更多应用于体育科学研究中。体育专业大学生毕业论文中存在的问题之一是统计技术过于单一，数字描述和百分比是大多数被采用的统计方法，使得研究难以深入进行。很多学生有疑问“统计技术有什么用？”其实统计技术好比望远镜，望远镜越先进，我们看到的宇宙就越广阔；统计工具越优越，我们分析问题就越精深。

8. 人际沟通与协调

做研究需要合作，寻找研究参与者、发放调查问卷、与人深度访谈、说服参与实验，都需要具备较强的人际交往能力。

9. 文字书写能力

评价论文质量标准之一是研究结果的表述水平，精准的用词、流畅的行文、严谨的表述都是研究者学术能力的体现。

10. 口头表达能力

学士学位论文设有答辩程序，学生需要在规定的时间内对整个研究进行报告。在有限的时间内将全部研究结果资料清晰呈现，这需要具备极强的语言表达及临场应变能力。

（二）学士学位论文完成过程中的常见问题有哪些？

1. 对毕业论文重视不足，态度不端正

指导过学士学位论文的教师都有这样的体会，学生进入4年级，面临研究生、公务员、英语四六级等多种考试，毕业实习，就业等多方面现实压力和时间精力挤占，普遍对毕业论文重视不足。表现在开题前缺乏系统文献回顾和周密研究设计，开题后不能按照研究计划步骤实施，甚至弃置不管，直至必须答辩前才匆忙应对，导致难以认真执行原定计划，偷工减料，降低论文质量，甚至出现抄袭、代写等恶劣现象。北京体育大学2011届优秀学士学位论文三等奖《北京体育大学体育艺术系毕业论文现状分析与对策》（张旭，2011），作者在对10名指导教师访谈中获得学生毕业论文存在的问题，如表1-5所示。尽管是针对体育艺术系的调查，但此现象在体育院校其他专业也普遍存在。

表1-5　教师认为毕业论文存在的主要问题 n=10

影响因素	频次
文化基础薄弱，抄袭现象严重，找他人代写情况较普遍，无法独立完成论文撰写	10
对论文不够重视，态度不端正，对科研方法的课程不重视	10
对论文的整体撰写方法不清晰	7
选题茫然、缺乏文献的查阅	5
不清楚论文写作的规范要求	10
文献查阅数量不足，不会利用学习资源	4
缺乏与导师之间的沟通	10
基本的科研素养和基本的科研方法能力较为欠缺	9

引自张旭.北京体育大学体育艺术系毕业论文现状分析与对策.北京：北京体育大学，2011.

2. 文化基础薄弱，科研素养和基本能力欠缺

相较于其他学科专业，体育专业大学生的文化基础较为薄弱，研究所需求的基本能力不足，特别是在逻辑思维、概括综合、深入分析、数理统计、文字表达方面尤为明显，需要学生更多加强基础文化知识和基本能力的学习与训练。

3. 选题困难，定题仓促，导致后续研究难以操作

学生普遍感觉选题比较困难，特别是不知道如何将一个自己感兴趣的问题转化为可研究的题目。开题报告重视程度严重不足，没有经过认真准备，缺乏在广泛文献阅读基础上的题目确定和研究设计，“一个晚上搞定开题报告”不是个别现象。缺失周密细致的研究设计，导致后期真正实施研究时才发现有很多问题，如测量量表无法获取，实验时间太短而无法达到效果，研究参与者难以寻找等。

表1-6是对已经完成毕业论文撰写的大学生进行调查，请他们回顾在整个毕业论文工作中遇到的最大困难有哪些，选题、与导师的沟通、论文格式、文献回顾、问卷编制是学生普遍提及的问题。

表1-6　学生在毕业论文研究过程中存在的困难

序号	内容
1	选题难，定题太仓促，导致在后来的研究中很难操作或有重复
2	没有人指导，完全靠自己在网上找模板学习
3	对论文格式要求不清楚
4	不知道到哪里去查找好的文献资料，不会写文献综述
5	开题报告1个晚上完成，形同虚设，后面研究存在困惑
6	问卷编制不合规范，不知如何检验信度和效度
7	样本量不确定，研究参与者难以寻找
8	对统计方法和统计软件的使用和操作不熟练，不能对数据进行合理分析
9	上学时天天练专项技术，忽视理论知识的学习，不熟悉专业理论内容
10	文字表达能力欠缺，语言口语化严重

4. 文献回顾不够，对研究整体过程缺乏清晰认知

体育院校学生存在重技术轻理论的现象，表现之一是学生文献阅读量普遍较低，有的学生甚至从未阅读过学术论文。由于未曾有过研究训练，较少阅读学术论文，导致不清楚研究过程，对学位论文撰写和格式要求不明晰。

5. 缺乏学习自主性，不能与导师主动沟通

完成学士学位论文既是研究的过程，也是学习的过程，需要学生具有较强的自主学习探究意识与能力，能够主动思考问题，掌握利用各种学习资源获取所需资料的技术，学习统计技术和统计软件操作，主动与导师沟通，避免不必要的错误。有些学生缺乏自主学习意识和能力，遇到问题不知借助哪些资源能够解决，没有主动学习统计方法，只能采用简单数字描述或百分比，不能掌握Excel或SPSS统计软件操作，降低了研究深度和论文质量。

二、什么是科学精神?

提到科学，很多人联想到的人物会是爱因斯坦、伽利略、霍金、爱迪生、华罗庚……联想到的事情是布鲁诺宁愿被烧死也要捍卫他所坚信的日心说，是即便被打成“右派”也要坚持新人口论的马寅初，是恪守独立精神自由思想的陈寅恪……联想到的名言是亚里士多德的“吾爱吾师，但吾更爱真理”，是哈佛大学的校训之一“以柏拉图为友，与亚里士多德为友，更要与真理为友”，是爱因斯坦的“凡在小事上对真理持轻率态度的人，在大事上也是不足信的”……这些人物、事件产生的时代不同，意识形态不同，学科不同，但却都拥有相同的信念和价值标准，这就是科学精神。

专栏1-6　自由之思想　独立之精神

陈寅恪先生撰王国维先生纪念碑铭文:

海宁王先生自沉后二年，清华研究院同仁咸怀思不能自已。其弟子受先生之陶冶煦育者有年，尤思有以永其念，佥曰宜铭之贞珉，以昭示于无竟。因以刻石之辞命寅恪，数辞不获已，谨举先生之志事，以普告天下后世。其词曰：士之读书治学，盖将以脱心志于俗谛之桎梏，真理因得以发扬。思想而不自由，毋宁死耳。斯古今仁圣所同殉之精义，夫岂庸鄙之敢望？！先生以一死见其独立自由之意志，非所论于一人之恩怨，一姓之兴亡。呜呼！树兹石于讲舍，系哀思而不忘；表哲人之奇节，诉真宰之茫茫；来世不可知者也。先生之著述，或有时而不章；先生之学说，或有时而可商；惟此独立之精神，自由之思想，历千万祀，与天壤而同久，共三光而永光。

清华大学王观堂先生纪念

科学精神有非常多的内涵，古往今来也有着非常多的注解，但最重要的是求真与创新。诚如哥白尼所言，“人的天职在于勇于探索真理”，追求真理、探索规律、揭示真相是人们进行科学研究的目的和意义。因此，不唯上、不唯书、只唯实的实事求是精神，即成为科学精神的内核。人类对世界的认识是在不断质疑、批判和否定的基础上向前发展的，人类社会从

低级到高级、从简单到复杂、从原始到现代的进化历程，都是创新的过程。（表1-7）

“体育科学研究方法”课程的首要教学目标是培养学生的研究意识与科学态度，追求的是科学精神与研究能力的契合。

表1-7 不同学者对科学精神的阐释

学者	对科学精神的阐释
胡适	大胆假设，小心求证
于光远	给你一张纸和一把尺，怎样计算出纸的面积
王大珩	感性认识—理性认识—实践—升华
席泽宗	公正、客观、实事求是
孙小礼	实事求是，敢于创新，勇于实践，百家争鸣
李醒民	独立性、独创性、异议、思想和言论自由、公正、荣誉、人的尊严和自重
樊洪业	理性精神和实证精神所支撑的求真
蔡德诚	客观的依据、理性的怀疑、多元的思考、平权的争论、实践的考验、宽容的激励
李申	求真、创新、怀疑、坚持，特别是如何求真、怎样创新、怀疑什么、坚持什么
武夷山	为了追求科学真理努力地工作，甚至为此而献身的决心和行动
刘华杰	求实精神、创新精神、怀疑精神、宽容精神
方舟子	探索、怀疑、实证、理性

专栏1-7 韩国“民族英雄”黄禹锡陷入造假丑闻

以下记录的是黄禹锡事件的始末。这一事件告诉我们，在科学事业中行骗的人，最终将被钉在历史的耻辱柱上。这一事件也提醒我们，违背科学道德和科学精神的行为，和竞技体育中的兴奋剂一样，是科学发展的毒瘤，必须预防和清除。从课堂作业、学士论文、硕士论文、博士论文开始，我们就应当防微杜渐。

1952年出生的黄禹锡毕业于韩国首尔大学兽医学专业，因在科研上屡有惊人成就，迅速成长为韩国乃至世界生命科学研究领域的权威。

1993年黄禹锡培育出韩国第一头“试管牛”。

2004年2月，黄禹锡教授组在《科学》杂志上发表论文并宣布，在全世界率先成功从人类克隆胚胎中提取出了“万能细胞”——干细胞。

2005年5月，他再次通过《科学》震惊世界——成功利用患者体细胞提取了干细胞。

6月24日，黄禹锡正式获得“韩国最高科学家”称号，每年可从政府领取30亿韩元（1美元约合990韩元）科研经费（约合人民币17422988元）。

2005年8月4日，他又宣布成功培育出首只克隆狗“史努比”。

11月12日，黄禹锡研究的重要合作者、匹兹堡大学的夏腾博士突然宣布同黄禹锡分道扬镳。

黄禹锡科研组研究员金善钟表示，曾按照黄禹锡教授的指示，将2张干细胞照片追加复制成11张用于2005年的论文。

黄禹锡命令目前在美国匹兹堡大学的金善钟研究员伪造照片，并以此向《科学》提交了论文。

12月29日，首尔大学调查委员会公布了中期调查结果，确认黄禹锡科研组冷冻保管的5个细胞是受精卵胚胎干细胞根本不存在。

韩国最佳科学家评选委员会决定，剥夺首尔大学教授黄禹锡“最高科学家”称号。

2006年1月10日，调查委员会发表最终调查报告，认定黄禹锡教授科研组2004年发表于《科学》杂志上的论文同2005年的论文一样，也是源于编造数据。

本章小结

1. 科学的最终目标是理解我们所生活的这个世界。科学意义上的理解包括4个具体目标，即描述、预测、解释和控制。这4个具体目标是按难度递增和分层的。

2. 科学研究是人类解释世界或解决问题的一种方法，但不是唯一方法，只是已知的各种方法中最可靠和最有效的方法。

3. 研究方法是一个有着不同层次的综合体系，通常将体育科学研究方法划分为3个层次，即方法论、研究方式和具体研究方法。

4. 方法论是关于方法的理论，其影响贯穿于整个研究过程。在社会和行为科学领域，实证主义方法论和诠释主义方法论两种相互对立的基本方法论倾向。

5. 根据研究方法进行区分，研究分为调查研究、实验研究和文献研究； 根据研究目的进行区分，可分为探索性研究、描述性研究和解释性研究；根据研究性质进行区分，可分为基础研究和应用研究； 根据研究者是否亲自收集观察资料，可分为实证研究和综述研究； 根据收集资料的时间特征，可分为横向研究和纵向研究。

6. 研究过程包括5个阶段10个步骤，即确定研究问题及文献准备阶段、研究设计阶段、研究的实施阶段、资料收集及分析阶段和报告结果阶段。

7. 学士学位论文不仅是对学生在大学学段学业成果的考查，更是个人多方面综合素质能力的检验。

8. 求真和创新是科学精神最重要的内涵，科学方法的学习更重要的是科学态度，这才是人们观察世界和理解世界的方法。

文献导读

[1] 阿巴斯·塔沙克里，查尔斯·特德莱. 混和方法论：定性方法和定量方法的结合[M]. 唐海华，译. 重庆：重庆大学出版社，2010.

[2] 蒋逸民. 社会科学方法论[M]. 重庆：重庆大学出版社，2011.

[3] 仇军. 体育人类学研究中科学精神与人文精神的融合[J]. 北京体育大学学报，2012，32（10）：10-13.

[4] 仇军，罗锦文，佟鸣. 从单一走向多元：西方体育社会学研究方法的流变[J]. 体育科学，2005，25（11）：58-61.

[5] 舒炜光，邱仁宗. 当代西方科学哲学述评[M]. 北京：中国人民大学出版社，2007.

[6] 田野，任海，冯连世等. 中国体育科学发展现状与展望[J]. 体育科学，2005，25（1）：5-10.

[7] 王大珩，于光远. 论科学精神[M]. 北京：中央编译出版社，2001.

[8] 王琪，黄汉升. 美国体育科学发展历程的新解读——基于美国《研究季刊》1930-2009年文献[J]. 北京体育大学学报，2012，32（10）：18-23.

[9] 张力为，庄灵. 北京体育大学年优秀本科论文精选精评：2000-2004[M]. 北京：北京体育大学出版社，2005.

[10] Kuhn，Thomas . *The structure of scientific revolutions*[M]. Chicago：University of Chicago Press，1970.

思考与练习

1. 如何理解科学？体育是科学吗？

2. 科学和宗教是什么关系？

3. 请列举身边实例，说明哪些事情符合科学精神，哪些事情不符合科学精神？

4. 请查阅近10年体育学与社会学核心期刊上发表的关于研究方法的论文，然后回答：

（1）社会科学与体育科学研究方法的发展趋势是什么？

（2）与社会科学相比，体育科学研究还有哪些需要改进的方面？

5. 请阅读2000年以后发表在《体育科学》上的论文3篇，说明其研究取向是实证研究、还是综述研究？是定量研究？还是定性研究？是基础研究？还是应用研究？是横向研究？还是纵向研究？

第二章 研究思路与选题规划

关键术语

研究问题　选题原则　研究思路　科学标准　理论　研究假设
比较性假设　相关性假设　因果性假设

学生疑问

什么样的题目是毕业论文的好的选题？
题目从哪里来？要完全听从导师的安排吗？自己感兴趣的问题可以研究吗？
本科毕业论文有什么标准？怎样才能成为优秀毕业论文？

学习目标

通过本章的学习，你将能够：
1.明确好的论文的标准以及体育科学研究的基本思路。
2.了解研究问题的来源和选题原则。
3.懂得如何将一个自己感兴趣的问题转化为可研究的题目。
4.了解学士学位论文选题的常见问题及规避方法。

研究摘要

钟秉枢，蒋家珍．体育科学研究选题的误区．北京体育大学学报，2006，47（12）：1590-1591+1585．

问题：进行科学研究、撰写合格毕业论文，是每一名学生必须做到的。在从事科学研究的一系列环节中，选题是至关重要的一步，它的作用如同教练从众多参加集训的选手中合理选材、登山者寻找最佳攀登路线、航海者把握正确航向一样重要。

方法：资料来源于清华优秀博硕士论文数据库和全国学位论文数据库（万方），全文下载来自两所体育院校2004年通过的190篇硕士论文，某体育院校2005年和2006年博士毕业论文143篇，采用个案法和调查法，对333篇硕博毕业论文的选题进行分析。

结果：研究生选题存在6个方面10大误区：第一，与导师沟通方面存在的误区包括导师定题就可以了、我有能力自己定题、要完全按自己的兴趣选题；第二，选题时间上的误区是越早越好、晚点儿定题会考虑得更周全；第三，选题确定性方面的误区是确定了选题就不要改、改题没有坏处；第四，选题大小方面的误区是题目越大越好；第五，研究方向选择的误区是不能跨越自己的研究方向；第六，有关体育科学研究后续性方面的误区是选题能完成学位论文就行了。作者建议学生在毕业论文选题时，必须与导师及时沟通，科学把握选题时间，大量的、有效的资料查询与前期调研工作是合理选题的基础，题目的大小和难度要适中，要重视本领域的长期发展动向，同时结合自己的长远发展规划，尽可能地使本选题具有更强的研究后续性，追求研究成果的增值效应。

第一节　研究思路

“方法”一词在中国古代哲学中为标准与规范，意即做事之时要有准则，学术活动亦是如此，研究方法既是研究的手段与途径，也是研究的标准和规范。科学研究是一个系统过程，人们往往看到的只是其最终成果——著作、论文、结题报告、口头发言、技术产品、影像作品等等，对这些研究成果的评价标准，则是整个研究的逻辑起点和思维导向。一名学生，只有明确了优秀论文的标准，才能沿着正确的研究思路进行选题、设计与实施，以期完成毕业论文撰写工作。

一、好的论文是什么样的?

（一）学士学位论文的评价标准是什么?

1. 选题质量

爱因斯坦曾说：“提出一个问题往往比解决一个问题更重要，因为解决问题也许仅是一个数学上或实验上的技术而已。而提出新的问题，新的可能性，从新角度去看旧的问题，却需要有创造性的想象力，而且标志着科学的真正进步。”由此可见，一个好的题目对研究的重要意义。选题是学位论文评审的重要组成部分，无论是本科还是硕博研究生，题目的质量关乎研究水平的高低，甚至关乎能否顺利通过论文评审。学士学位论文选题需要符合学生专业培养目标，要具有一定的理论意义或现实价值。题目过大或过小、重复前人研究、缺乏创新性，都会影响论文评价成绩。有些论文仅从题目上就能判断其缺乏研究价值，恐难以通过毕业论文评审。

2. 能力水平

学位论文既是对学生学术水平的考查，又是对其个人知识与能力的综合评价，包括理论知识与专门知识的掌握与运用，文献检索、阅读与综合，研究方案的设计，研究方法的选择与运用、数据处理与分析，表达与提炼能力，分析与综合能力，外文表达水平等。优秀学士学位论文表现为专业基础知识扎实，研究设计合理，逻辑结构清晰、层次分明，选用研究方法适当，应用统计技术合理，资料真实可靠，分析有理有据，研究具有一定的创新性，研究成果具有较好的理论或实践价值。

3. 写作水平

写作水平表明论文结构完整程度和论文写作的规范程度，包括结构是否完整，撰写规范是否符合学位论文标准，篇幅字数是否达到要求。优秀学士学位论文要求文字表达简洁而准确，行文流畅，具有较强的系统性和逻辑性，论文撰写格式严谨而规范。

专栏2-1 普通高等学校毕业论文评阅、答辩及评价表

评价基元	评价要素		评价内涵	分值	得分				
					A	B	C	D	E
选题质量20%	01	目标明确符合要求	符合培养目标，体现学科专业特点和教学计划中对能力知识结构的基本要求，达到毕业论文综合训练的目的。	7					
	02	理论意义和实际意义	符合本学科的理论发展，解决学科建设、学科发展的理论或方法问题，有一定的科学意义；符合我国经济建设和社会发展的需要，解决应用性研究中的某个理论或方法问题，具有一定的实际价值。	7					
	03	选题适当	题目贴切，有较强的科学性；难易度适中；题目规模适当。	6					
能力水平45%	04	查阅文献资料能力	能独立查阅相关文献资料，归纳总结本领域的有关科学成果。	5					
	05	综合运用知识能力	能运用所学专业知识分析论述有关问题；能对占有资料进行分析整理并适当运用；概念清楚，能以恰当的论据对科学论点进行有说服力的论证。	10					
	06	研究方案设计能力	论文的整体思路清楚；结构合理，研究方案完整有序。	7					
	07	研究方法和手段的运用能力	能熟练地运用本学科常规科学研究方法；能适当运用相关研究手段（如计算机、实验仪器设备等）进行资料收集、加工、整理，并辅助论文写作。	10					
	08	外文应用能力	能按学校规定结合论文写作阅读、翻译一定量的本专业外文资料，有外文摘要和外文书目。	3					
	09	报告答辩能力	论文报告清楚、简练，能全面体现研究的中心内容；论文答辩简洁、明了，能回答所问问题。	10					
成果质量35%	10	文题相符	论文较完整地回答了题目所设定的有关问题。	5					
	11	写作水平	论点鲜明；观点正确；论据充分；论证有力，条理分明；语言流畅，书写工整。	13					
	12	写作规范	符合科学论文的基本要求，论文中的用语、格式、图表、数据、各种资料的运用及引用都要符合规范要求。	5					
	13	篇幅	一般不少于5000字。	5					
	14	成果的理论或实际价值	在理论上具有新意；应用研究对于实际工作具有一定的意义。	7					
论文总得分									

（二）优秀论文好在哪些方面？

1. 具有理论价值

价值性是选题的重要原则之一，一项好的研究首先体现在要有价值，要么是对科学理论建立或完善有贡献的理论价值，要么是依据理论解决现实问题的实践意义，特别是理论贡献是所有研究评价的重要依据。“理论”一词常常令学生望而生畏，这种现象在体育专业大学生中尤为普遍，总认为它是枯燥、高深而庞大的，然而事实并非如此。应该如何认识理论呢？

（1）“理论”（Theory）是一个有着广泛含义的概念，不同语境下的“理论”内涵差别明显。《现代汉语词典》将理论定义为“人们由实践概括出来的关于自然界和社会知识有系统的结论”；劳伦斯·纽曼（2007）认为，“理论是思考社会世界的一种简要方法，将社会世界的知识加以浓缩和组织起来的，由相互关联的抽象概念所构成的体系”；美国《哈珀柯林斯社会学词典》的定义是“① 由逻辑的或数学的陈述所连接的一组假设或命题，它对经验现实的某一领域或某一类现象提出解释。② 在不太严格的意义上，有关现实某一领域的任何抽象的、一般性的陈述都可称为理论，它通常包括对一般性概念的详细阐述”。

（2）理论是有层次的。① 宏观巨型理论，如马克思主义理论由政治经济学、辩证唯物主义和历史唯物主义、科学社会主义3大理论基石构成，涉及多个学科知识领域，体系庞大、内容繁多、结构复杂。② 中观理论，如运动训练中的超量恢复理论，一般是涉及某一学科或某一方面的问题。③ 微观小型理论，是对若干概念之间关系的陈述。学士学位论文的理论贡献通常是在微观小型理论上，最简单的理论是探讨两个概念之间的关系，如研究表明自尊与生活满意感呈中等程度的相关。

（3）好的理论的特征：① 能够解释的范围更加广泛；② 能够经得起经验性的检验；③ 解释的更加贴切和精确；④ 能够准确预言新的现象；⑤ 理论结构精炼，遵循节俭原则。

（4）研究对理论的贡献有4种形式，① 提出新理论；② 有助于新理论的提出；③ 完善理论；④ 检验已有理论。本科学生受专业基础和研究能力所限，难以提出全新理论，但可以通过对以往研究中存在争议的理论进行实证检验，以完善该理论。

专栏2-2　心理疲劳的理论结构适用于中国运动员吗？——一项跨文化研究

前人对运动员心理疲劳的研究，多以《运动员心理疲劳问卷》（简称ABQ）为心理疲劳的测查工具。该量表将心理疲劳分为成就感降低、情绪体力耗竭、对运动的消极评价三个维度。这一划分是否适用于中国集体主义文化背景下在举国体制氛围中成长起来的中国运动员？这是需要回答的一个跨文化效度问题。为此，毕晓婷（2009）邀请6名备战2008年北京奥运会的中国艺术体操队集体项目运动员为研究参与者，探索中国奥运选手运动性心理疲劳的结构及其动态特征。选择这样一个小样本进行研究，主要是因为中国艺术体操队的训练耗时长，要求极高，运动员伤病频频，体重控制极为严格。这种项目特征、训练安排和大赛压力的交织，使运动员产生了十分明显的心理疲劳，有利于直接对这种现象进行观察和剖析。

该研究采用追踪式的质化研究方法。在历时1年11个月的备战北京奥运会的过程中，研究者以参与性观察者的身份，对这6名运动员进行了密集的行为观察、半结构化访谈和日常沟通，每天详尽记录与运动员进行交流的面谈、短信、网上聊天和行为观察的内容，保存了7万多字的笔录作为后续分析的原始资料。使用NVivo7.0软件对这些笔录进行了详尽分析，获得了对运动性心理疲劳结构的主题归纳结果。所得主要成果是：运动性心理疲劳确为一个三因素结构，没有必要新增或删减任何维度。但是，该研究更有价值的发现是，运动性心理疲劳是一个三因素随训练和比赛周期不断发展变化的动态过程，其中“情绪和体力耗竭”和“对运动的负评价”两个因素的变化规律相似，均在比赛期增加，在调整期降低；而“运动成就感降低”因素则相反，在比赛期降低而在休息期提高。

该研究还发现，训练周期和心理疲劳的调节措施同时以运动员的“控制感”为中介对运动员产生影响，导致了运动性心理疲劳三因素的动态变化。因此，对运动性心理疲劳的干预，从根本上说应当指向如何帮助运动员提高对于训练的控制感。

研究者最后提出，鉴于运动性心理疲劳是根据训练和比赛的阶段性特点而有变化的动态概念，在不同阶段对心理疲劳三因素的监测和调节应当有所侧重。

2. 具有实际意义

有些研究，虽然在理论上并没有突出贡献，但研究结果有助于解决现实存在的问题，具有实际意义，也是一篇好的论文。体育科学选题来源之一即是日常训练、比赛、教学中存在的现实问题。如有效激发学生运动参与动机的教学方法、某一运动项目专项体能训练的方法、某一社区群众体育活动开展状况与存在问题等。在全国体育院校优秀学士论文中更多为解决现实存在的问题、具有实际价值的应用性研究。

专栏2-3 2011届全国体育院校优秀学士论文一等奖提名

1.教练心理疲劳与运动员心理疲劳的关系
2.河南男子排球队训练态度影响因素的分析
3.柱县城区中学健美操教学的困境与思考
4.同期双髋置换术治疗股骨头缺血性坏死--个案报告兼文献综述
5.游戏结合“平衡”性疗育方法作用于痉挛型脑瘫儿童康复训练的疗效观察
6.抗阻运动训练对老龄大鼠血清骨代谢生化指标的影响
7.DV摄像反馈在背越式跳高教学中的应用研究
8.浅谈中学生篮球进攻中的跳投技术
9.石家庄市青少年网球的普及与发展研究
10.人体生理学试题库的编制
11.论育人为先的高校跆拳道教育
12.形体礼仪教育对提高大学生文明素质的促进作用
13.血糖波动对安静大鼠纹状体氨基酸类神经递质释放的影响
14.高原训练对江苏山地越野自行车运动员的部分生化指标的影响
15.健步快走对老年人身体形态与身体成分相关指标的影响

16.电子拳击手靶训练系统的设计
17.李娜、郑洁与赛琳娜·威廉姆斯单打比赛的优劣势分析
18.体育院校散打专项教学的现状与对策分析
19.太极拳健身评价体系构建及运动指导研究
20.我院竞校运动员心境状态、心理疲劳的特点及其关系
21.中等强度跑台运动训练和停训对去卵巢大鼠腰椎骨髓脂肪细胞数目的影响
22.超声波药物透入疗法治疗髌尖末端病的临床研究
23.跳水运动员赛后恢复—应激状态的研究
24.关于啤酒业运动体育营销提升品牌知名度的探析
25.对CBA主力本土前锋与外援前锋实战能力的比较分析
26.浅析表象训练在跆拳道品势教学中的运用
27.大学生志愿服务性社团建设服务综合互动平台的必要性与可行性的研究—以体育院校为例
28.2010—2011赛季NBA与CBA后卫技术特征的比较分析
29.第十一届全运会女篮中锋技术统计分析
30.中西文化的差异与误读：论中国元素在好莱坞电影中的运用

3. 研究设计精巧

人类活动具有目的性和计划性，科学研究尤为如此，一项好的研究必定是在严格周密设计基础上实施的结果。研究设计包括确定研究具体内容、确定恰当的研究类型、确定研究参与者、界定观测变量、选择研究方法。以北京体育大学2008届优秀学士学位论文二等奖《三种拉伸方法及不同延迟时间对20米加速跑成绩的影响》（温泉，2008）为例，说明优秀论文研究设计的精巧。

（1）根据研究目的和前人的研究成果，该研究的具体内容是检验3种拉伸方法（动力性、静力性、PNF法）、3种延迟时间（即刻跑、延迟3分钟、延迟8分钟）20米加速跑成绩的差异。

（2）该研究是对拉伸方法训练效果的客观检验，在研究类型上需要选择实验研究而非调查研究。由于是对20米加速跑成绩的测量，属于现场实验而非实验室实验。研究参与者需要参加全部3种拉伸方法、3种延迟时间的跑步测量，因此，这是同组研究的被试内实验设计。

（3）由于研究参与者的年龄、竞技水平、性别等因素将可能影响20米加速跑成绩，为了避免测试结果受到跑步技术的影响，参与实验的15名被试者均是拥有5年以上的田径竞赛经验、来自北京体育大学竞技体育学院2004级的学生。其中7名女性，8 名男性。男性受试者的平均年龄、身高、体重分别为23.6 ± 1.5 岁、177 ± 4 厘米、67.25 ± 5 公斤，女性受试者的平均年龄、身高、体重分别为22.6 ± 1 岁、166.7 ± 4.2 厘米、54.14 ± 1.7 公斤。

（4）该研究有3个重要概念，即拉伸方法、延迟时间和肌肉收缩能力，实证量化研究需要将抽象概念转变为可操作化测量的变量。拉伸方法分为动力性、静力性和PNF法，延迟时间通过文献研究和专家访谈确定为即刻跑、延迟3分钟、延迟8分钟3种。在体能理论中，肌肉收

缩能力通常用加速跑成绩测量，由于许多运动项目（如篮球、足球等）加速跑通常不超过20米，且大部分都是采用站立式起跑姿势。因此，该研究的肌肉收缩能力即采用站立式起跑20米加速跑成绩作为操作性测量指标。

（5）研究方法是实验法，实验设计中最重要的是对无关变量的有效控制。实验是被试内设计，研究参与者只有一组，该组内的所有受试者需要分别在不连续70天内进行实验。第一，为了使受试者充分休息，两次实验之间的最少休息时间为48小时。第二，所有受试者在实验前均被告知"在实验前的48小时内不能进行剧烈体力活动"。第三，为了保证实验结果不受测试时间的影响，每次测试时间均安排在下午2：30 至4：30 之间。第四，实验计时从始至终都为同一个人，避免了系统误差。第五，由于实验的持续时间比较长，为了避免由于温度、天气对实验造成的影响，全部实验都在室温恒定在18℃的北京体育大学田径馆内进行。

4. 逻辑结构清晰

科学研究是运用缜密推理来获知客观事物内在本质和规律的过程，要求研究者具有较高的逻辑思维能力。逻辑思维是一种高级思维形式，是人通过概念、判断、推理、论证来理解和区分客观世界的思维过程，具有规范、严密、确定和可重复等特点。语言（包括书面语言）有两个载体，一是文化，二是思维。一篇优秀的研究报告能够彰显研究者清晰的思考层次和严密的推导过程。然而，在体育学研究报告中，包括各级学位论文，普遍存在的问题之一即是逻辑结构混乱，这一问题在学士学位论文中表现得尤为突出，需要引起学生和指导教师的注意。在研究方法学习过程中，要通过增加实践练习，加强学生的逻辑思维能力。

5. 研究方法适用

定量研究与定性研究经过半个多世纪的对立慢慢趋向融合，西方体育社会学研究方法的发展趋势之一，是在同一研究中创造性地运用和借鉴多种社会学的研究方法，单一的研究方法已不能支撑和满足研究的需要（仇军，罗锦文，佟鸣，2005）。每一种研究方法都有各自的优势和适用对象，同时也会有局限与不足，优秀研究报告在设计上会考虑到单一方法的局限性而采用多种研究方法实现相互弥补。例如，封闭式问卷调查法由于统计方便，适用于大样本的描述性研究，但是难以进行深入的解释性分析，因此，将问卷法与访谈法或实地调查法结合起来，能够有效提高研究深度和论文质量。

6. 写作格式规范

优秀学士学位论文的一个显著特征即是规范，包括研究过程、研究设计、资料呈现、写作格式，无论是论文结构、问卷编制、实验控制，还是层次标号、三线表格、参考文献著录格式等细节，都符合学位论文撰写的国家标准，显示出作者扎实的科学方法训练功底。

二、研究思路有哪些?

(一)扎根理论知识，实证检验假设

曾有学者认为，“假说的贫乏与实证的软弱”是体育科学研究的两大问题，体育学位论文最大的问题也是缺乏坚实的理论基础与严格的方法训练。Gerd Gigerenzer（1998）说：“没有理论的数据就像没有爹娘的孤儿，他们的预期寿命也因此而缩短，”有想法再加上理论的指导才可能形成有价值的思路。扎根于理论，从理论出发，为理论发展贡献，应该成为研究的主导思路。一项研究从选题、提出假设、研究设计、收集资料、分析资料到综合讨论、概括结论，整个过程都应该紧紧围绕着理论展开。

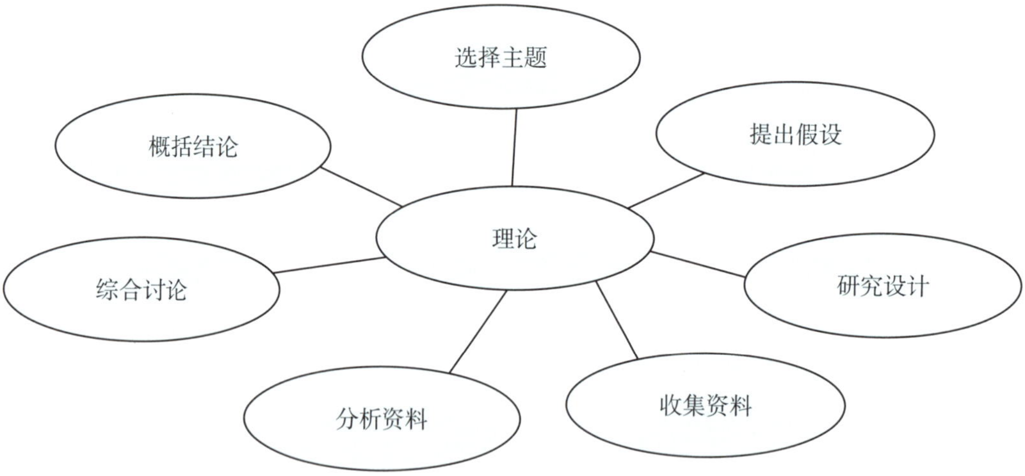

图2-1　研究步骤与相关理论的关系

自1830年开始，法国哲学家孔德6卷本《实证哲学教程》的陆续出版成为实证主义的形成标志，不仅对哲学而且对整个社会科学均产生了深远的影响，在其后的一个半世纪成为西方社会科学研究的主流。具有思想引领作用的理论研究固然重要，但因其难度更高，因而数量也更少，绝大多数的研究都是更为基础的实证研究，即便是诺贝尔物理学奖也是实验物理学多于理论物理学。本科生在理论水平、研究能力、思维高度和实践经验方面都有着比较大的局限，难以就某一研究主题进行独树一帜甚至是引领时代的理论论证。因此，更需要脚踏实地地从细小问题出发，亲自收集观测资料，深入探讨，实证积累。

胡适先生曾认为，科学就是大胆假设与小心求证，这两点可以概括为科学的精髓。科学特征之一便是质疑与争议，正是对前人的研究结果不断提出挑战，人类对世界的认识才得以一步步深入，科学也才能够在质疑中发展。例如，2005年诺贝尔生理医学奖颁发给澳大利亚两位医生巴里·马歇尔与罗宾·沃伦，他们自1982年以来便不断地致力于将幽门螺旋杆菌与

消化性溃疡的假说推广至医学界，不但打破了医学界对胃溃疡的传统权威印象，即胃溃疡与精神方面的压力具有绝对性关系，同时让医学界挥别了以制酸剂对抗胃溃疡的时代。

假设是根据已知理论与事实，研究者通过推理和论证，对研究结果进行推测性论断和假定性解释，是未经实证检验或有待检验的理论。假设既可以是从理论中演绎出来，也可以经由经验观察得到。实证性研究就是研究者依据科学理论或经验事实提出研究假设，并通过搜集到的客观资料以检验假设，因此，假设是研究的起点也是目标。

从狭义角度上讲，研究假设就是两个或两个以上的变量之间关系的猜测性陈述，通常有3种类型：

1. 比较性假设。根据已有的事实材料，对不同条件下变量的情况进行比较判断，即A比B多…….或A和B存在差异。例如，城市社区居民参与体育锻炼比农村社区居民多；青少年运动员的问题行为存在性别差异，且男运动员问题行为更为严重。

2. 相关性假设。根据理论和事实材料，对客观事物相互联系的性质、方向、密切程度做出推测判断，即A与B存在关系。例如，人的身体素质与运动技能掌握呈正相关。

3. 因果性假设。对客观事物之间因果联系所做出的推测判断，即因为A所以B。例如，随着年龄的增长和身心功能的衰老，人的信息加工的速度和容量会呈现下降趋势。

（二）探索因果关系，鼓励实验研究

科学研究是描述、解释、预测和控制某一现象，描述是研究的起点，最终目标是控制，其中关键的核心是解释，只有清楚事物之间的因果关系，特别是一一对应的因果关系，才能够准确地预测并控制某一现象或行为，因此，追求因果关系应该成为体育科学研究的发展方向。实验法的核心是在严格控制无关变量的条件下，操纵自变量，观察因变量的变化，以探索自变量与因变量之间的因果关系，实验法即成为探究变量间因果关系最有力的工具，成为自然科学最重要的研究方法。

专栏2-4　为什么要感谢班廷医生？

全世界的糖尿病患者都应该感谢一个人，正是因为他发现并证实了糖尿病发生的机制，才将无数糖尿病患者从死亡线上拯救回来。他就是1923年诺贝尔生理学和医学奖获得者、加拿大医生班廷（Frederlek G. Banting，1891-1941）。

在此之前，糖尿病被视为不治之症，其原因是不清楚发病机制。班廷在查阅文献资料和临床记录之后猜想，糖尿病患者体内的糖不能用于建造身体而被排到体外，可能与胰腺有关。在解剖一些因患有其他疾病而死去的尸体中发现，胰腺里布满了像岛屿状的暗点，而糖尿病病人尸体的胰腺里，这些暗点明显缩小了。这个差异引起了班廷的注意，遂进行胰腺实验，根据大量感性材料，班廷提出假说：“那些胰腺中岛屿状的细胞所起的作用，是把健康身体内部的多余的糖分转变成热能，当这些细胞不发挥这种作用时，体内的糖分就成倍增加而形成糖尿病。”

这一假说一经提出，班廷即将其付诸实验检验。他从10只狗开始，一只又一只地切除它们的胰腺，于是这些狗都患了糖尿病。他再将从尸体胰腺分离出来的岛屿状暗点的提取物注射到这些病狗身上，狗还是接连不断地死去。当实验到第92只狗的时候，奇迹出现了，那只患糖尿病的狗居然又活了过来，终于支持了胰脏中岛屿状细胞的作用是调节血糖的这种假定。后来，班廷又发现了治疗糖尿病的药物—胰岛素。一开始，他只是在动物身上做注射胰岛素的实验，那只注射了胰岛素而被救活了的狗，因为没有及时再继续注射足够的胰岛素，最后还是死去了。后来，班廷把实验的中心转向人体，他用从牛、羊体内提取的胰岛素，先在自己身上反复实验，摸索可行方法和恰当剂量，然后再向患有糖尿病的患者身上注射，结果令人振奋，一批批患者纷纷从死亡线上活了下来，这再次支持了胰岛素具有治疗糖尿病功能的假定。

糖尿病的发病机制找到了，进而就可以预测哪些人更容易患上糖尿病，属于糖尿病高危人群，需要加以警惕；也能够在得了糖尿病后知道应如何治疗。尽管现在糖尿病依然是无法根治，但可以通过药物、饮食、运动控制糖尿病的发展。

（三）研究手段多样，定性定量结合

体育科学隶属于社会科学，是一个由系统的学科群组成的综合性学科，兼具自然科学、社会科学、人文科学特征。现代西方社会科学研究方法的流变趋势是从单一走向多元，从量化研究与质化研究的对立走向结合。每一种研究方法都有各自的优势和局限，体育科学研究方法的发展趋势是融合各种研究手段，集多种研究方法的优势于一项研究中。黄汉升（2009）对300篇中国体育学博士学位论文调查发现，研究方法的综合运用明显加强，能够广泛吸收多学科研究方法，以增强解决问题的途径与能力。图2-2显示不同学科博士论文研究方法数量差异，除运动人体科学专业主要采用实验法单一研究方法以外，其他学科多为混合研究方法设计。

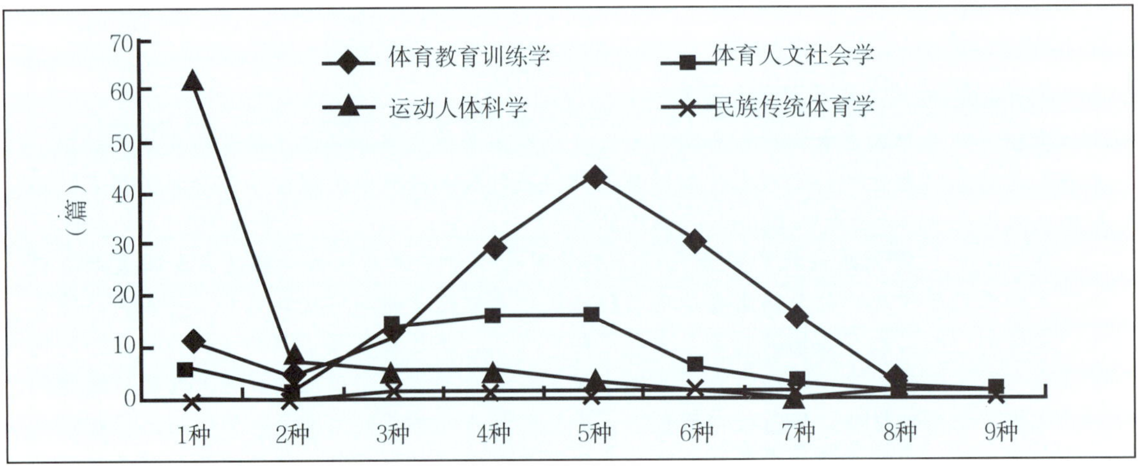

图2-2 不同学科博士学位论文研究方法数量统计曲线图

（引自黄汉升，2009，7页）

（四）利用先进设备，重视统计技术

国际竞技体育比赛已是以科学技术为核心的综合国力竞争，高新技术不断应用于体育科学，促进了体育科学事业的迅猛发展。高科技仪器设备、生化技术产品、计算机技术、网络技术等先进的科学技术不断发展，加速了我国体育科学研究整体水平的提高。例如，应用图像自动识别仪器对电影胶片和录像磁带上人体运动图像进行分析；用眼动仪记录人在处理视觉信息时的眼动轨迹，以研究竞技比赛中运动员的注意、视知觉特征；应用脑成像技术分析运动员心理疲劳机制。国外体育软件公司和体育科研机构相继开发比赛分析软件，如著名的SIMI Reality MotionSystems公司的SIMIO Scout、CCC Campus-Computer-Center公司的Topscourt、Digital Scout公司的系列掌上计算机球类比赛统计分析软件以及Dartfish软件等（王应强，张辉，2009）。

近年来，制约体育科学研究发展因素之一的统计基础薄弱问题得到了初步改善，越来越多的研究报告使用结构方程模型、元分析、分层线性模型等最新统计技术。在学士学位论文中，尽管数字描述和百分比依然是使用频次最多的统计方法，但推论统计如t检验、方差分析、因素分析、回归分析、重复测量剖面图分析、多元方差分析、协方差分析等技术也得到了更多的应用。

专栏2-5　体育科学研究未来的发展趋势是什么？

学者仇军，罗锦文，佟鸣（2005）在考察西方体育社会学研究方法发展变化的历史过程中发现，从单一走向多元是其发展的趋向。文中引用了凯尼恩（Kenyon）和洛伊（Loy）的观点，认为西方体育科学研究未来将会有如下发展趋势，这些观点对中国体育学者的研究思路具有很好的启发作用。

1. 计算机计量模型。随着计算机设计运用技术的进步，在体育社会学研究中可以通过计算机计量模型的研究方法来预测运动队的发展前景，体育运动的发展与衰减，观众行动的动向发展等。

2. 竞赛状况实验室。随着模拟竞赛环境设施的完备，使难以控制的实际竞赛状况条件与研究室人为条件之间的相似成为可能，这对于在竞赛状况下的各种体育社会学课题的研究提供了更接近竞赛实际的场景，使以前许多难以实施的研究项目有了研究的可能。

3. 学科交叉研究。运动生理学、体育心理学、体育管理学、体育社会学、体育训练学等具有不同学术背景的学者进行的综合性集成研究将逐渐取代单打独斗的单学科研究；依托于多学科交叉的集成研究将会产生更多的新知识，获得更多的研究成果。例如，怎样提高竞技运动成绩就是一个需要学科交叉研究的问题，仅凭生理学方面的研究是不能完全说明和解释这样的问题的。

4. 社会建模方法。建构静态和动态相结合的社会发展模型，在建构社会发展模型的基础上说明、记述、预测体育运动在社会中的地位及其发展趋势，体育运动在社会发展模型中对个人和群体的重要性。例如，早在20 世纪70 年代，西方体育社会学者马克菲（Mcphee）就曾尝试建立体育运动入迷模型，相对于知识的或者身体的娱乐预测体育运动入迷的过程和发展趋向。

5. 跨文化研究。通过跨国间的跨文化间的体育运动社会问题的比较发现，不同国家、不同文化环境中体育运动的异同，体育运动社会问题的异同，在此基础上可能会建立或发展体育社会学的某种新的理论。

6. 作为闲暇娱乐的体育运动和身体活动的意义。过去数年间，无论是美国学者还是欧洲的学者对闲暇社会学的发展和研究都表现出极大程度的关心，闲暇娱乐使用方法的理论，与社会学、体育社会学的研究有着许多联系，是体育社会学值得研究和关注的领域。

7. 社会变迁与体育。现代社会的一个最显著特征就是社会变迁加速，社会变迁是社会性制度和社会性价值观引起的变化，在社会发展和社会变迁中，体育运动将起着什么样的作用，体育运动在社会变迁中又会有怎样的发展，都是值得体育社会学、甚至是社会学研究的课题。在一个宏大的社会变迁中去分析体育现象，采用何种研究方法将在某种程度上决定研究的成败。

引自仇军，罗锦文，佟鸣，2005，58-61页.

第二节　选题来源与原则

一、题目从哪里来?

对于研究者而言，选择一个具有价值的好题目是最重要也是最困难的事情之一，特别是对几乎从未涉足过学术研究的大学生而言，“题目从哪里来”“如何获得一个好题目”是他们在完成学位论文中面临的最大困难。

Hock（2002）在他的《改变心理学的40项研究》中，介绍了40项心理学研究的产生渊源与背景。这些研究都起源于个人经历和经验的有感而发，或出于对一种普遍现象的好奇和质疑，或受到理论的启示，或得益于一种新的研究手段，或基于对某种行为的功能性设想，抑或是跨学科思想和成果的融合。

（一）能按照自己的兴趣选题吗?

在对众多诺贝尔奖获得者的采访中，有一个问题被多次提及，即是什么原因促使这些学者在貌似单调枯燥的科学道路上踽踽独行呢？这些来自不同国度，拥有差异巨大的人格特征、种族、意识形态、信仰的获奖者的回答几乎都是“源自内心深处的兴趣和好奇心”。科学和艺术同样具有激情，强烈的好奇心与浓厚的兴趣是进行科学研究最重要的内驱力，有了这样取之不竭的原动力，他会调动所有资源，全力以赴地去努力探索，并在辛勤耕耘中享受探索的乐趣和成就的价值。2010届北京体育大学优秀学士学位论文二等奖获奖论文《运动员梦境特点》（张慧，2010），作者就是在好奇心“运动员和普通学生成长环境和经历不一样，那他们的梦境是不是也有很大不同”驱使下，开始了自己的学术研究。2006届优秀学士学位论文获奖论文《对中国电子竞技“魔兽争霸3”发展的研究》（王启明，2006），作者在回答评审专家提问时坦承，喜欢玩儿“魔兽争霸3”是最重要的选题动机。因此，在毕业论文选题时，学生首先要询问自己“我对什么感兴趣”“什么会让我感到好奇”“我最偏爱哪一课程”，并追随这一兴趣寻找适合的题目。

专栏2-6 这也是研究而且还能获奖吗?

每年一度的诺贝尔物理学奖、化学奖、生理学或医学奖是全世界科学界公认的最权威奖项，它以严谨、客观、公正而著称。然而，一份科学幽默杂志的创始人马克·亚伯拉罕却模仿神圣庄严的诺贝尔奖开创了搞笑诺贝尔奖（the Ig Nobel Prizes）。颁奖仪式每年十月，在诺贝尔奖颁奖前一至两周举行，地点为哈佛大学的桑德斯剧场，从1991年开始，每年颁奖一次。入选“搞笑”版诺贝尔奖的科学成果必须都曾在著名学术杂志上发表，并且是不同寻常，能激发人们对科学、医学和技术的兴趣。这些获奖成果诚如这个奖项的举办目的“乍看之下令人发笑，之后发人深省”，尽管不能使科学产生革命性进步，似乎也毫无现实意义，但却是在研究者好奇心驱使下的可贵尝试。有意思的是，在这看似十分搞笑的评审委员会中，有些评委是真正的诺贝尔奖得主。而且，11年来，典礼结束后现场都由哈佛大学物理学家、真正的诺贝尔物理学奖获得者罗伊·格劳伯负责打扫，而他至今仍尽职尽责地完成这一任务。

2010—2012年搞笑诺贝尔奖部分奖项内容:

搞笑诺贝尔心理学奖: Anita Eerland、Rolf Zwaan和Tulio Guadalupe，研究题目是《向左倚靠会让埃菲尔铁塔看上去更小一些》（2012）；Karl Halvor Teigen，研究主题是“为什么人类会叹气”（2011）。

搞笑诺贝尔化学奖: Johan Pettersson，揭示了一个秘密，即为何在瑞典一个小城的某些房屋内，一些人的头发会变绿（2012）；日本团队，以奖励他们有关芥末警报器的发明（2011）。

搞笑诺贝尔医学奖: Emmanuel Ben-Soussan和Michel Antonietti，他们的研究给出了医生在操作结肠镜检查时如何让他们的病人发生爆炸的可能性降至最低（2012）；荷兰的两位科学家发现哮喘症可用过山车治疗（2010）。

（二）能从现实的观察中选题吗?

对丰富多彩的现实生活进行观察是社会科学研究思想最主要、最充沛的源泉，非常多的研究选题是从研究者日常教学、训练、比赛、生活实践中获得的。

1. 在体育发展需要中寻找课题

科学研究的重要目的之一是解决社会实践和现实生活引发的问题，为国家发展的当前需要和长远需要服务，体育实践中迫切需要解决的问题是研究选题的重要源泉，包括：（1）目前未完全解决，需要继续研究的问题，如运动员教育和退役机制、体育课程与教学改革、青少年体质下降等；（2）新的情况下需要新的解决思路，如后奥运时代中国竞技体育制度、

“90后”运动员特征与训练方法等；（3）新发现的问题，如户外运动风险评估与保障、体育旅游的开发等。

2. 在体育教学、训练实践中寻找课题

科学研究的目的是发现问题、分析并解决问题，体育学是应用性很强的学科，大量研究问题产生于实际竞技训练、比赛、体育教学、学习中。例如，在中小学体育课教学中，女生运动参与程度低是非常普遍且长期困扰体育教师的现实问题，如何激发女生运动参与动机、提高体育课教学效果的研究一直是学校体育研究的热点选题。在全国优秀学士学位论文中有相当多的选题是来自体育教学、运动训练、体育锻炼实践中存在的问题，如河南男子排球队训练态度影响因素的分析（林畅，2011）、柱县城区中学健美操教学的困境与思考（郎丽萍，2011）、振动力量训练对排球运动员弹跳力的影响（梁铁伟，2010）、自由式滑雪空中技巧中国国家队男子运动员的下肢肌肉力量特点分析（刘翔，2010）、两种仰泳出发的起跳和入水角度与距离的关系（刘颚，2008）等。

3. 在个人生活、学习实践中寻找课题

个人经历和经验对人的世界观的形成有重要影响，同时，人们也可以从经历中获得启示，并从中发现问题，一些研究题目包括学位论文选题的产生是从研究者自身的经历和经验中获得的。例如，2007届北京体育大学优秀学士学位论文一等奖获得者钟玲，她本人是我国优秀艺术体操运动员，曾获得釜山亚运会个人全能冠军。她的毕业论文选题《我国艺术体操运动员独创性身体难度动作现状及影响因素的研究》，就有她个人经历和经验的依据。

（三）能从文献中获得研究灵感吗？

保持一定量的文献阅读是研究者的学术习惯，这既可以使研究者及时了解学术研究发展动态，又能够在阅读过程中获得启发，产生研究灵感。来自不同学科、不同领域、不同类别的研究报告，有助于研究者拓宽学术视野、增长学科知识、开拓研究思路、激发设计灵感，前人研究中存在的争议、不足和缺憾，正是后续研究产生的源头。例如，李晓东，张力为（2007）采用文献计量方法对4种运动心理学期刊（《运动及锻炼心理学杂志》《国际运动心理学杂志》《运动心理学家》和《应用运动心理学杂志》）2000—2005 年发表的60篇关于自我的研究论文分析发现，在运动心理学领域，自我的研究正受到越来越多的关注，后续研究可以沿着5个方向进行：（1）从神经生理学角度进行研究；（2）探究自我作为前因、后果、中介的作用；（3）重视自我的跨文化研究；（4）运动对自我观念影响机制研究；第（5）自我表现和自我设限的研究。

（四）能从研究指南中寻找课题吗？

为了推动科学研究发展，我国各级政府、学术团体、科研机构都会依据科技发展战略制定课题指南或规划选题，如国家自然科学基金项目、国家社会科学基金项目、全国教育科学

规划项目、北京市教育科学规划项目、国家体育总局体育社会科学课题等，这些课题指南所列出的题目有些是相关科学研究领域的动态前沿，有些是当下社会实践中遇到的亟需解决的现实问题，有些二者兼有。因此，这些课题指南可以为研究者寻找好的研究问题指引方向。

专栏　2–7　2013年国家社会科学基金项目课题指南（体育学）

1.促进群众体育与竞技体育全面发展研究
2.全面建成小康社会进程中的中国体育发展道路研究
3.体育在当代中国社会中的地位、作用与影响研究
4.中国特色社会主义体育文化建设研究
5.社会转型期我国体育体制改革与机制创新研究
6.我国青少年体育保障与组织支撑体系研究
7.“健康中国”背景下体育促进国民素质提升研究
8.社会转型期体育的价值与功能研究
9.中国体育社会科学理论体系研究
10.我国传统体育现代化研究
11.现代体育科学的现状与发展趋势研究
12.我国足、篮、排“三大球”的现状、问题与发展研究
13.坚持与完善竞技体育“举国体制”问题研究
14.田径、游泳等基础大项赶超世界先进水平研究
15.我国体育赛事的改革与创新研究
16.我国体育社团建设研究
17.我国体育文化产业研究
18.体育文化传播与国家形象的构建研究
19.现代体育传播体系与文化影响力研究
20.体育与社会建设、文化建设协同发展研究
21.体育发展方式由要素驱动粗放型向创新驱动集约型转变研究
22.体育与人的全面发展研究
23.当代中国公民体育意识培育研究
24.政府体育公共服务职能研究
25.体育公共服务政策研究
26.体育公共服务体系的理论与实践研究
27.我国体育公共设施建设研究
28.城镇化过程中体育公共服务体系研究
29.政府介入体育的国际经验研究
30.我国中、西部地区与东部地区体育协调发展研究
31.体育行业道德规范研究
32.社会体育发展的组织化研究
33.我国公民体育基本权益研究
34.体育与提高我国人口素质研究
35.老年人体育与生活幸福指数研究

36.社会转型期我国残疾人体育的发展路径研究
37.社会变迁过程中的农村体育研究
38.我国职业体育发展定位与体制机制研究
39.优化我国竞技体育结构与质量研究
40.我国竞技体育综合实力与国际竞争力研究
41.运动员文化教育与后备人才培养研究
42.完善体育产业法规政策研究
43.我国大中型体育场馆的运营与管理研究
44.我国体育无形资产的开发与利用研究
45.体育产业与区域经济发展研究
46.体育与城市发展研究
47.我国体育旅游的价值、功能与开发研究
48.少数民族体育文化遗产的挖掘与整理研究
49.体育对促进民族团结的作用研究
50.现代社会条件下民俗与民间体育的改革创新发展研究
51.休闲体育研究
52.学校体育与教育制度改革研究
53.学校体育环境与安全法规研究
54.青少年体育与健康成长研究
55.国外青少年体育制度研究

专栏2-8 2013年度国家体育总局体育哲学社会科学研究项目课题指南

重点项目
1. 世界各主要国家体育政策规划及组织机构的动态研究
2. 培育发展群众体育组织的理论与实践研究
3. 我国集体球类项目的发展现状及对策研究
4. 扶持职业体育俱乐部发展政策研究
5. 青少年体育振兴规划研究
6. 青少年体育活动中兴奋剂问题研究
7. 体育场馆运营管理改革研究
8. 我国体育彩票业现状及发展对策研究

一般项目（含青年项目）
1. 体育在我国经济转型升级中的地位与作用研究
2. 体育在国家公共服务体系中的定位、意义及作用研究
3. 政府体育公共服务内容及标准体系研究
4. 城乡之间、区域间体育协调发展研究
5. 不同人群体育发展研究
6. 群众体育场地设施建设中的问题与改进措施研究
7. 社会体育指导员队伍建设、制度建设及在全民健身活动中的作用研究
8. 运动项目协会和总局项目管理中心在全民健身推广和普及中的职能和作用研究

9．体育文化传承与发展研究
10．社会体育供给与需求结构研究
11．体育休闲研究
12．我国竞技体育体制机制创新研究
13．我国竞技体育社会价值与评价体系研究
14．我国大型综合性运动会改革研究
15．我国职业体育发展研究
16．县区级业余训练问题研究
17．举办大型体育赛事的综合效益研究
18．青少年体育发展与学校体育改革研究
19．我国健身服务与体育竞赛表演业发展现状及前景研究
20．体育场地、设施、用品和服务的标准化、规范化研究
21．赛风赛纪和反兴奋剂领域的社会学、行为学、法学、伦理学研究
22．体育法制建设研究
23．《体育法》修改研究
24．我国体育行政执法与体育诉讼研究
25．我国地方体育法规规章的比较研究
26．政府职能转变与体育社团建设研究
27．运动员社会保障及职业发展研究
28．体育行业作风建设研究
29．体育对外交往研究
30．体育传播研究
31．体育理论建设与创新的研究
32．信息技术创新在体育发展中的应用研究
33．国外体育发展动态研究
34．各国体育组织机构、发展模式、发展战略和政策法规研究
35．中外体育史及体育思想史研究
36．体育哲学社会科学方法论研究
37．具有原创性的体育哲学社会科学理论专著
38．国外体育社会科学优秀研究成果译介

二、选题的原则有哪些?

学生在选择题目时，需要不断追问自己如下几个问题：我的研究有用吗？我的研究问题提出有什么依据？我的研究与其他同类研究有什么不同？我有能力完成这项研究吗？这些问题其实就是选题的基本原则。

（一）我的研究有用吗?

这个问题涉及的是选题的价值性原则，是指研究选题必须要有意义与价值。衡量选题是

否有价值和价值的大小，主要有两个基本方面：第一，学术价值，即选择的课题是根据体育科学本身发展的需要，能够检验、发展或创新体育理论；第二，应用价值，即选择的课题符合社会发展、体育事业发展的需要，有利于提高竞技运动水平、促进国民体质健康、改善体育教育环境与方法，能够对竞技体育、学校体育、社会体育现实存在的问题进行科学回答并对解决或改善问题提出对策或建议。选题有的强调学术价值，注重理论贡献；有的强调应用价值，是对策性研究；有的兼而有之，但价值性都是选题必备的原则之一，即研究要么具有理论意义，要么具有现实意义。课题论证或学术论文中都需要撰写的研究意义，则是对该研究选题价值性的论述。

（二）我的研究问题提出有什么依据?

这个问题是选题的科学性原则，是指研究课题的选择必须要有依据，包括事实依据和理论依据，前者是选题的实践基础，后者是选题的理论基础，二者又以理论依据更为重要。因为理论对选题起到定向、规范和解释作用，体育科学研究的重要目的就是揭示体育运动客观规律，建立和发展体育科学的理论体系。因此，即便是研究选题来自实践需求，但其研究切入点和论证过程必须要有理论依据。课题论证和学位论文中的选题依据部分，就是对研究选题科学性的阐述。目前体育学学士学位论文甚至研究生学位论文中，普遍缺乏扎实的理论基础，因而，无论在选题依据还是研究意义阐述上，都是更多强调现实依据和实践意义，而理论依据与理论意义则明显不足，这需要引起体育学研究者的高度关注。

（三）我的研究与其他同类研究相比有什么不同?

选题的独创性原则，是指研究选题应是完成前人在理论上或实践中未解决或有争议的问题，具有和前人研究不一样的创新与发展。科学精神的本质特征之一就是创新，因此，独创性和新颖性即成为选题的重要原则之一。广泛而深入的文献资料查阅是避免无谓重复研究的有效手段，通过国内外相关主题文献系统回顾，能够了解该主题目前的研究现状，掌握哪些问题已经达成共识，哪些问题存在争议，哪些问题尚待解决，避免自己的研究重复前人的结果。

所有研究都是在前人基础上的继续前行，因此，创新并不是说与以往研究完全不同，它体现在很多方面：（1）研究视角上创新。例如，对家庭伦理问题解读通常是从伦理学、社会学角度进行的，而耶鲁大学教授陈志武（2009）却在《金融的逻辑》一书中，从金融学专业视角来审视中国家庭伦理道德的几千年历史演变，给人以耳目一新之觉。（2）理论上的新观点、新模型，如田麦久的项群训练理论。（3）新的研究方法、统计技术。例如，将医学常用的文献量化统计方法元分析（Meta-analysis）引入体育科学文献研究。（4）新出现的问题。例如，对竞技体育某项新技术或新规则的研究。（5）前人未涉及的某一地域或群体的研究。例如，青少年偶像崇拜行为的研究比较成熟，但从未有过运动员这一群体的调查，因此，陈亚琴（2012）选择青少年运动员这一与同龄学生成长环境和经历差异较大的群体进行偶像崇拜研究，具有独创性，同时也发现了运动员与普通学生偶像崇拜不一样的特征。

（四）我有能力完成这项研究吗？

这是选题的可行性原则，是指研究者必须依据所具备的主观和客观条件来选择课题，使得研究完成具备现实的可能性。客观条件，是指时间精力、人员经费、仪器设备、测量工具、社会资源等因素。例如，学士学位论文通常没有充足的研究经费和时间保证，如果选择一个全国范围的调查则会受到经费、时间的限制而难以实现其研究目的。主观条件，是指研究者完成课题需具备的背景知识、研究能力、专业基础、实践经验等个人条件，超出个人能力范围的选题则不具有可行性。学士学位论文中，有相当多的学生是跨专业进行选题，如运动训练专业的学生选择某一技术动作的生物力学分析，这需要研究者具备较扎实的运动生物力学及相关的理论基础知识，如果该学生仅了解运动专项动作特征，但缺乏运动人体科学及相关理论，也难以完成课题研究。

国家大学生创新创业训练计划项目是近年来为促进高等学校转变教育思想观念，改革人才培养模式，强化创新创业能力训练，增强高校学生的创新能力，培养适应创新型国家建设需要的高水平创新人才而进行的一项改革措施。主要面向全日制本科二三年级学生，可以是个人，也可以是3~5人的团队，在导师指导下，自主选题、自主设计实施方案，项目研究时间一般为1~3年。国家大学生创新创业训练计划项目设有专项经费，由教育部拨款、学校配套、教师科研经费或社会捐助等组成，资助经费额度每个项目不少于1万元，经费由学校管理办公室负责，严格遵守学校财务管理制度。这项计划的实施在时间、人员、资金和设备上保障了大学生在校期间进行学术研究的物质条件，如果学生能够将学士学位论文选题与国家创新训练计划结合起来，将在经费、设备、人员上得到更多资助，有助于研究课题的顺利完成。

专栏2-9　北京体育大学2013年国家大学生创新训练计划立项课题

序号	项目名称	专业（中心）名称
1	天地球运动的推广	社会体育系
2	快易网球训练法在高校网球初学者训练中的实践与运用研究	社会体育系
3	卓越宝宝轮滑培训的推广	社会体育系
4	拓展训练对孤残儿童社会化的影响	社会体育系
5	大学生在校间创立小型俱乐部过程的探讨（以羽毛球俱乐部为例）	教育学院
6	关于开展毽球项目深入小学体育教学活动的实践与探索	教育学院
7	对北京体育大学校园纪念品开发的可行性研究	教育学院
8	健身健美表演模式的研究	教育学院
9	100米游泳项目陆上有效强度练习手段的研究	竞技体育学院

10	文化传播产业时间的探究	竞技体育学院
11	腰旗式橄榄球在中学的推广与相关赛事的开展	竞技体育学院
12	校园爱心回收站的创建与运作	竞技体育学院
13	传承贺龙精神，创新班级建设途径	武术学院
14	太极推手研究与推广	武术学院
15	北京市少年儿童艺术体操项目推广研究	体育艺术系
16	有氧踏板操专项训练体系	体育艺术系
17	北京高校体育类专业学生干部培养模式研究	管理学院
18	体育场馆运营团队的运作	管理学院
19	基于云管理的北京市3～6岁幼儿体质健康管理模式的可行性研究	管理学院
20	体育产业经纪团队的策划与推广	管理学院
21	打造中国高校职业装第一品牌	管理学院
22	北京市中小学校园足球文化推广	管理学院
23	校园小语种教学的研究	管理学院
24	三十周年门球文化展的发展状况	管理学院
25	虾青素对运动大鼠骨骼肌p38MAPK信号通道蛋白表达及抗氧化能力的影响	运动人体科学学院
26	运动与针刺对骨骼肌自噬的影响及机制研究	运动人体科学学院
27	补充葡萄籽提取物与运动训练对高脂膳食大鼠血脂含量及作用机制的研究	运动人体科学学院
28	有氧运动对原发性高血压动脉平滑肌RhoA/Rho激酶通路活性的影响	运动人体科学学院
29	运动对骨骼肌卫星细胞中端粒酶的影响	运动人体科学学院
30	儿童骨密度与骨龄关系的研究	运动人体科学学院
31	在校男性大学生徒步健身能量消耗的推测方法研究	运动人体科学学院
32	下肢关节灵活性对功能性运动测试（FMS）中深蹲动作的影响	运动人体科学学院
33	自我提升在自我面孔识别优势中的中介效应	运动人体科学学院
34	体育锻炼对大学生学习拖延行为的干预作用	运动人体科学学院
35	认知风格和情境自主性对大学生运动员自我损耗的影响	运动人体科学学院
36	想象和视频对大学生性别职业刻板印象的干预效果的比较	运动人体科学学院
37	运动弱链康复训练对羽毛球动作模式的影响	运动康复系
38	瑞士球训练对久坐人群慢性颈痛干预效果的研究	运动康复系
39	不同干预方式对肱二头肌长头肌腱鞘炎的治疗效果	运动康复系
40	激痛点与中医经穴治疗颈肩肌筋膜疼痛综合征的疗效对比研究	运动康复系
41	骨骼肌肉疼痛的康复在疗养系统中的推广与实施	运动康复系
42	康复工作室在社区中的建立与推广	运动康复系
43	高校新生入学指南手机APP平台构建	体育传媒系
44	体育赛场传播中的微信应用研究	体育传媒系
45	大型体育赛事广告植入策略研究	体育传媒系
46	新媒体微公益现象探究	体育传媒系
47	微电影在体育营销中的应用研究	体育传媒系
48	欧美乡村休闲体育发展对我国西南民族地区生态体育发展的启示	外语系
49	对高水平运动员认知风格的研究和对英语学习的启示	外语系
50	国内外马拉松赛组织运营模式的对比研究——以北京、波士顿马拉松赛为例	外语系

51	床桌高度和桌面倾斜度对坐姿舒适性的影响	科学研究中心
52	低氧训练对肥胖小鼠棕色脂肪活化的影响	科学研究中心
53	不同压力的弹力袜对青年女性穿高跟鞋正常步行时下肢关节负荷及肌肉疲劳的影响	科学研究中心
54	十二周体育养生练习对大学生主观幸福感的影响	科学研究中心
55	有氧运动对肥胖小鼠多种脂肪细胞因子表达量的影响研究	科学研究中心
56	隐性肥胖女性身体成分与心肺耐力和骨密度关系的研究	科学研究中心
57	学龄前儿童身体发育季节性特征及其运动干预策略的研究	科学研究中心
58	间歇充气加压疗法对女子拳击运动员的上肢肌肉疲劳恢复的效果评价	科学研究中心
59	ERRα/PDK4调控在小鼠骨骼肌糖代谢低氧适应中的作用	科学研究中心
60	有氧运动对APP转基因小鼠中枢NMDA受体的影响	科学研究中心
61	“针刺血清”对C2C12细胞增殖分化的影响	教学实验中心
62	增强老年人核心肌力训练方法与器材的研发	教学实验中心
63	PKCα在有氧运动改善原发性高血压血管功能中的作用	教学实验中心
64	跆拳道运动踝和足背护具改良的研究	教学实验中心
65	非体育专业大学生身体活动评价量表的研制	教学实验中心
66	12周运动干预对改善中学教师脊柱侧屈肌力对称性的应用研究	教学实验中心
67	水中健身操运动负荷变化特征及效果观察	教学实验中心
68	不同握拍方式正手击球过程球拍运动轨迹和肌肉工作分析	教学实验中心
69	足弓垫对男性扁平足篮球运动员跳跃动作中足底压力和膝关节负荷即时影响	教学实验中心
70	教育干预及全身振动训练对进食障碍高危女性大学生的影响	教学实验中心
71	北京市大学生体育信息需求与大众传媒的体育信息传播	现代技术教育中心
72	MC time –校园资源分享交易平台	现代技术教育中心
73	信息技术在培养学生足球战术意识中的应用	现代技术教育中心
74	健康生活卡路里计算软件	现代技术教育中心

第三节　选题方法与程序

对刚刚毕业的大学生进行调查，请他们回顾在整个毕业论文工作中感到最困难的事情，得到最多的回答是选题。由此可见，怎样选择一个好题目是大学生在撰写毕业论文时普遍感觉棘手的难题。

一、如何将自己感兴趣的问题转化为可研究的题目?

由于缺少研究实践经验，学生在开始着手实际选题时最容易出现的情况是，不知如何将自己感兴趣的问题转化为可研究的题目，他们提出的往往不是一个具有可操作性的研究问题，而是宽泛的研究领域或模糊的研究主题。例如，学生想要研究武术的健身作用，这是一个比较大的范畴，两个核心概念“武术”和“健身作用”的外延都很大，其中的武术具体是指哪一类，是传统武术还是竞技武术，是所有拳种还是特指某一项目，是表演性质的还是养生性质的；健身作用是指什么，是躯体指标还是心理指标，是身体形态还是运动素质；武术对哪类人群的影响，是老年人还是中年人，男性还是女性，如此等等。此时，他需要的是将这些问题一步步聚焦细化，将一个原本大范围、一般性的粗略问题，转变为焦点集中且具有操作性的研究问题。

（一）选题的基本过程是什么？

以笔者曾经指导的获2006届北京体育大学优秀学士学位论文一等奖的《北京市海淀区中学生压力源、压力应对方式及其与体育锻炼的关系》（曹煜波，2006）为例，说明一个本科毕业论文题目产生所经历的具体过程。

1. 确认一个感兴趣的领域

好奇和兴趣始终是科学家在貌似漫长孤寂的研究攀登中执着坚守的强大动力，因此，选择感兴趣的研究领域将有助于激发学生探求答案的欲望，减少工作倦怠感。领域有多种确认方法，从学校课程科目角度，如你对休闲体育还是学校体育感兴趣；从特定总体或群体角度，如城市老年女性、农村留守儿童、退役运动员等；从特定行为角度，如同伴欺负行为、球场暴力、迷信行为等；从某一主题角度，如网球技战术、篮球进攻能力、核心力量等。

学生与导师最初交流之时，曹煜波和大部分准备开题的学生一样面对选题茫然无措，只能够笼统地提出自己比较感兴趣的是心理健康问题，而这是一个范围很大的研究领域，内容涉及心理健康标准、现状特征、影响因素、干预手段等等，需要进一步缩小范围，明确主题。

2. 查考文献，咨询交流，认真思考

确认感兴趣的领域之后需要花大量时间和精力进行研究的前期准备，主要是通过阅读文献对该研究领域的主要知识理论进行系统梳理，熟悉相关理论背景，厘清研究主要思路，归纳热点问题，探寻争议困惑，发现局限缺憾。在此阶段，需要保持一个开放的头脑，边阅读、边思考、边质疑、边询问，前人的研究思路和设计会给你启发，也会有吸引你感兴趣的项目，并引发你产生具体的设想。要不断提出问题：为什么选择这样的理论与视角？这些结果适用于现在吗？这里面是否会存在跨文化差异？还有哪些是没有发现的？

学生按照心理健康这样一个主题范围，通过中国知网，检索下载了几十篇与心理健康相关的期刊论文和学位论文。在阅读过程中有两个发现：第一，关于学生心理健康的研究多集中于高校大学生，中小学生的研究相对较少；第二，压力与心理健康密切相关。经过与导师多次沟通交流，将研究主题范围缩小到中学生压力方面的研究。

3. 聚焦主题

在阅读思考过程中会产生非常多的想法，这时候需要将研究范围逐步缩小，聚焦、聚焦、再聚焦，把与研究目标和主题无关的问题割舍，始终关注研究主题。

学生在阅读中熟悉掌握压力相关理论，发现前人在研究压力与心理健康时多是从压力应对方式入手，探讨不同压力应对方式与心理健康的关系，于是将研究主题进一步聚焦到压力应对方式。

4. 将研究问题概念化，确定研究题目

当研究主题细化到一定程度时，需要将主题概念化，即用明确概念来界定主题，如压力应对方式，并根据不同概念以及概念之间的关系确定研究题目。

学生将压力应对方式作为论文的核心概念，根据压力理论与以往研究结果，结合自己的社会体育专业，最终将题目确定为“北京市海淀区中学生压力源、压力应对方式及其与体育锻炼的关系”。该研究用问卷调查法探讨不同锻炼程度的中学生压力应对方式的差异性，结果表明，经常参与锻炼的中学生更多采用“宣泄”和“求助”这两种更为积极的压力应对方式，而偶尔锻炼和从不锻炼的学生在应对方式上并无显著性差异。

（二）选题过程中应注意哪些问题？

1. 与导师及时沟通

学生与指导教师及时沟通是确保开题顺利进行的重要保证。不仅是开题，还应贯穿整个毕业论文工作始终，学生主动与导师沟通交流，汇报研究进展，都有助于及时发现问题、纠正方向偏差、避免出现严重错误。

与导师保持沟通交流并不意味着全盘听从导师安排，有些学生在选题过程中毫无主见，被动接受，“导师给啥题目就做啥题目”，这是部分学生开题时的想法。教育最重要的是培养学生独立思考和解决问题的能力，毕业论文的撰写也是养成其科学研究态度与掌握研究方法的过程。因此，导师确实需要根据自己的研究方向和学生的特长，为学生学术发展引领方向，但绝不是说完全为学生指定题目。学生也应充分发挥自己的主观能动性，在题目选择上，有自己的独立思想与主张。

2. 文献阅读是选题的基础

文献阅读在研究的整个过程中都扮演者极为重要的角色，特别是在研究初期的准备阶段。文献阅读能帮助学生熟悉和了解所欲研究领域的相关知识理论及研究方向进展，只有在全面回顾前人研究的基础上，才能知晓领域中哪些内容已经有了公认结论，不必再重复研究；哪些问题存在争议，可以对此进行检验；哪些方面还尚未涉及，能够据此提出研究设想。选题理论依据都是在文献阅读基础上提出来的。

3. 保持开放的头脑

选题过程中一定要保持开放的头脑，包括两个方面：第一，文献阅读时要保持开放思维，不断提出问题，边阅读边反思，甚至是批判质疑；第二，广泛征询意见，开题时不能一味地关在图书馆闭门造车，要多沟通，向导师、其他专业教师、有相关研究经验的师兄师姐和同学请教交流，多一个建议或观点或许就多一份独特视角。

4. 把握好时间，避免仓促开题

毕业论文从开始布置工作到进行开题报告通常有两个月，要注意时间点的把控。有些学生开始时不着急，前期基础准备工作严重不足，来不及进行文献查询和回顾，只能仓促开题，为后续研究设下隐患。“开题报告一个晚上完成，形同虚设，后面研究存在困惑”是很多正在和已经完成毕业论文的学生共同意识到的问题。甚至是有些学生开题时准备不足，后期完成时才发现选题根本无法操作，只能中途变更题目，造成后期研究的更多压力和问题。

二、学士学位论文选题常见问题有哪些？

（一）题目过大、论域过宽

学士学位论文选题存在最为普遍的问题就是题目过大，如“北京奥运会对我国西部体育经济的影响”“中国篮球职业化进程”“中外优秀赛艇运动员技战术对比分析”“山东省学校体育现状调查”等。题目过大、内容过多、论域过宽，必然造成的结果是大而不精、泛泛而谈，特别是对于本科生，无论是专业知识还是研究能力，都难以把控过大题目。

（二）选题缺乏研究价值

选题重要原则之一是研究必须要有价值，无论是理论上的贡献还是实际应用中的价值，选题意义需要在开题报告中明确说明。有些论文选题的研究价值不高，很多是前人研究中早已得到共识无需再做检验的问题，如“试论力量和速度在跳远中的重要性”“进攻技术在女子佩剑比赛中的重要性”等。

（三）专业混同于专项

或许是由于体育院校体育专业学生从小练习某一专项，学生的专项意识比专业意识更强，校园中经常听到这样的对话：“你是学什么的？”“游泳”。专项与专业混同，恐怕是体育院校的一个特殊问题，即便是培养出来的硕士生、博士生，也经常被称为“体操博士”“田径硕士”。专业是高校里所分的学业门类，专项则是指某一运动项目，学生的运动专项是田径，但专业应该是体育教育或运动训练，学生专项是武术套路，但专业应该是民族传统体育。体育学研究方向的划分应该打破项目本位，回归到学科专业体系中来，学生论文选题应突破专项限制，避免单纯重复比赛技战术分析。

（四）缺乏创新性

科学研究的实质是创新，创新是科学研究的灵魂。目前，在体育院校学士学位论文评审

中更多强调规范性，对学术性、创新性的要求不高，这种导向使得选题重复现象比较突出。例如，某项目的运动损伤调查、某一运动项目的比赛技战术分析等会出现在每一学年不同学生的毕业论文选题中。

本章小结

1. 学士学位论文评价标准包括：选题质量、能力水平和写作水平。

2. 优秀论文的特征包括：具有理论价值，具有实际意义，研究设计精巧，逻辑结构清晰，研究方法适用，写作格式规范。

3. 体育科学研究选题和设计时需要考虑扎根理论知识，实证检验假设；探索因果关系，鼓励实验研究；研究手段多样，定性定量结合；利用先进设备，重视统计技术。

4. 体育科学研究题目主要来源于兴趣与爱好、体育发展需要、体育教学训练实践、个人生活学习实践、文献的广泛阅读、课题研究指南。

5. 选择题目要依据价值性、科学性、独创性和可行性原则。

6. 题目选择的基本过程包括：确认一个感兴趣的领域；查考文献，咨询交流，认真思考；聚焦主题；将研究问题概念化，确定研究题目。

7. 选择题目过程中要及时与导师沟通，系统阅读相关文献，保持开放的头脑，把握时间避免仓促开题。

8. 学士论文选题常见问题包括：题目过大、论域过宽，缺乏研究价值，专业混同于专项，缺乏创新性。

文献导读

[1] 程志理. 选题、统计方法和概念——论体育科研的几个基本问题[J]. 天津体院学院学报. 2002，17（4）：37- 39.

[2] 黄汉升. 体育科学研究的方法学探索——基于中国体育学300篇博士学位论文的调查分析[J]. 体育科学，2009，29（9）：3-17.

[3] 李可兴，马卫平，覃立，游波. 国家体育总局体育社会科学、软科学选题实证分析[J]. 北京体育大学学报，2009，29（10）：31-34.

[4] 马卫平. 对体育学硕士论文选题的思考[J]. 体育学刊，2009，16（1）：45.

[5] 王琪，胡志刚. 国际体育科学研究前沿探讨——3种体育科学国际著名综合性期刊关键词共词分析[J]. 体育学刊， 2010，17（5）：110- 114.

[6] 钟秉枢，蒋家珍. 体育科学研究选题的误区[J]. 北京体育大学学报，2006，47（12）：1590-1591，1585.

思考与练习

1. 你对体育运动中哪些现象最感兴趣？尝试将这一现象转化为一个可以研究的题目。

2. 查阅本校本专业最近3年本科毕业论文题目，分析选题趋势特征和存在的问题。

3. 以宿舍为小组，拟定3个研究题目，并陈述选题依据。

第三章 研究设计

关键术语

总体　样本　抽样　抽样框　抽样误差　参数值　统计量　概率抽样
非概率抽样　样本容量　概念　理论定义　操作化定义　测量误差　测量
维度　指标　权重　变量　自变量　因变量　控制变量　信度　效度

学生疑问

到哪里去找问卷发放对象？问卷发放多少份合适？
如果做量化研究？如何测量一个高度抽象的概念，如“爱”？
网络上流行的心理年龄自测试结果可信吗？
为什么毕业论文的开题工作特别重要？怎样写一份好的开题报告？

学习目标

通过本章的学习，你将能够：
1.知晓如何根据研究目的和内容选择研究方法和工具。
2.了解体育科学研究中常用的抽样方式，掌握检验测量信度和效度的常用方法。
3.给一个抽象概念下一个可以测量的操作定义。
4.了解本科毕业论文开题报告的撰写方案和格式要求。

研究摘要

Vohs, K. D., Mead, N. L., & Goode, M. R. Psychological effect of money. Science, 2006, 314: 1154-1156.

问题：有句俗话，有钱能使鬼推磨；也有句话，谈钱伤感情。那么，钱对人类行为有什么影响呢?

方法：该研究是通过9个实验研究，探讨钱与自我满足的关系。其中实验二将37名研究参与者随机分为两组，请他们在录像机前阅读不同的文章。钱多的组的文章是关于在经济状况富余环境下成长的内容，钱少的组的文章是关于在经济贫乏环境中成长的内容。之后要求两组研究参与者完成一项不可能完成的任务（不停笔一次性画出一幅几何图形的轮廓），参与者不知晓此任务不可能完成。在他们独立尝试两分钟后，主试带一名助手进入实验室，并告诉研究参与者，如果需要可向该助手求助，以便完成该任务。观察两组的求助行为。

结果：以求助前独立完成任务的时间为因变量，发现钱多组独立尝试的时间显著长于钱少的组，$t(35)=2.03$，$p=0.05$，$d=0.65$，即钱多的组更不愿意向人求助。作者对这一结果的解释是，钱引发人的自足倾向，使人摆脱依赖感。9项实验研究结果表明，金钱能够导致一种自足倾向，使人摆脱依靠的倾向和依赖的事物。与不提示钱相比，提示钱会导致求助需求的下降和助人倾向的减少。与中性概念启动下的研究参与者相比，金钱启动下的研究参与者更愿意独自游戏，独自工作，并与生人保持更远的身体距离。

第一节 概念的操作化

一、为什么要进行研究设计?

科学研究是一项严谨缜密的系统工程，并不像文人吟诗作画那样灵感突发、激情所至的一气呵成，而是在周密计划、反复论证之后才能开始实施，是需要在认真翔实设计基础上才能进行的行为。通常在确定研究题目，对相关主题以往研究文献系统回顾之后，就进入研究设计阶段。

研究设计从研究的主题概念开始，需要设计如下几个方面：对核心概念进行定义，包括理论定义和操作定义。操作定义是将抽象概念转变为可测量的变量，有测量就会有信度和效度的检验，选择研究类型与方法，选择研究参与者和抽样方式，设计统计方法。研究设计内容如图3-1所示。

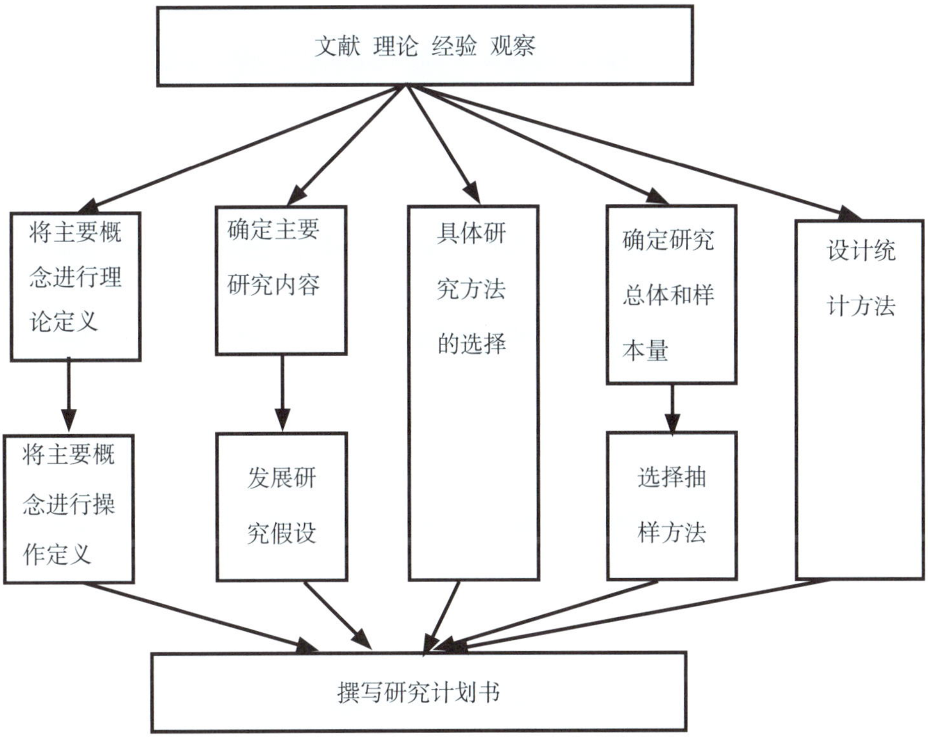

图3-1 研究计划图

二、概念如何界定与测量?

人类的认识分为感性认识和理性认识，感性认识有3种表现形式，即感觉、知觉、表象；理性认识有3种表现形式，即概念、判断、推理。概念是人类进行高级认识活动的基础，没有概念就不能够进行判断和推理活动，一项研究遇到的首要任务，就是要给核心概念下定义。

（一）概念有几种定义方式?

商务印书馆出版的《现代汉语词典》，对“概念”一词解释为：“思维的基本形式之一，反映客观事物的一般的、本质的特征。”人类在认识过程中，把所感觉的事物的共同特点抽出来，加以概括，就成为概念。人类理性思维中更高形式的判断与推理，都是建立在一个个概念基础上的，对每个概念的清晰理解即成为能够进行更加高级复杂思维的基础与前提。

学术研究是一项极其复杂的思维活动，每一篇论文都有各自的核心概念。例如，“不同注意类型高水平运动员注意瞬脱特征的初步研究”，其核心概念是注意瞬脱。在开始学术探讨时，研究者首先需要解决的重要问题就是对核心概念进行界定。

概念有两种定义方式，（1）理论定义，又称为抽象定义，即是通常意义上的名词解释，是对研究事物的本质进行概括，作用是解释事物的内涵，并将一事物与其他事物区别开来。（2）操作定义（Operational Definition），是将抽象概念转化为变量，并说明对该变量进行可感知的测量方法，即说明如何测量一个概念，其最大特征是可观测性。

董奇（1992）曾将操作定义与抽象定义的区别进行了归纳：（1）定义的内容上，操作定义使用具体的事物、现象或方法来说明变量或概念，而抽象定义则采用概念、同义语进行说明。（2）定义的方法上，操作定义采用经验的方法即可直接感知的度量方法，而抽象定义则使用逻辑的方法。（3）定义的重点上，操作定义着重于界定变量或指标的外延或操作过程，而抽象定义则着重于揭示变量或指标的内涵和本质。

表3-1　概念的定义

概念	理论定义	操作定义
青春期	一段从不成熟的儿童期进入成熟的成人期的成长过程，要为将来承担成人责任做准备	10～20岁的青少年
智力	人认识理解客观事物，并运用知识、经验等解决问题的能力，包括记忆、观察、想象、思考、判断等	韦氏智力量表测验分数
耐力	耐久的能力	最大摄氧量、1000米跑步时间
速度	泛指快慢的程度	50米跑步时间
饥饿	同饿，肚子空，想吃东西	血糖、距离上一次吃饭的时间

（二）为什么要对抽象概念进行操作化定义？

概念是对事物本质属性的提炼和概括，具有高度抽象性。而研究常常是对一个主题的观察与分析，需要将理论概念转化为可观测的操作定义，才能够在现实世界中对这一概念进行准确测量，获取数据或资料，即需要经过理论定义，操作定义，真实的测量，获取数据或资料。其中，概念的理论定义是基础，操作定义是关键。如果理论定义错误或缺失，将直接导致操作定义错误；如果操作定义不准确，也会导致测量结果偏差和结论失当。例如，某学生试图描述体育院校大学生的时间观念与学习行为状况，这里面“时间观念”是抽象概念，需要将其操作化。该研究将学生中午在学校食堂平均用餐时间作为时间观念的操作定义，所得结论为“学生中午用餐时间平均约为13分钟，用时较短，由此可见，体育院校大学生的时间观念非常强”。众所周知，中午学校食堂拥挤嘈杂，学生急于回宿舍午休或准备下午上课，在食堂停留时间都很短。因此，用食堂午餐用时来操作化界定时间观念显然是不合适的。如果将操作定义更改为学生准时到课率，或许研究结论会有所不同。

操作定义实质上是能够给抽象概念赋予数值的定义方式，莫雷等人（2007）总结操作定义的意义体现在3个方面：第一，操作定义可以使研究者的思考具体化、明晰化。第二，操作定义可以促进科学研究者之间的沟通，因为只有操作定义限定下的变量，才不至于导致理解偏差。第三，操作定义可以简化一门学科的变量体系，可避免一些重叠概念的干扰。

（三）概念的维度如何确定？

科学研究是系统工程，在概念定义基础上将开始对其进行解构，即将一个概念所包含的内容结构细致分解。在现实中，很多抽象概念往往包含的并不是单一的内容，而是具有多个方面的复杂结构。研究者根据掌握的资料和理论，将概念分为不同的类或亚类，每类表示概念的一个方面或结构，称之为维度（Dimension）。伴随社会变迁和科学技术飞速发展，人类对世界的认识不断深入，对某一事物的理解也从单一走向多元。例如，人类对于“健康”的理解就是经历了从单维度向多维度发展的过程，从单一的生物医学模式到生物—心理—社会三维模式。1948年，世界卫生组织（WHO）在其宪章中明确将健康定义为：“健康乃是一种在身体上、心理上和社会上的完满状态，而不仅仅是没有疾病和虚弱的状态。”对一个概念从单维度到多维度的解析，表明研究的持续深入探索。图3-2是体质概念的结构解析，体质不仅包含躯体方面，还要有心理健康和社会适应方面。

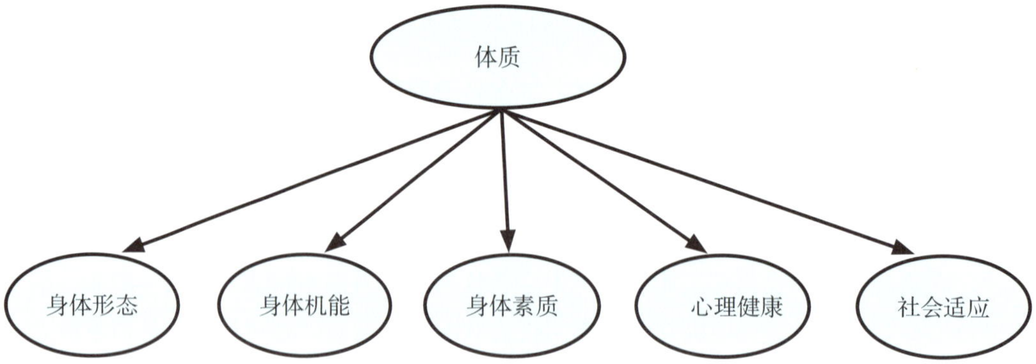

图3-2　体质结构图

对相同概念的不同理解会导致不同结构解析，如人格。在人格理论研究中，卡特尔（Cattell，1962）将人格确定为16个因素，并在此基础上发展了“人格16因素（16P.F.）问卷”；艾森克（Eysenck，1970）提出，人格包括外向性、神经质和精神质三个维度，并编制“艾森克人格问卷（EPQ）”；近年来，心理学研究者在人格描述模式上达成了比较一致的共识，即人格的“大五”或“五因素模型”，包括神经质、外向性、开放性、随和性、意识性，并发展了“大五人格问卷（NEO-PI）”。对于人格这样一个抽象概念之所以会有不同的操作定义，即人格测量问卷，是因为有不同的人格理论。概念结构维度的确定不是凭空产生主观臆断的，而是需要经过专业理论判断、专家评议和因素分析等质化或量化科学研究过程才能确立的。

专栏3-1　中国哪个城市生活质量最高?

如何评价一座城市是社会学工作者研究的热点问题，在很长一段时间里，经济发展指标是作为唯一的衡量标准的。但随着时代的变迁，人们逐渐发现，经济发展水平与生活质量并不是呈现绝对正相关的，特别是幸福感这样的主观感受表现更为明显。Easterlin（1974）提出幸福悖论，即经济收入与幸福不是完全的线性关系，随着收入水平的增高，幸福感增加会逐渐变小，最终趋于稳定。二者呈曲线关系，即当收入突破一个临界值后，收入再增长并不能带来相同比例的幸福感的增加，最终幸福感也趋于稳定。温晓亮、米健（2010）20年纵向研究结果表明，从1990年到2010年，中国人的幸福感虽有反复，但总体呈下降趋势。这表明，经济发展指标，特别是单一的GDP指标往往会掩盖一些社会生活与城市发展中存在的问题而无法真正衡量出一个城市的价值。2005年，由北京国际城市发展研究院等多家研究机构组成中国城市生活质量研究课题，历时两年完成第一次对我国287个地级以上城市生活质量的分析。研究将“城市生活质量”这一抽象概念划分为12个维度（子系统），包括：居民收入、消费结构、居住质量、交通状况、教育投入、社会保障、医疗卫生、生命健康、公共安全、人居环境、文化休闲、就业概率。用多维度的生活质量指标体系替代单一的GDP指标来测量社会发展程度和人的生活质量，就成为科学发展观指引下引导城市发展的一个极为重要的理念。如果按照这一多维评价指标体系标准进行衡量，那么深圳、青岛、杭州、宁波、上海、无锡、烟台、苏州、东莞、大连排在前十名，而北京仅名列第14位。

表3-2 “中国城市生活质量指数”评价指标体系

综合指数	维度（子系统）	核心指标
城市生活质量	居民收入	城镇居民人均可支配收入
	消费结构	城镇居民人均消费性支出、恩格尔系数
	居住质量	人均住房使用面积
	交通环境	交通便利度
	教育投入	适龄人口平均受教育年限
	社会保障	社保投入系数
	医疗卫生	每十万人拥有医生数
	生命健康	平均预期寿命
	公共安全	非正常死亡率
	人居环境	人均绿地面积、生活垃圾无害化处理率
	文化休闲	每百万人拥有公共图书馆藏书量
	就业概率	城镇登记失业率

（四）指标如何选择?

1.指　标

界定概念和维度解构解决的是概念的本质内涵问题，如果要进行量化研究，则需要对抽象概念进行操作定义，确立能够实际观察和测量的指标。指标（Indicator）是指测量某一概念时可观测的具体内容，反映的是所要研究的变量，特点是具有操作性。例如，身高、体重、三围就是身体形态的3个测量指标，篮板球可作为篮下拼抢能力的观测指标。

对于一些简单概念，往往容易建立一个能够达成共识的测量指标，如心率、血色素、肺活量是身体机能的指标。而比较复杂的抽象概念，由于研究者视角和观点不同，导致对同一个概念进行测量时，产生出不同的测量指标，也就会出现不同的测量结果。例如，世界大学排名有众多版本，2012年度，哈佛大学、剑桥大学和加州理工学院都荣登榜首；同样是中国的北大和清华，在有些榜单中能够位居前50之列，而有些则在200名以外。相同的学校却有不同的排名，有些还相距甚远，其原因就在于不同的排行榜拥有不同的评价指标。

专栏3-2 4大世界大学排行榜

在纷繁复杂的各种世界大学排名体系中，有4个比较权威的排名机构，即USnews、QS、THE和ARWU。USnews（U.S.News & World Report · 美国新闻与世界报道）1983年开始对美国大学进行排名，是最知名的美国大学排名机构，2009年开始与QS公司合作，对全球大学进行排名。评价指标包括6年内毕业率和1年后转学率、录取新生的要求、教学条件、用于每个学生的支出、预计和实际学生毕业比例、校友捐赠等。QS（Quacquarelli Symonds）是世界著名的专注于提供高校教育和毕业生招聘信息的国际高等教育咨询机构。其世界大学排名指标包括学术领域的同行评价、学生就业评价和基于雇佣者的评价、教师/学生比例、单位教职的引用率、国际教师和国际学生占总教师、总学生数的比例等。THE（Times Higher Education · 泰晤士高等教育）2004年与QS合作推出世界大学排名（THE-QS），2009年起参照汤姆森路透社数据排列推出自己独立的THES世界大学排名。现行的世界大学排名指标主要包括教学、研究、论文引用、企业经费和国际化程度5个大项和13个具体指标。上海交通大学高等研究院经过10余年研究，于2003年推出全球第一个世界大学排名（ARWU）。该排名指标不含排名机构主观分数，以论文引用率、员工与校友诺贝尔奖与菲尔兹奖得主数目、“自然”期刊与“科学”期刊论文数目、SCI和SSCI论文数目等学术数据作为指标。（表3-3）

表3-3 2012年世界大学排名

排序	美国新闻与世界报道	QS公司	泰晤士高等教育	上海交通大学
1	哈佛大学	麻省理工学院	加州理工学院	哈佛大学
2	剑桥大学	斯坦福大学	哈佛大学	斯坦福大学
3	耶鲁大学	哈佛大学	斯坦福大学	麻省理工学院
4	伦敦大学学院	伦敦大学学院	牛津大学	加州大学伯克利分校
5	伦敦帝国理工学院	牛津大学	普林斯顿大学	剑桥大学
6	牛津大学	伦敦帝国理工学院	剑桥大学	加州理工学院
7	芝加哥大学	耶鲁大学	麻省理工学院	普林斯顿大学
8	普林斯顿大学	芝加哥大学	伦敦帝国理工学院	哥伦比亚大学
9	麻省理工学院	普林斯顿大学	芝加哥大学	芝加哥大学
10	加州理工学院	加利福尼亚理工学院	加州大学伯克利分校	牛津大学

2. 权　重

权重（Weight）是一个相对概念，是针对某一指标而言。某一指标的权重是指该指标在整体评价中的相对重要程度。如果在一个评价指标体系中，各个指标重要性程度相同或近似，则不必设置加权，即该指标体系中每个项目都拥有相同的权数。但有些评价指标体系中，各个指标重要性程度并不相同，则需要进行权重设置。例如，在本科毕业论文评价指标体系中包含选题质量、能力水平、成果质量、评阅与答辩4部分，按照重要性程度可将其权重分为设置为20%、40%、30%和10%，那么该论文总成绩=选题*0.2+能力*0.4+成果*0.3+答辩*0.1 。权重的设置方式通常有主观经验法、专家调查法、因素分析法等。

第二节　变量的测量

一、什么是测量？

日常生活中，人们经常接触或使用“测量”这一概念，例如，晨起，打开智能手机，看一眼屏幕上的气温显示，决定穿哪身衣服去上课；空腹踏上体重仪，检验一下前几天跑步、节食的减肥效果；第一节课老师就对上一个章节内容进行了测验；课堂上，学生边听课边对教师教学效果进行着评价；体能训练中，仪器上记录着跑步的速度和消耗的热量；下课后去商场买新衣服，要清楚自己的三围和身高。当我们在评价说“某某某老师讲课一点儿兴趣也没有”或“这场比赛太精彩了”的时候，测量就已经发生了。

（一）测量包括哪些要素?

1. 测　量

测量（Measurement）是指利用合适的工具（仪器、量表、问卷等）对某一对象（人、物、动物）的属性或特征进行赋值的过程。通俗地说，测量就是用一把准备好的尺子去度量人或事物。这把尺子可以是精密的仪器，是符合心理测量学编制过程的标准化量表，也可以是自行设计的问卷，甚至还可以是自己的主观感觉。由于是用这把“尺子”去进行度量，这把“尺子”即测量工具的准确性和可靠性就至关重要了，决定着测量结果的真实性和可信性，对测量的科学性检验是信度和效度问题，将在本章第三节介绍。测量有许多学科分类，如建筑测量、几何测量、生物测量、社会测量、体育测量、心理测量、教育测量等。

2. 测量的要素

（1）测量客体，即测量的对象，是测量谁（人、动物、物）的问题。例如，我们准备测量北京市小学生的速度和耐力，那么，北京市小学生则成为测量客体或对象。

（2）测量内容，即测量客体的某种属性或特征，是测量什么的问题。例如，小学生是我们测量的对象，但是小学生本身并不能测量，只有他们的特征和属性，诸如学业成绩、性格特征、学习态度、身体素质等等，才构成了我们所要测量的内容。

（3）测量法则，即测量标准、规则，是怎样测量的问题。例如，测量坐位体前屈的规则是“受试者两腿伸直，两脚平蹬测试纵板坐在平地上，两脚分开约10～15厘米，上体前屈，两臂伸直前，用两手中指尖逐渐向前推动游标，直到不能前推为止。测试计的脚蹬纵板内沿平面为0点，向内为负值，向前为正值。记录以厘米为单位，保留一位小数。测试两次，取最好成绩”。

（4）测量尺度，即在测量过程中采用数字和符号来表示测量对象的性质、数量和类属，是测量结果如何表示的问题。例如，1.27米、1.62米、2.13米等等是用数字表示测量学生立定跳远的结果。

3. 测量误差

在测量时，测量结果与实际真值之间的差值称为测量误差（Measurement Error）。物质具有客观实在性，因此，每一个物理量在理论上都有一个不以人的意志为转移的大小，这被称之为真值，所有的测量都是希望能够测量到该物质的真值。但是，由于仪器、环境、方法、人员等因素的局限性，真值是不可能被测量到的，测量结果与真值之间总会存在或多或少的偏差，这种偏差就叫做测量误差。

测量误差的性质一般分为系统误差、偶然误差和粗大误差。系统误差（Systematic Error）

是在相同测量条件下，对同一被测量物进行多次重复测量时，误差值的大小和符号保持不变或按一定规律变化。系统误差产生的原因之一是仪器设备不完善，精密性程度低。偶然误差（Accident Error）是在相同观测条件下，对同一被测量物进行多次重复测量时，误差值的大小和符号均不相同，但误差的绝对值不会超过一定的限值。粗大误差（Gross Error）是在一定测量条件下，超出规定条件下预期的误差。粗大误差属于异常值，会影响测量结果，需要在后期数据处理时将其剔除。测量中主要采用的是选择精密仪器设备、认真仔细施测、多次测量取平均值等方式来减少测量误差。

（二）测量有层次吗？

1.定类测量

定类测量（Nominal Measure）又称为定名测量或类别测量，在本质上是一种分类体系，即将人或物等研究对象的属性和特征进行分类，并标以不同的数字或符号。定类测量是测量层次中最低的一种，也是最基本的测量，只是描述了不同类别之间的差异，如性别中的男性和女性，球场上的前锋、中锋、后卫。定类测量中也会出现数字，但只是作为标记使用，并不具有数学意义，因此不能进行数学运算，只能计算频率和比例。比如，篮球运动员的号码是用于区分运动员的标识，在问卷设计中，通常用“1”代表男性，“2”代表女性。

2.定序测量

定序测量（Ordinal Measure）是根据变量的属性进行逻辑排序，界定变量的顺序和等级的测量。定序测量也是一种分类体系，但和定类测量相比，具有了次序和等级比较的差异，表现为大小、多少、高低、强弱、先后等变量特征，具有了实数第一个特征——有序。例如，比赛名次中第一名、第二名、第三名等，运动等级中的健将、一级、二级、三级，态度中的非常满意、比较满意、中立、不太满意、很不满意等。定序测量中出现的数字只是具有次序特征的代号，不能直接进行数学运算，只能表示等级和顺序差异。定序测量中相邻属性之间的距离是不确定的，如跳远比赛结果显示，第一名和第二名的差异为0.75米，而第三名和第四名的差异可能是1.2米。定序测量统计方式中，除了可以计算频率和比例以外，还可以进行等级相关和秩次检验等统计运算。

3.定距测量

定距测量（Interval Measure）又称为等距测量或区间测量，是对测量对象数量差别和间隔距离的测量。定距测量的特征是没有绝对零点，温度和智商是典型示例，某地室外温度为摄氏零度，并不意味着没有温度，某人测得的智商为零，并不代表他没有一点儿智力。同时，定距测量不仅可以对变量的属性进行排序，而且相邻属性之间的距离是相等的，如摄氏80度和摄氏90度之间的距离等于摄氏40度和摄氏50度之间的距离。定距测量具有实数特征中的有序和距离，但由于没有绝对零点，因此只能进行加减运算，而不能进行乘除运算，在统计方式上能够采用平均数、标准差、积差相关、t 检验、F检验等统计检验。

4.定比测量

定比测量（Ratio Measure），也称比例测量，是最高层次的测量，是对测量对象比例和比例关系的测量。定比测量的最大特点是有一个绝对的零，如某人一年内的体育消费为零，则说明该人一年内没有在体育上面有任何消费。定比测量具有实数列的所有特征——有序、距离和零点，可以进行加减乘除运算和所有统计检验。

表3-4 测量的层次

	测量名称	定义	举例	实数列特征	数学运算	统计检验
简	定类测量	界定变量的性质和类别	性别、宗教、民族	——	——	频率、比例
单	定序测量	界定变量的等级和顺序	排行榜、态度、名次	有序	——	频率、比例、等级相关、秩次检验
复	定距测量	界定变量的数量差别和间隔距离	温度、智商	有序、距离	加减	平均数、标准差、积差相关、t检验、F检验、z检验
杂	定比测量	界定变量的比例和比率关系	年龄、时间、高度	有序、距离、零点	加减乘除	所有统计检验

二、什么是变量？

变量（Variable）是研究设计的基本要素，是指一个物体、事件、事物或人所具有可以取两个或两个以上值的特征（张力为，2002）。在心理学甚至是行为科学领域，变量被看做是实证研究的逻辑起点（莫雷，温忠麟，陈彩琦，2007）。变量是一个可以变化的量，如价格，可以是100元，也可以是50美分，还可以是2467英镑，价格就是一个变量。性别中有男性还有女性，性别就成为数量最小的二分变量。常量是和变量相对应的不变化的量，如张三100米跑步速度是12秒73，速度是变量，而张三的12秒73则是常量。

三、变量有哪些类型？

根据变量的取值、来源和在研究中的地位，可以将体育科学研究中的变量进行如下分类。

（一）根据变量的取值如何划分？

1.连续变量

在统计学中，根据数值是否连续可将变量分为连续变量和离散变量。连续变量（Continuous Variable）也称数量变量（Metric Variable），是以连续数值即相邻两个数值可作无限分割的数值表示其特征的变量，如速度、温度、身高、体重、心率、血压等。离散变量其数值只能为自然数或整数单位计算，如人数、动物个数、比赛场次等。

2.类别变量

类别变量（Categorical Variable）也称为分类变量，属于定性的变量，不能以连续数值只能用类别表示其特征，表现为互不相容的类别或属性。性别是典型的类别变量，还有民族、宗教、球场上的位置、职业等，用赞成、弃权、反对来反映人对某事的态度也属于类别变量。

3.顺序变量

顺序变量（Rank Variable）是既无相等单位又无绝对零点的变量，是以有序数值表示其特征。比赛名次、排行榜是典型的顺序变量，用非常赞成、比较赞成、一般、不太赞成、很不赞成来反映人对某事的态度则属于顺序变量。

（二）根据变量的来源如何划分?

1.刺激变量

刺激变量（Stimulus Variable）简称S变量，也称为任务变量（Task Variable），是指对有机体的反应发生影响的刺激特征。这些特征具有多种形式，包括有自然性刺激和社会性刺激、具体的刺激和抽象的刺激、外部刺激和内部刺激。例如，温度、湿度、历史事件、文字、疾病等都会成为引起有机体进行反应的刺激变量。

2.机体变量

机体变量（Organism Variable）简称O变量，也称为被试变量（Subject Variable），来源于被试的特征。例如，性别、年龄、受教育程度、宗教信仰、智力、成就动机、自尊、性格等。

3.反应变量

反应变量（Response Variable）简称R变量，是由刺激变量引起的有机体的行为变化，包括反应的速度、反映的准确性、反应的难度、反应的次数或概率、反应的幅度和强度。

4.环境变量

环境变量（Environmental Variable），是由环境引起的有机体的反应，来源于环境的某些方面的变化，如温度、湿度、风速、噪音等。

（三）根据变量在研究中的地位如何划分?

1.自变量

自变量（Independent Variable）是指在实验研究中由实验者操纵、控制的呈现给被试的刺激，并对被试的反应可能产生影响的变量，也称为实验处理，在因果关系中是作为原因的那个变量。例如，在英语学习中，字母的大小写对阅读速度会产生影响，因此，字母的大小写就是自变量。在调查研究中，自变量是指能够预测另一个或另一些变量变化的预测变量。例如，用学生在校期间的学业成绩预测未来职业薪资。

2.因变量

因变量（Dependent Variable）是指在实验研究中由实验者操纵自变量而引起被试的某种

特定反应，是因自变量变化而变化的变量，在因果关系中是作为结果的那个变量。因变量也是研究者需要观察的变量。例如，在考察字母大小写对英语阅读速度的影响时，阅读速度就是因变量。

3.控制变量

控制变量（Control Variable）也称为无关变量（Extraneous Variable），是指在研究中可能会对因变量产生影响，引起因变量的变化，但并不是研究者需要考察的而必须有意识加以控制的变量。控制变量实际上是潜在的自变量，在实验和调查中，只有很好地控制无关变量，才能够明确自变量与因变量之间的关系。在实验研究设计中，非常重要的内容即是对无关变量的控制设计。例如，考察某教学方法对学生体育课运动参与的影响，教学方法是自变量，学生体育课的运动参与是因变量。在实际教学中，教师的教学水平和能力也会影响学生体育课的运动参与，教师即成为影响实验结果的无关变量，需要加以控制。因此，在实验中用恒定的方法，即实验组与对照组选用相同教师授课，使得不同教师教学水平得到有效控制。

4.协变量

协变量（Covariate）也是无关变量，是指与因变量有线性相关并在探讨自变量与因变量关系时通过统计技术加以控制的变量。协变量可以是连续型变量也可以是非连续型变量。例如，考察某种教学方法对学生数学学习成绩的影响，学生的智力会成为影响实验结果的无关变量，可以考虑在统计时将智力作为协变量进行协方差分析，以控制学生的智力差异对学习成绩的影响。常见的协变量包括因变量的前测成绩、人口统计学指标（年龄、性别等）以及与因变量明显不同的个人特征。

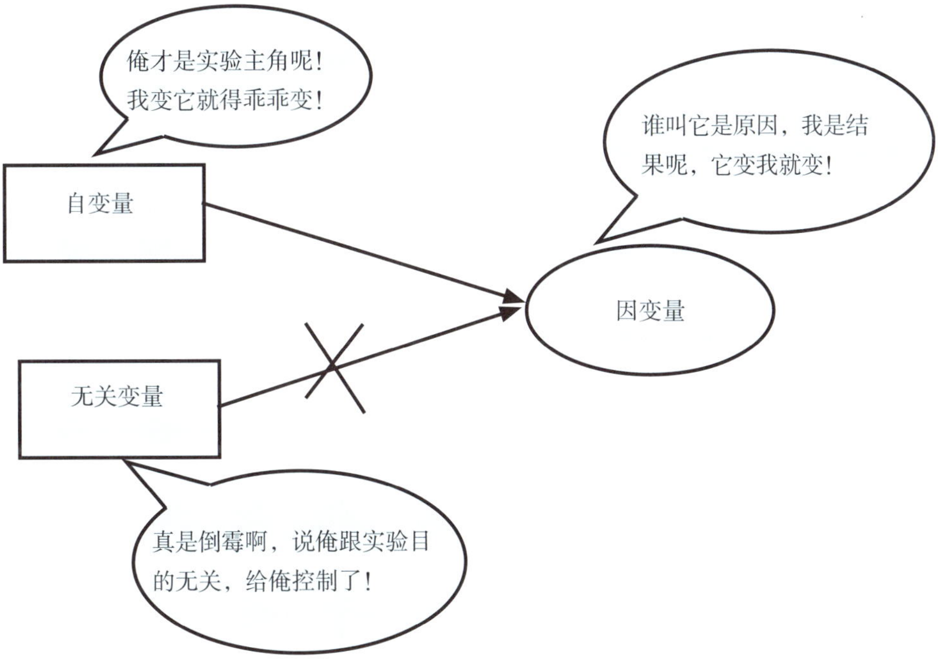

图3-3　自变量、因变量、无关变量关系图

第三节　信度和效度

关于称量体重有这样两个问题，第一，能不能用米尺量体重呢？第二，同一天的早晨、中午和晚上，你用同一台体重仪量出的体重一样吗？对于第一个问题很多同学回答是不可以，怎么能用丈量身高的米尺称量体重呢！其实答案是可以，因为身高和体重呈正相关，通常身高越高的人体重越大。可以量出身高去估计体重，只是准确性低。第二个问题的回答比较一致，即一天当中，早晨体重最轻，傍晚体重最重。其实，这两个问题是在说测量的效度和信度，即测量的准确性和可靠性。

信度和效度是所有测量的关键问题，因为如果测量的工具和过程不准确，那么测量的结果也就无法令人相信了。就像是你要测量一张桌子的长度，但是所用的尺子是歪的，那么量出的桌子长度也是错误的。

一、如何提高测量的信度？

（一）什么是信度？

信度（Reliability）是指测量结果的可靠性、稳定性和一致性，是在相同或相似条件下得到相同测量结果的可能性。例如，某人每天早晨都要用同一把米尺测量身高，如果每次结果都是相同的，当然前提是都是赤足、站立姿势相同，那么就可以说这是一个具有良好信度的米尺，而一把信度较低的米尺则会在每次测量时都显示不同的结果。

从理论水平上来说，测量都会有误差，即测量分数=真分数+误差。例如，我们想用血压计测量你的血压，得到的血压值是由你真实的血压水平（真分数）决定的，但也会受到很多因素的影响，如你前天晚间睡眠状况、当时的情绪状态、疲劳情况、是否吃饭、测量人员的操作能力等等，这些因素都会导致本次测量产生误差。因此，存在误差是任何测量普遍存在的一个部分，我们只是希望这个误差越小越好，这才要进行测量的信度检验。

信度指标多以相关系数（r）表示，大致分为3类，即稳定系数（跨时间的稳定性）、内部一致性系数（跨样本的稳定性）、等值系数（跨形式的稳定性）。信度系数越高，则表明测量的稳定性、可靠性、一致性越高，测量结果越真实可靠。

（二）信度有哪几类？

测量的信度包括重测信度、同质性信度、复本信度、评分者信度。

1.重测信度

重测信度（Test-retest Reliability）又称为再测信度，是指应用同一种测量工具对同一组被试实测两次或多次，所得结果的一致程度，反映测量跨时间的稳定性和一致性。重测信度通过计算几次测量结果的相关系数获得，相关系数越高，代表重测信度越好。重测信度检验时并不需要将第一次测量的全部样本都重新再测一遍，只需要从中选择30~50个样本再测即可。例如，对500名大学一年级学生测量百米速度，两周之后再次测量其中的50人，计算两次测量结果的相关系数，如果较高，则说明测量结果比较可靠。

重测信度受到多种因素影响：

第一，测量的间隔时间。如果间隔时间过短，则会出现因练习效应而造成的测量误差；间隔时间过长，则可能会因个体在间隔期间的变化而影响测量结果。研究者需要根据本研究的情况选择恰当的间隔时间，一般采用2～4周的间隔时间。

第二，测量对象的性质。测量对象是需要用精密仪器检验的生理指标（如血色素、血乳酸），重测信度会比较高；测量对象是用问卷报告的心理、社会指标（如态度、心境），重测信度会低一些。需要被试配合要求不高的指标（如骨龄），重测信度比较高；需要被试高度配合的指标（如人格），重测信度会低一些。

第三，测量的条件。两次测量的主试如果为同一人，测量结果受主试不同而造成的差异会小；测试时间、地点、温度等环境条件相同，重测信度会高一些。

2.同质性信度

使用问卷或量表作为测量工具时，常采用同质性信度（Homogeneity Reliability），是指测验内部所有测题之间的一致程度。常用内部一致性法（Method of Internal Consistency）计算同质性信度，其信度系数常使用克隆巴赫α系数表示。内部一致性有两层含义：第一，所有测题反映的是同一特质；第二，各个测题之间有较高相关。

内部一致性系数高，说明两点：第一，测量题目的同质性水平高；第二，问卷填答信度较好。一般情况下，内部一致性系数大于0.7，表明量表的可靠性较高。但是，克隆巴赫α系数与题目数量有关，题目数量增加，α系数就会提高。因此，当观察α系数值时，还需要考虑题目的数量。

3.复本信度

复本信度（Alternate-form Reliability）指的是对同一对象实施两个同一性质的测验（A本和B本），所得结果的一致程度。复本信度通常在教育测验和问卷测量中使用，如学校同一门课程考试中出A卷和B卷进行前后测试，然后计算两套试卷结果的相关系数，称为等价系数或复本系数（Coefficient of Equivalence）。使用复本测验方法检验测量信度时，必须要有两个相似等值但题目不同的测验复本。

复本信度可以减少但不能消除重测信度中因练习效应带来的测量误差，同时，由于需要编制两套完全等值但题目不同的问卷，增加了测验题目编制的难度，故在实际研究中，较少采用这种检验方式。

4.评分者信度

竞技体育中有体操、跳水这样需要裁判员打分的比赛项目，在体育研究中，也经常出现需要由多个评分者进行主观判断的测量指标。例如，评价学生对一套健美操动作掌握程度，通常是学生现场演示一次，由3～5名健美操教师共同为其打分。由于评分者之间的评价尺度可能存在差异而导致评价结果出现误差，可采用评分者信度来检验不同教师评价结果的一致程度。评分者信度（Scorer Reliability）指的就是多个评分者给同一被试评分时的一致程度，通常用肯德尔和谐系数（Kendall Coefficient of Concordance）表示。评分者信度越高，说明评分者之间的一致性程度越高。

（三）有哪些因素会影响测量信度?

测量的可靠性即信度受多种因素影响，主要有评分者的客观性、测验的长度、测验的内容、间隔时间、被试群体的变异性等。

1. 评分者的客观性。如果一项测量是采用标准化测量量表或精密仪器设备，人为干扰因素较少，通常其评分标准和过程的客观性较强，如身高、体重、人格、智力等，其结果的信度系数会比较高。而如果一项测量更多是需要依靠评分者的主观判断，人为因素较多，则信度系数会低一些。

2. 测验的长度。通常来说，测验长度越长，即测试题目越多，信度就会越高。这是因为，测验加长，可能改进项目取样的代表性，能更好地反映受测者的真实水平，同时能够互相抵消在每个题目上的随机误差。但是，如果测验题目过多，也会使被试产生厌烦情绪，降低信度。

表3-5　测验长度和信度之间的关系

N（题目数量）		真实方差	测量方差	误差	信度
初始测验	25	20	40	20	.50
长度加倍的测验	50	80	120	40	.67
长度变为4倍的测验	100	320	400	80	.80

引自吉尔伯特·萨克斯，2002，206页.

3. 测验的内容。测试内容的清晰程度与信度呈正相关，即题目越清晰明确，题目间内部一致性程度越高，则信度越高。而测验项目内容的广泛程度与信度呈负相关，即测验内容越广泛，则会降低其内部一致性程度，测验信度越低。通常测验时间越长、内容越多、范围越广，信度就会越低。

4. 间隔时间。间隔时间越长，由于被试年龄变化所带来的变化会影响到测验结果，测量信度也会降低。

5. 测试群体的变异性。主试方面的指导语、性别、态度倾向性、认真程度等会影响被试，特别是主试在测试过程中，是否按照规定的程序与标准，是否有意或无意地对被试施加影响，都会造成测量结果的偏差；被试的身体状况、心理状态、认真程度也会对测量信度造成影响。

6. 测试环境。施测时的环境因素对测量可靠性有较大影响，如温度、光线、噪音、私密性等，都会造成测量信度降低。

二、如何提高测量的效度？

（一）什么是效度？

效度（Validity）是指测量的准确性或有效性，是指测量工具或手段能够测量出所需测量事物的准确程度。效度高则表明测试结果能够真实度量、显示其所要测量事物的属性特征，反之则是效度低。例如，用体重仪测量身高，虽然说可以根据体重估计身高，但准确程度很低，因而效度也就很低。

若要测量一个抽象概念，都需要将概念进行操作性定义，效度则是反映所需测量的概念与其操作性定义之间的契合程度。契合程度越高，则测量效度越高。但是，测量效度只有程度上的差异，即效度高低差别，没有“全有”或“全无”的差别，这是因为人们对某一概念内涵的理解有差异，每种操作性定义也都有其适用范围和局限性。例如，体育测量中的灵活性与协调性是两个具有本质差异的概念，应该有完全不同的测量方式。但在实际的体育活动中，灵活性和协调性是难以彻底分离的，完全脱离协调性的灵活性是不存在的。因此，从理论意义上来说，没有哪一个测量工具能够完全真实准确测量到所需测量事物的本质特征，只能是尽可能地接近其本质属性，即提高测量效度。

（二）信度和效度是什么关系？

信度和效度都是科学的测量工具必须满足的条件，二者是矛盾的统一体。

1.效度是信度的充分而非必要条件

效度是科学的测量工具所必须具备的最重要的条件，即任何测量首先要保证其测量工具的准确性和有效性，缺乏效度的测量，即便是它的信度再高也是没有意义的。正如，一次次用体重仪测量身高，可能每次重测信度系数很高，但依然测量的是体重而不是身高。而如果测量的效度高，能够真实有效的反映出观测对象的属性特征，则说明资料和数据是真实可信的。因而，效度高，信度必然高；效度低，信度未必低。

2.信度是效度的必要而非充分条件

如果资料在收集过程中缺乏可信性、不可靠，那么它一定不能反映测量对象的本质特征，因而，信度低，效度必然低。如同前文所举示例，用体重仪测量身高，尽管信度很高，但效度却很低。因而，信度高，效度未必高。

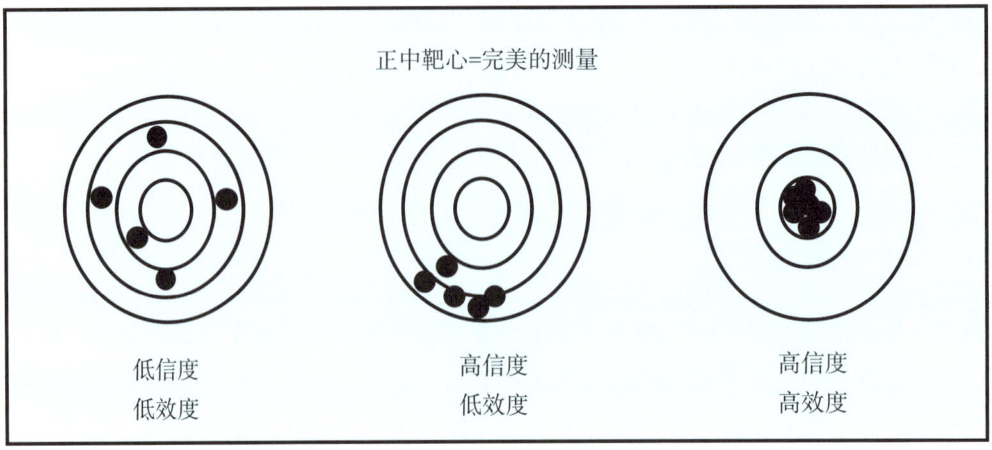

图3-4 信度和效度的比喻（引自Babbie，1998，173页）

（三）效度有哪几类？

1.表面效度

表面效度（Face Validity）是最简单、最基本的效度类型，即从外表或表面上判断测量工具的有效性。由于表面效度通常以主观判断为主，难以进行量化，所以其可靠程度最低。并且有些测量为了掩饰真实测验目的而故意编制表面效度低的测量工具，因而，在实际研究中，表面效度的检验并不多见。

2.内容效度

内容效度（Content Validity）又称逻辑效度，是指项目对要测量的内容或行为范围取样的适当程度，即测量内容是否符合概念的内涵或定义。通常教育中的成就测验和社会研究中的问卷编制会非常注重内容效度，但不适用于能力倾向测验和人格测验。例如，《科研方法概论》期末考试，需要考查学生对研究方法知识掌握的整体情况，但由于考试时间所限，试卷不可能把所有内容都包含，只能从选题中取样来编测验题目，并根据测验分数来推论学生对研究方法知识的掌握程度。如果考试题目出得好，则推论是有效的（高效度）；若是选题有偏差，则推论无效（低效度）。同时，研究方法不仅是理论知识，更是研究实践能力，对学生科研方法课程学习效果的考核，或许更加准确的方法是让其实际进行一项研究。

一个测验要有内容效度必须具备两个条件，第一，要有定义得完好的内容范围。例如，编制一份反映学校体育现状的调查问卷，首先需要明确学校体育包含的内容范围，再在每一个内容范围内选择适当的题项。第二，测验题目应该是所界定的内容范围的代表性取样。

确定内容效度最常用的方法是专家判断法，这是一种定性的检验方法，是由该研究领域的专家对测验项目与所涉及的内容范围进行符合性判断。在使用专家判断法时需要注意三点：第一，慎重选择专家，必须是研究领域的专业人员，具有丰富的专业知识或实践经验；第二，不同专家可能对同一测验的内容效度判断不一致，或许需要多轮次修改检验；第三，尽可能地向专家详细说明测验的编制过程和测验目的，并编制专家评定量表，以增强判断过程的客观性。

3.效标关联效度

效标是指衡量测验有效性的外部标准。效标关联效度（Criterion-related Validity）又称为实证效度或效标效度，是指测验分数与外部效标之间的相关。根据效标资料收集的时间，分为同时效度和预测效度。

同时效度（Concurrent Validity）是指测验分数与效标资料同时获得，如大学入学后英语分班考试可以用高考英语成绩作为效标。同时效度的估计方法最常用的是用新旧两种测验施测同一批被试，将新测得的成绩与旧测验的得分（效标）进行相关分析，得到效度系数。假定你编制了一套智力测试题目，比原有的智力测量权威工具——韦氏智力量表题目少、耗时短。为了检验你所编制的智力测试工具的效度，可以将本次测验的分数与韦氏智力量表测试分数计算相关系数，如果相关系数很高，则说明这套测试问卷具有很好的同时效度，可以作为韦氏智力量表的替代测验。

预测效度（Predictive Validity）是指预测效度的效标资料需要过段时间才能获得，如用学生在校期间的学习平均成绩预测其就业起薪点。预测效度的估计方法是用测验分数与同一对象随后获得效标分数之间的相关系数。预测效度对人员选拔、运动员选材、职业倾向测量等工作非常重要。

4.构想效度

构想效度（Construct Validity）又称为建构效度、结构效度，是指测验分数能够测量到理论上的构想或特质的程度，是指理论构思或假设的科学性、合理性。这些构想均有理论基础，但都无法直接观察，只能通过操作定义加以测量。操作测验成绩与理念中的构想或特质的符合程度，即为构想效度。

确定构想效度最常用的方法有专家判断法和因素分析法，专家判断法与内容效度的专家判断方法相同，是属于定性的检验方法。因素分析法则是通过探索性和验证性因素分析，用数理统计技术进行量化分析，以检验收集数据与理论构念之间的契合程度。

（四）影响效度的因素有哪些?

1.测验本身的因素

如要提高测验效度，需要提高测验试题的质量，包括测验的指导语和试题的解答说明必须明确，试题的编制要符合测量目的，试题难度适宜，编排合理。可以适当增加测试题目，不但会提高测验信度，也会影响测验效度。

2.测验实施的干扰因素

测验实施过程的干扰因素主要来自主试和环境。主试需要严格按照测验手册上的标准化程序实施测试，合理布置测试场地，统一确定时间设置，确认标准化评分准则，认真统计分数，以提高测量效度。

3.被　试

被试的身心健康状况、情绪、态度、动机、兴趣等因素，都会成为效度的影响因素。测验效度与样本代表性有重要关系，样本团体的异质性对于测验效度是非常重要的。如果其他条件相同，样本团体越同质，分数分布范围越小，测验效度就越低；样本团体越异质，分数分布范围越大，测验效度就越高。

4.效　标

效标必须具有稳定的信效度，可靠有效，不能随意变化。效标和测验分数的关系类型以及被试的机体变化等等，都会影响到测验的信度。

第四节　确定研究方法

学生在研究设计时经常出现两个问题，第一，将研究方式等同于具体研究方法。例如，陈述研究方法时出现“本文采用定量研究与定性研究的方法”这样的描述。第二，所选择的研究方法无法实现其研究目标。例如，作者想要探讨某种体育锻炼方式对老年人主观幸福感的影响，这是解释性研究，只能通过严格控制环境条件的实验法，才可能确认老年人主观幸福感的变化是由这种锻炼方式导致的，然而类似的研究很多人采用的却是问卷调查法。那么，究竟依据什么来选择研究方法呢?

一、如何确定研究类型?

（一）实证研究还是综述研究?

根据研究者是否亲自收集观察资料，可将研究分为实证研究（Empirical Study）和综述研究（Review Study）。

实证研究是指研究者亲自收集观察资料，为提出理论假设或检验理论假设而开展的研究。实证研究具有鲜明的直接经验特征。例如，“优秀速滑运动员于静直线等速蹬伸肌力特征及sEMG研究”（黄达武，陈月亮，吴瑛，李稚，2013），“湖南省全民健身公共支出现状研究”（张凤彪，2012）等等，都是实证研究的实例。亲自收集观察资料的方式是多种多样的，如调查或者实验。观察的对象可以是个案、小群体或者大群体。

综述研究也称文献述评或研究评价（Research Evaluation），是指对前人研究进行收集、整理、归纳、总结，为发现总体规律、提出发展动向而开展的研究。文献研究具有鲜明的整合、思辨和前瞻特征。例如，“运动与免疫研究进展”（王雪芹，郝选明，2012）、“HMβ与运动能力”（王启荣，杨则宜，2000），单从题目上即可知是（实际内容也是）文献述评。文献述评是对过去研究进行的全面评价，对未来研究具有重要的启发和指导作用。

需要特别指出的是，综述述评看似仅是纸上谈兵，显得容易，其实难度并不亚于实证研究，甚至大于实证研究。

（二）个则研究还是通则研究？

根据研究的目的来区分，可将研究分为个则研究（也称个案研究，Idiographic Study）和通则研究（Nomothetic Study）。

个则研究是旨在运用所有的相关因素全面了解某一特定现象的研究。例如，如果有人希望阐释中国足球屡败屡战、屡战屡败的原因，通过分析得出：（1）计划经济与市场经济双轨运行时的利益分配不平衡问题；（2）青少年培养滞后问题；（3）运动员管理松懈问题；（4）运动员职业精神问题；（5）技术打法问题；（6）体能训练问题。那么，他就是在尝试用个则研究方式解决问题。这种方式的特点是，试图枚举所有明确的、独特的因素以完整说明某一特定现象。个则研究所得结果，或许可以部分地迁移、推广到其他现象，但研究者的主要目的在于完整解释某一特定案例。

通则研究是旨在运用尽量少但合适的相关因素来大致（而未必完全）了解某类现象的研究。例如，如果有3个研究分别假设：（1）运动员比物理系大学生更容易找到女友；（2）在暖色背景光照射下的握力高于在冷色背景光照射下的握力；（3）左利手者的反应时快于右利手者。同时，这3个研究得到的结果分别支持了上述假设，那么，我们可以说，这3个研究的共同点是试图解释某类现象而不是某个案例。这种解释很“经济”，只使用一个（如背景光）或少数几个原因来说明结果（如握力），但只解释部分原因，而不是全部原因。通则研究所得结果，往往可以迁移、推广到同类现象。

通则研究比个则研究更简约，也更经常地被运用于科学研究中；但个则研究和通则研究对于科学研究和科学进步来说，都是必要且适用的。

（三）量化研究还是质化研究？

根据研究的量化程度，可将研究分为量化研究（Quantitative Study）和质化研究（Qualitative Study，也称定性研究）。本书第一章对定性研究和定量研究已经有了相关知识的介绍。

量化方式具有客观、简洁、易于比较的优点；质化方式具有自然、整合、丰富饱满的优点。当我们说“他的智商高于普通人两个标准差”或说“他聪明过人”时，是各有利弊的。

重视量化评价的思路，与自然科学的实证研究倾向、社会科学追求自然科学标准的倾向以及整个科学的数学化倾向相吻合，是科学研究的主流倾向。但量化方法不可能满足所有研究课题的需要。有些研究课题，必须采用其他方法进行研究，如社会科学的本土化历程，就需要用思辩方法去解决；运动员赛中情绪体验的特征，也可以用质化方法去研究。在许多情景中，最佳选择可能会是各种方法的结合，例如，用思辨方法提出问题，用质化方法作初步探索，用量化方法做后续研究。

需要指出的是，质化研究方法作为一种科学研究方法，可能并非我们想象的那样容易掌握。它是一门专门的课程，专门的学问，有专门的著作和专门的教材。它所涉及的一些技术问题，如自然观察、结构性和非结构性访谈、口头资料和音像资料的记录、编码和分析等，需要花费许多时间实践，才能逐步掌握和熟练应用，就像我们学习数学需要做习题一样。许多长期从事自然科学实证研究和统计分析的体育科学研究者，可能一开始会对质化研究的模式和思路感到很不习惯。

（四）横剖研究还是纵贯研究?

根据收集资料的时间特征，可将研究分为横剖研究（Cross-sectional Study）和纵贯研究（Longitudinal Study）。

横剖研究是在单一时间段一次性地收集资料，然后对这些资料进行横向的分析、比较。例如，北京体育大学优秀本科学士论文“运动中急性低氧对左心室功能的影响”（晏冰，2007）和“两种仰泳出发的起跳和入水角度与距离的关系”（刘鄂，2008）就属于横剖研究。

纵贯研究是在不同时间段对同一批动物或同一批研究参与者进行观察、调查或实验，收集资料，然后对这些资料进行自身纵向比较，有时，也同时进行必要的横向比较。例如，沈海琴（1998）的专著“儿童少年生长发育12年追踪研究”是体育科学研究较有代表性的纵贯研究。

（五）归纳研究还是演绎研究?

根据推理方式来区分，可将研究分为归纳研究（Induction Study）和演绎研究（Deduction Study）。

归纳研究采用归纳推理的方式，从个别事实出发，达到一般规律，即从一系列特定的观察中，发现一种模式，在一定程度上代表所有给定事件的秩序。例如，我们在南京看到一只乌鸦是黑的，在东京看到一只乌鸦是黑的，在北京又看到一只乌鸦是黑的，我们就此可能推论：天下乌鸦皆黑。再如，我们曾经观察到，人们越是紧张的时候，越是希望亲人在身边；在医院，重症候诊室的候诊病人比轻症候诊室的候诊病人更愿意与陌生人聊天；小孩子见陌生人时，总是不由自主地依偎在母亲身旁或身后。这些个别观察事实可能使我们推论：面临危机时，人们寻求社会支持的倾向会增强。上述两个推论都是归纳研究的结果。

演绎研究采用演绎推理的方式，从一般规律出发，达到个别事实，即从逻辑上或理论上预期的模式出发，检验个别事实是否如预期的那样存在。例如，根据社会比较理论，我们预期（假设）：更经常将自己的身体特征与他人进行比较的人，会产生更多的对自己身体形象不满意的感受。然后，我们实际测量一批人的身体特征社会比较倾向和身体自我满意程度，检验两者是否如我们预期的那样呈负相关。这种研究就是从一般到个别的演绎研究。

无论是归纳研究，还是演绎研究，都对科学发展作出了重要贡献。但目前科学研究以演绎研究居多，是主流研究范式。

二、如何根据研究目的来确定研究方法？

（一）体育科学有哪些常用研究方法？

体育科学有很多种具体研究方法，表3-6是全国体育院校2005—2010届优秀本科毕业论文中所使用研究方法一览表（张凯，2011），表3-7是体育学博士学位论文常用研究方法（黄汉升，2009）。

表3-6　全国体育院校优秀本科毕业论文的研究方法使用统计一览表（n=215）（百分比%）

	2005年	2006年	2007年	2008年	2009年	2010年
问卷调查法	40.9	42.9	20	45	33.3	50
实验法	9.1	14.3	40	25	20.8	25
访谈法	9.1	4.8	0	20	41.7	62.5
数理统计法	27.3	14.3	5	25	66.7	62.5
观察法	9.1	0	5	15	20.	12.5
比较分析法	13.6	4.8	5	0	37.5	50
内容分析法	18.2	9.5	10	10	20.8	37.5
技术统计法	13.6	4.8	1	10	16.7	0

表3-7　体育学不同二级学科博士学位论文的研究方法统计一览表　（n=300）

	体育教育训练学		体育人文社会学		运动人体学		民族传统体育学	
	数量	%	数量	%	数量	%	数量	%
问卷调查法	94	63.5	26	41.9	8	9.5	2	33.3
访问调查法	56	37.8	12	19.4	4	4.8	0	0
专家调查法	68	45.9	29	46.8	1	1.2	4	66.7
实地调查法	10	6.8	12	19.4	0	0	2	33.3
个案调查法	42	28.4	17	27.4	3	3.6	2	33.3
文献法	128	86.5	57	91.9	5	6.0	6	100.0
实验法	33	22.3	1	1.6	81	96.4	2	33.3
观察法	10	6.8	2	3.2	0	0	2	33.3
逻辑法	71	48.0	24	38.7	1	1.2	4	66.7
比较法	86	58.1	19	30.6	7	8.3	2	33.3
统计法	23	15.5	20	32.3	0	0	2	33.3
系统法	13	8.8	4	6.5	0	0	1	16.7

引自黄汉升，2009，6页

（二）存在绝对的“最优方法”吗?

体育科学研究方法有许多种，每一种方法都有其优缺点和适用的议题，因此，不能单独评价某种研究方法好与不好。在体育科学具体研究方法的选择上应该遵循两个原则：第一，研究课题与研究方法相契合；第二，最好的研究设计是集多种方法之优势于一身。

1.研究课题与研究方法相契合

研究课题与研究方法是相辅相成的，不同的研究主题需要有相应的方法来配合，才能通过这个方法手段实现其研究目标。

表3-8 研究课题与研究方法的契合

研究方式	具体研究方法	适用的议题
文献研究	文献资料法	文献综述或逻辑思辨性研究
	内容分析法	对文字、图片、视频等文献进行量化分析
	比赛技术统计法	用数据反映体育比赛技战术现状、变化及规律
	现有统计资料分析法	对现有数字信息的统计文献再分析
	历史研究方法	运用历史资料，按照历史发展的顺序对过去事件进行研究
	元分析	利用公式对现有实证文献的再次统计，根据获得的统计显著性来分析变量间真实的相关关系
调查研究	问卷调查法	大样本的描述性和相关性研究
	访谈调查法	小样本的解释性研究
	专家调查法	客观资料或数据缺乏情况下的长期预测，或其他方法难以进行的技术预测。
	实地调查法	涉及体会、理解或描述某类互动人群的行为
	测量法	利用测量工具对事物进行定量描述
实验研究	实验法	因果关系的解释性研究

2.最好的研究设计是集多种方法之优势于一身

所有的研究方法都有自己的适用范围、优势特征，也同样存在着局限和不足，在研究中如果单一使用某一种方法，可能会造成研究资料收集的偏差。因此，目前体育科学研究方法的发展趋势是融合，即多种研究方法配合使用，以便能够集多种方法的优势于一项研究中，以弥补单一研究方法的缺陷。例如，问卷调查法适用于大样本群体的一般性现状描述类研究，能够揭示一般性普遍规律，但是它最大的局限是调查过多停留在表层性描述，缺少深层次原因探讨。而访谈法刚好适用于小样本群体解释性分析，具有研究深度，可以弥补问卷法的缺憾。因此，在实际研究中，经常是问卷调查法与访谈法共同使用。

第五节　选择研究参与者

在研究设计中，选择确定了研究方法、研究内容和研究工具之后，接下来需要考虑的就是到哪里去找这些被研究的对象（包括人、动物、物），即问卷发给谁、发多少？访谈哪些专家、访谈多少？观察几个人、哪些人？实验分组多少人比较合适？这些问题涉及的都是同一个概念——研究参与者。

一、抽样是什么？

（一）研究对象就是研究参与者吗？

关于研究对象的界定目前学术界争议较大，主要有两种观点。一是将研究对象界定为课题研究的具体的人或物，即研究对象就是调查对象、访谈对象、观察对象或实验对象，此种界定方式在运动人体科学专业的学术研究报告中尤为常见。例如，“大负荷运动引起的大鼠心肌收缩力变化及其与心肌自由基、钙离子水平的关系”（许思毛，刘涛波，苏全生，2011）。二是认为研究对象应该是指所要研究的课题内容，近年来这种将研究对象与调查和实验对象区别开来的观点得到更多学者的认可。由于英文subject既有主题的含义又有被试的意思，为了不将研究对象和调查、实验对象相混淆，近年来，有些学科如心理学，在英文文献中，用participant与subject相区别。

1.研究对象

研究对象（Subject），即是研究的主题或主要内容。研究对象的英文译为subject，含有主题、题目、问题的意思，因此，将研究对象界定为所要研究的主题内容更为贴切。例如，在《山东省重点中学课余训练现状研究》一文中将研究对象界定为：“本文从山东省312 所地、市级以上重点中学中随机抽取25 所中学作为研究对象，”该课题研究的是重点中学课余训练现状，因此，研究对象应该是山东省重点中学课余训练现状，调查对象则是从山东省312 所地、市级以上重点中学中随机抽取的25 所中学。

2.研究参与者和被试

传统上，行为科学研究中将接受实验或测验、调查的对象，无论是人还是动物都统称为被试（subject）。近年来，在英文文献中，接受实验或测验的对象如果是人，则更多使用participant一词，中文译为“研究参与者”。而如果实验或测验对象是动物，则称之为被试。

（二）抽样逻辑中有哪些重要术语？

1.总　体

总体（Population）通常与构成它的元素共同定义：总体是构成它的所有元素的集合；而

元素（Element）则是构成总体的最基本单位。例如，如果要调查北京市大学生课余体育锻炼的现状，那么，北京市所有高校的全体在校本科生就是所要研究的总体。

2.样　本

样本（Sample）是从总体中按照一定方式抽取出的一部分元素的集合。例如，从北京市几百万在校大学生总体中，按一定方式抽出10000名大学生进行课余体育锻炼调查，这10000名大学生就是北京市大学生总体中的一个样本。

3.抽　样

将样本按照一定方式从总体中抽取出来的过程，即是抽样（Sampling）。例如，将10000名大学生按照某种方式从北京市几百万大学生总体中抽取出来的过程就是抽样。

4.抽样单位

抽样单位（Sampling Unit）就是一次抽样中具体使用的基本单位。抽样单位有时与构成总体的元素相同，有时不相同。例如，上面所列举的大学生体育锻炼调查示例，单个的大学生就是抽样单位。但是如果这次调查是按照班级进行抽取，选择了500个班级，每个班级的全体学生（假定正好10000人）作为调查样本，那么，班级就成为此次抽样的抽样单位。

5.抽样框

抽样框（Sampling Frame）又称为抽样范围，是指根据总体的具体规定所包含的全部元素的名单。抽样框的一个通俗说法就是“花名单”。例如，若要对参加第30届奥运会的中国运动员进行100人兴奋剂抽查，参加2012年伦敦奥运会全体中国运动员是总体，100人是样本，中国奥运会运动员名单则是抽样框。如果按照运动项目进行抽样，即抽出的运动项目的全体运动员（假定正好100人）进行检查，那么抽样框就不是运动员名单，而是运动项目名单了。

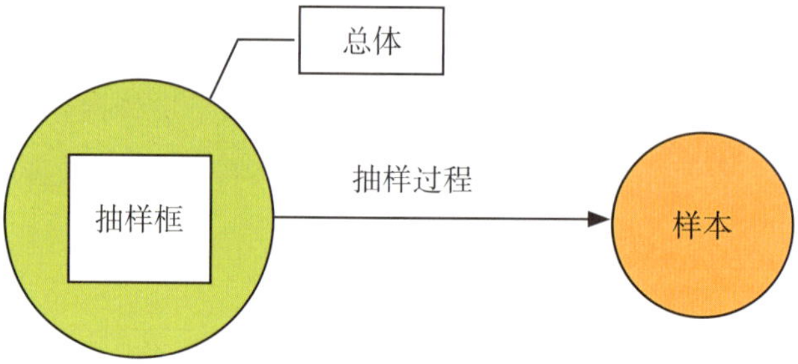

图3-5　抽样逻辑示意图

6.参数值

参数值（Parameter）是指总体中某个变量的数值，即总体值，是对总体中某一变量的综合描述。要想得到参数值，必须对总体中的每一个元素进行一一测量。在统计中，最常见的总体参数值就是某一变量的平均值。例如，北京市海淀区2013年理科高考平均分、中国排球女队的平均年龄、山东省济南市初中生每天进行课余体育锻炼的平均时间等。

7.统计值

统计值（Statistic）又称为样本值，是指样本中某一变量的数值，是对样本中某一变量的综合描述。例如，2013年北京市参加高考的理科学生共计46000余人，如果在全体学生高考成绩基础上计算出平均分，就是总体的参数值；而如果选择其中1000人作为样本，并计算其高考成绩的平均分，则是样本的统计值。抽样的目的之一，就是通过这些样本统计值去估计和推断各种总体参数值。虽然统计值和参数值都是对某一变量总体描述的数值，但由于参数值是对总体每一个元素都进行测量的基础上获得，因而是唯一的，是不变的。而统计值是对样本里面的元素进行测量基础上获得，由于抽样方案可以有多种，每一种方案获得的样本可能都不同，因而统计值是可变的、多样的。抽样设计的目标之一，便是使所抽取的样本统计量尽可能地接近总体参数值。

8. 抽样误差

抽样误差（Sampling Bias）是由于抽样方法所产生的误差，是用样本的统计值推论总体参数值时产生的偏差。由于无论哪种抽样方式，都不可能保证样本的结构与总体的结构完全一致，总会存在偏差，只是差异有大小程度之分。抽样误差是衡量样本代表性的一个标准，其大小主要受以下几个因素影响：第一，总体的异质程度，即总体中各个元素的差异程度。异质程度越高，各元素间的差异就越大，抽样误差也就越大。第二，样本量的大小，样本量越大，抽样误差越小。第三，抽样方法。概率抽样比非概率抽样的误差要大。

（三）为什么要进行抽样?

研究中的抽样是通过部分认知整体的途径和手段，是保证研究结果和结论真实可靠的关键环节。实际上，在日常生活中，人们经常使用着抽样思想和行为。最典型的示例就是如果你正在炖一锅乌鸡汤，想要了解咸淡是否合适，只要用汤勺将锅中的鸡汤搅拌几下，然后舀出一点尝尝即可。到市场上买新鲜的水果，只要在一堆脆枣中拿一颗品尝，便可知道这堆枣的酸甜口味。医学检查中的静脉抽血、尿检、活检等，也都是抽样逻辑的运用。学校教学评估中的试卷抽查，从众多学生考试试卷中随机抽取几个班，检查其评分标准的适用程度与评判准确率。

人口普查是指在国家统一规定的时间内，按照统一的方法、统一的项目、统一的调查表和统一的标准时点，对全国人口普遍的、逐户逐人进行的一次性调查登记。对任何一个国家而言，人口普查都是一项十分重要的国情调查，这对国家管理、制定国家战略发展计划、各项方针政策具有重要的意义。从1949年至今，我国分别在1953年、1964年、1982年、1990年、2000年与2010年进行过6次全国性人口普查。普查结果固然准确性高，但弊端也显而易见，就是耗时费力，时间、人员、经费成本较高。因此，我国目前实行的是每十年一次人口普查，每五年一次1%的人口抽查，即从13亿总体中抽取1%的样本进行抽样调查。

大部分的定量研究都会遇到抽样问题，这是因为，在研究目标总体比较大的情况下，为了节省时间和经费，采用某种抽样方式，获取一个有代表性的样本，研究者只需对这个较小的群体进行研究，进而能够对它所代表的目标总体进行精确推论。例如，美国总统大选前的民意调查就是典型的抽样调查，美国总统大选中有1亿多选民，每次选举之前，各种民意调查机构只需访问不超过2000名选民即可对两周后的大选结果进行准确预测，误差不超过两个百分点。

（四）样本为什么要具有代表性？

由于抽样调查是对一个从总体中抽取出来的样本进行测量和分析，进而用这一小部分群体的调查结果去推论目标总体的特征。为了确保推论的精确性，必须保证样本具有代表性（Representativeness），即样本的集合特征大体接近于总体的集合特征。在调查研究特别是反映总体描述性特征的现状调查中，样本的代表性非常重要。如果采用精确的概率抽样方法，样本代表性高，抽样误差小，通过对样本的分析所得出来的描述和解释同样适用于总体，则调查结果与结论就更真实可靠。但如果抽样方法使用不当，样本代表性差，抽样误差大，则结果与结论与真实情况相比会出现较大偏差。例如，若要了解中国成年男子平均身高，最准确的办法是对全国18岁以上成年男子的身高逐一进行测量，然后计算平均身高，显然这种方法难以在实际中应用。于是采用方便抽样方式，抽取50000人作为样本进行测量，如果这50000人分布不均匀，都集中在南方或都集中在北方，则所得到的数据结果会有很大差异。

专栏3-3 收视率是怎样统计出来的？

央视—索福瑞媒介研究有限公司（CSM）是中国规模最大、最具权威的收视率调查专业公司，拥有全国最大的电视观众调查网络。

CSM目前采用的收视率数据采集方法有两种，即日记法和人员测量仪法。日记法是指通过由样本户中所有4岁及以上家庭成员填写日记卡来收集收视信息的方法。人员测量仪法是指利用“人员测量仪”来收集电视收视信息的方法，是目前国际上最新的收视调查手段。在未来的数年内，CSM计划在一些重要地区逐渐用人员测量仪法取代日记法。

CSM收视率数据的调查流程大致分为4个步骤：第一步，基础研究。收视率调查是一种抽样调查，因而如何根据电视人口的总体特征，科学合理地设计抽样方案，以获得具有代表性的样本，就成为收视数据是否准确的决定性因素。而基础研究目的正是要取得有关收视行为的影响因素，如电视机及相关设备的拥有情况，电视频道的覆盖情况，电视观众的年龄、性别、户规模以及收入等方面的信息，为调查样本的抽取提供一个基础。第二步，固定样本的抽取及维护在基础研究的大样本中，按照随机原则抽取若干家庭作为固定样本，参与收视率的调查。CSM在现场抽取固定样本时，坚持样本户的各个重要特征（如户规模、电视机数目、收入水平、日用品购买者年龄、有小孩家庭比例以及有线户比例）结构与基础研究的结果尽可能地相一致，以保证固定样本的代表性。第三步，数据采集。第四步，数据处理。

二、抽样方式有哪些?

抽样的目的就是要用一个具有代表性的样本对总体进行精确推论，其样本统计值与总体参数值之间的误差越小越好。为了减少抽样误差，保证推论结果的可靠性，其关键环节就是要设计好抽样方式。抽样方法不同，所获取的样本质量也存在差异。

（一）什么是随机抽样?

很多学生的毕业论文甚至是核心期刊上的学术论文，在陈述抽样方式时，作者只是简单的一句“本研究采用随机抽样方式”说明，至于具体采用哪种随机抽样方式、是否真的是随机抽样则无从考证。非概率抽样等同于概率抽样、随意抽样等同于随机抽样，这是毕业论文中经常出现的问题。

随机（Random）是指总体中的每一个元素都有同等大小被选取的概率，如抛硬币，无论抛掷多少次，数字和国徽都会有50%朝上的概率。

根据抽取样本时是否遵守随机原则，抽样可分为概率抽样和非概率抽样。

1.概率抽样

概率抽样也称为随机抽样，是以随机原则为基础的抽样方式，即保证总体中每个单位都有同等机会被抽中的抽取样本的方法。它的最大优点是在根据样本资料推论总体时，可用概率方式客观地测量推论值的可靠程度，其抽样误差是可以计算和可以控制的，从而使这种推论建立在科学的基础上。由于概率抽样最有可能获得真正具有代表性的样本，因此在调查类的研究中，多采用概率抽样方式。

2.非概率抽样

在实际研究中，有几个因素会令研究者采用非概率抽样方式。第一，由于概率抽样必须经过严格操作过程，实施起来比较费时费力，当经费和时间难以保证时，研究者可能会放弃概率抽样方式。第二，研究总体无法界定。第三，调查目的并不是要由样本精确推论总体。非概率抽样也称为非随机抽样，不是以随机原则作为基础的抽样方式，而是根据研究者的方便或主观判断抽取样本的方法。由于非概率抽样不能保证总体中每个单位都有同等机会被抽中，带有比较多的主观性和随意性，其抽样误差会较大，因此，在从样本特征推论到总体状态时需要特别慎重。

（二）概率抽样方式有哪些?

概率抽样的方式主要有简单随机抽样、系统抽样、分层抽样、整群抽样、多阶抽样。

1.简单随机抽样

简单随机抽样（Simple Random Sample）又称为单纯随机抽样、纯随机抽样，是按照等概率原则直接从总体N个元素中任意抽取n个元素作为样本的过程。简单随机抽样是最基本的等概率抽样方法，其他概率抽样可以视为由其派生出来的。日常生活中的抓阄、抽签即是典型的简单随机抽样。

简单随机抽样可以采用抽签法，即将总体中的每一个单位都有一个编号，然后将号码写在纸条上，打乱顺序放在一起，搅拌均匀，从中任意抽取，直到抽够预定的数量。这种方法仅适用于总体量比较小的群体，当总体较大时，则需要用随机数字表来抽样。

简单随机抽样的缺点显而易见，第一，只适用于总体数量不大的群体；第二，如果总体结构比较复杂，单位之间异质程度较高时，样本的代表性难以保证；第三，必须要有一个包含N个单位的抽样框；第四，样本可能会比较分散，实施调查时困难更多。因此，在规模较大的社会调查中，很少采用简单随机抽样方式。

2.系统抽样

系统抽样（Systematic Sampling）又称为等距抽样、机械抽样，是将总体中各单位按一定顺序排列后，根据样本容量要求确定抽选间隔，然后随机确定起点，每隔一定的间隔抽取一个单位以组成样本的方法。

系统抽样的具体步骤是：（1）将总体中的每一个元素按照一定顺序排列并编号；（2）按照公式K（抽样间距）=N（总体规模）/n（样本规模）计算抽样间距；（3）在第一个抽样间隔内，采用简单随机抽样的方法抽取一个样本单位作为起点；（4）以第一个抽样单位为起点，每隔K个个体抽取一个个体，直到抽够预先设定的样本量。

例如，要对某大学体育教育专业2012届400份本科毕业论文进行内容分析，确定样本量为100份论文。我们先将400份论文按班级排序并依次编号，根据抽样间隔计算公式求得抽样间距为：K=400/100=4，即每隔4份抽1份。在第1份到第4份论文中，采用简单随机抽样方式抽取出一个数字（假定为2），那么就以2作为第一份样本，每隔4份的再抽一份，直到抽出100份论文，这样便可得到所要抽取的样本论文。

系统抽样比简单随机抽样更为简单、方便、节省时间，缺陷是如果总体的排列出现规律性特别是周期性，可能会出现严重系统偏差。

3.分层抽样

分层抽样（Stratified Sampling）又称为类型抽样，是先将总体中的所有单位按照某种特征分为若干次级总体、类型或层次，然后再从每一层内进行简单随机抽样或系统抽样的方法抽取一个子样本，最后将子样本合起来构成了总体的样本。例如，在一所大学中抽取学生样本研究择业价值观，考虑到年龄对其择业价值观影响较大，可以按照学段将学生分为本科、硕士、博士3大类；然后按照简单随机抽样或系统抽样的方法，分别从这3大类学生中抽取3个子样本，最后，将这3个子样本合起来就成为了所有学生的样本。

研究者在使用分层抽样方式时需要注意3点：第一，分层的标准通常与调查目的有本科、硕士、博士3大类；第二，按照简单随机抽样或系统抽样方法，分别从这3大类学生中抽取3个子样本；第三，将这3个子样本合起来就成为所有学生的样本。

研究者在使用分层抽样方式时需要注意3点：第一，分层的标准通常与调查目的有关，即按照所要研究的主要变量或相关变量作为分层标准；第二，要保证分层后各个层次之间异质程度高，而同一层次内部同质性强；第三，分层抽样中有等比例抽样和不等比例抽样，在使用不等比例抽样做统计推断时，则需要先对各层数据资料进行加权处理。

分层抽样的优点是：第一，将科学分组法与抽样法结合在一起，分组减小了各抽样层变异性的影响，抽样保证了所抽取的样本具有足够代表性，降低了抽样误差，提高了推论的精确性；第二，采用分层抽样方式，既可以对总体现状进行分析，也便于了解不同层次的具体情况并相互比较；第三，实施灵活，便于组织。

4.整群抽样

整群抽样（Cluster Sampling）又称为聚类抽样，是将总体按照某种标准分成若干个互不交叉、互不重复的子群，以子群为抽样单位进行随机抽取的一种抽样方式。例如，要检查某大学体育教育专业400份本科毕业论文质量，该年级共计10个自然班，每班40人，准备抽取200份论文做样本。将班级作为抽样单位，采用简单随机抽样方式，从10个班中选出5个班，然后对这5个班的所有学生毕业论文进行检查，这就是整群抽样。

整群抽样与分层抽样比较相似，都是按照某种标准将总体分类，但二者的抽样单位不同，分层抽样的抽样单位是个体（如个人），而整群抽样的抽样单位是子群（如班级），然后将抽中的子群中的单位全部作为样本。分层抽样适用于子群之间异质程度高，但子群内部同质性高，整群抽样则正相反，适用于子群之间差异不大，但子群内部的异质程度高。

整群抽样具有简便易行、节约成本的优点，但是由于样本分布可能会不均匀，样本的代表性差，抽样误差较大。因此，在本科毕业论文中，比较常见的抽样方式是分层加整群。例如，要调查某中学学生课余体育锻炼现状，可以先按照年级将学生总体分层，分为从初一到高三6个子群，在每个年级中采用简单随机抽样的方式各自抽出2个自然班，共计12个班，然后再将12个班的全体学生都作为样本进行调查。

5.多阶抽样

多阶抽样（Multistage Sampling）又称为多级抽样、分段抽样，即将抽样过程分为几个阶段进行，首先，从总体中按照整群抽样方式抽取若干个群，然后，再从抽出的子群中抽取更低一级的子群，这样一层层抽下去，直至抽到所需要的样本。

多阶抽样是在整群抽样基础上发展起来的，适用于总体规模或范围特别大的抽样方式，通常在国家、省市级大型社会调查中会使用多阶抽样，如中国群众体育现状调查。它的优势是节省时间、经费，便于组织，但由于经过多阶段抽样，样本的误差也会相应增大。

（三）非概率抽样方式有哪些?

非概率抽样主要有方便抽样、立意抽样、定额抽样和雪球抽样。

1.方便抽样

方便抽样（Haphazard Sampling）也称为偶遇抽样，是指研究者以自己方便的形式抽取样本的方式。例如，电视台在闹市街头对路人的访谈常会采用这种方式，市场调研员在商场、超市拦住过往行人询问对商品的态度。方便抽样经常采用就近和熟悉原则，如许多本科毕业论文的样本就是来源于学生自己所在的本校、本院、本班同学。

方便抽样并不是以概率原则为基础的，没有保证总体中的每一个单位都具有同等被抽中的概率，因此它属于非概率抽样，不能将其与随机抽样相混淆。

方便抽样的优点是简单、便利、易于操作、省时省力，但样本获得的偶然因素较多，缺乏代表性，在做总体推论时要特别慎重。

2.立意抽样

立意抽样（Purposive Sampling）又称为判断抽样，是研究者根据研究目的或主观判断选取最为代表总体的单位作为样本的抽样方式。它适用于研究总体的边界界定困难且时间紧，同时研究者对研究领域和总体状态非常了解的情况。

立意抽样的优点是如果研究者本人对研究总体情况熟悉，判断能力较强，个人研究实践经验丰富，那么这种方法会方便且有效。缺点是太过依赖研究者个人能力和经验，容易造成偏差。

3.定额抽样

定额抽样（Quota Sampling）又称为配额抽样，是按照将总体依某种标准分层（群），然后按照各层样本数与该层总体数成比例的原则主观抽取样本。定额抽样与分层概率抽样很接近，最大的不同是分层抽样的各层样本是随机抽取的，而定额抽样的各层样本是非随机的。例如，要调查北京某高校100名学生择业价值观，考虑到年龄是影响择业价值观的因素，因此，将学生按年级分为4层，每层抽取学生25人作为样本。如果是分层抽样，那么这25人会通过随机抽样方式获取；而等额抽样则可以采用方便或立意这种非概率的抽样方式获取这些样本。

定额抽样的方式简便易行、节省时间经费成本，同时比方便抽样、立意抽样的主观性和偶然性要弱些，在本科毕业论文研究中是比较常见的非概率抽样方式。

4.雪球抽样

雪球抽样（Snowball Sampling）是从几个适合的调查对象开始，通过他们得到更多的调查对象，使得样本像滚雪球般逐步扩大的一种抽样方式。例如，在校学生想要对国家队现役运动员进行问卷调查，由于普通学生接触国家队的机会较少，难以自己寻找到较大的样本群体，因此可以采用雪球抽样方式，即通过几个运动员的介绍和引荐，去结识更多的运动员。

三、样本容量多少才合适？

研究中对抽样过程的设计包括抽样方法和样本量，抽样方法的不同决定了抽取样本的质量，样本量的多少则会影响到研究的经济成本、实施难度以及推论的精确性。如果不考虑其他因素，当然样本量是越大越好，但是样本量过大，会增加研究的工作量，造成人力、时间、物力、经费的支出增多甚至是不必要的浪费，难以在实际研究中操作。如果样本量过小，则样本对总体的代表性程度降低，无法确保推论结果的可靠性。

（一）样本规模多大才合适?

在实际教学中经常遇到这样的学生提问：“老师，问卷要发多少份才合适呀”“我的实验只有10只小白鼠，还能分组吗？”这些都在询问关于样本规模的问题。

样本规模（Sampling Size）又称为样本容量，是指样本内所包含的个体数量。在实际研究之前，必须要确定好样本规模，这是抽样设计最重要的内容之一。在统计学中，30个以上的样本即为大样本，30个以下为小样本。因为当样本规模超过30个时，无论总体的分布如何，其平均数的抽样分布都会接近于正态分布，可以应用很多统计学公式。

关于样本究竟多少合适，并没有严格的规定。在时间、经费允许下，样本量越大当然其代表性就越高。在社会学研究中，有一个经验判断方法。（表3-9）

表3-9 经验确定样本数范围

总体规模	100人以下	100~1000人	1000~5000人	5000~10000人	10000~100000人	100000人以上
样本占总体比重	50%以上	50%~20%	30%~10%	15%~3%	5%~1%	1%以下

在确定样本规模时，不仅要考虑到样本总量，还需要照顾到可能研究中会将样本按照不同标准划分类别，并进行类别之间的比较。例如，假定中学一个自然班人数为30（大样本），男女各占50%，如果需要检验某变量在性别之间的差别时，每个性别子群只有15人，样本量就小了。因此，样本设计时，需要增加样本总量以保证所划分出的每个子类别中都要有一定数量的个案。同时，每个组的样本含量差别不能过大，通常不要超过3倍。

实验中的样本含量设计中需要考虑以下两点：（1）有的实验中，被试可能会有不同的分组，一般来说，从属的变量越多，每一组所要求的被试数量就越多；（2）如果分组较多，且样本总量难以保证时，每组被试为8、10、15、30都可以；但如果只有两个组，每组15人的样本量就比较少了，此时，每组40~50个被试比较合适。

（二）哪些因素影响样本规模的确定?

1.研究类型

描述性研究特别是社会学领域对某一主题现状的调查，如城市老年人体育锻炼现状，通常需要的样本量较大，一般情况下不能少于100。相关性、比较性研究中每组样本量不少于30。实验研究中，条件控制比较严格的真实验设计，每组被试可以在10~15个；条件控制不太严格的准实验设计，每组被试最好在30人以上。通常情况下，问卷调查、实验、内容分析这样的量化研究需要的样本量较大，而深度访谈、参与式观察这样的质化研究需要的样本量较小。

2.总体规模

样本规模与总体规模相关，即总体越大，样本量越多。例如，你研究的总体是中学一个自然班和整个这所学校，所需要的样本量一定是不一样的。但是，总体规模与样本规模并不是呈简单直线关系，而是曲线关系，即当总体规模达到一定程度时，样本规模的增加与它并不保持同等的增长速度。

3.精确程度

抽样的目的之一就是用样本去推论总体，因此，这种推论的精确程度则影响了样本容量的确定。抽样误差与样本量大小密切相关，样本量越大，抽样误差越小；样本量越小，抽样误差越大。当研究需要有更精确的推论时，需要的样本量就越大。

4.异质程度

总体内部的异质程度影响样本量的多少，即总体内各个单位之间差异越小，表明其同质性高、异质程度低，则需要较少的样本量。相反，如果总体内各个单位之间差异很大，异质程度高，则需要更大的样本容量。例如，在北京体育大学选择一个教学班对全体学生进行调查，如果是某学院某年级一个自然班，其班内学生的异质程度要低于全校任意选修课的班级，因为任意选修课班级中学生通常来自全校各个院系、年级，其学科专业背景、文化知识基础、年龄经历经验等差异更大。因此，在异质程度较低的自然班选取的样本量要低于异质程度较高的选修课班级。

5.回收情况

在样本容量设计时，还需要考虑问卷回收率、有效率和实验被试的流失率等情况。在问卷调查过程中，特别是通过邮件、网络这种发放形式，回收率通常会较低，因此，在发放问卷时，一定要比实际需要的样本量多，通常要预估出有至少20%的未回答率，即如果你确定的样本容量是100份，则需要发放至少125份。实验研究由于跨时间较长，被试经常由于主观或客观原因退出实验，造成被试流失。因此，在实验开始之前的样本容量设计时，需要将可能流失的样本数量考虑进去。

6.统计方式

在确定样本容量时还需要考虑到你将要使用的统计方式，有一些推论统计技术对样本量是有要求的。例如，比较各组均值，无论是独立样本t检验还是方差分析，都要求各个组的样本量不能差别太大，一般不能超过3倍；因素分析、结构方程模型、多元回归等统计技术，通常要求样本量是观测变量的5～10倍。

7.时间经费

时间、人力、物力、经费也是影响样本容量的因素，特别是对于本科毕业论文。通常情况下，学生缺少甚至没有研究经费，时间比较紧张，人际交往范围较小，可利用资源有限，这些都会影响样本规模。

（三）抽样的程序有哪些？

抽样的过程有6个步骤：界定总体、决定抽样方法、制定抽样框、设计样本、抽取样本、评估样本质量，如图3-6所示。

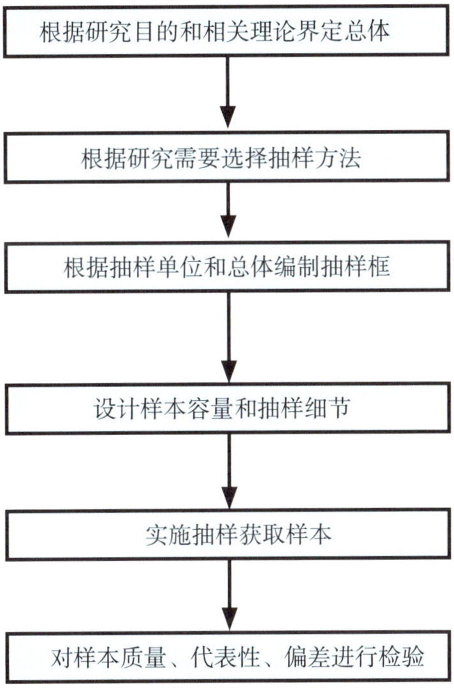

图3-6　抽样程序

第六节　开题报告的撰写

每年6月份毕业生离校之际，大学三年级的学生正式开启为期一年的学士学位论文工作，首先遇到的就是毕业论文开题，需要提交一份完整的开题报告，即研究计划书。

一、研究计划书包括哪些内容?

研究计划书称为开题报告、课题论证，是在论文开题、课题申请时提交的书面研究计划。包括以下几个基本内容。

（一）题　目

研究计划书中必须有明确的题目，要求简明具体，反映研究的实质并具有新颖性。

（二）选题依据

选题依据包括理论依据和现实依据。理论依据来源于该主题前人研究的文献回顾，现实依据则来源于对社会现实的观察与思考。通过对以往研究的系统回顾，厘清前人的研究思路，呈现研究结果，指出存在的争议与问题。好的文献综述，能够显示研究者的理论基础，对研究领域的熟悉程度，增强评审者对作者进行后续研究的信心。

（三）研究目的和价值

研究目的和价值是一项研究的出发点，也是该研究计划能否通过的重要方面，即你的研究要做什么、解决什么问题、能解决到什么程度、有多大价值、理论意义和现实意义有哪些。这部分要突出强调你所要解决的问题以及研究的创新点。

（四）研究主要内容

研究内容是研究目的的具体分解和细化，是落实目标的重要环节。研究内容主要需要对主题下的重要概念进行理论定义和操作定义，确定研究的具体内容，界定研究中的主要变量以及测量指标。

（五）研究方法

根据研究目的和内容确定研究类型，并选择具体的研究方法，即采用何种方式收集资料，收集何种资料。是描述性研究还是解释性研究，是调查研究还是实验研究，是定量研究还是定性研究，是横向研究还是纵向研究。如果是调查研究，是问卷法还是访谈法，还是实地调查法；如果是实验研究，是真实验还是准实验，是被试内实验还是被试间实验；内容分析法是分析文本资料还是视频图片资料。

（六）抽样方案

界定研究主体，确定抽样方法，确定样本规模和抽样精度。如果是问卷法，问卷发多少份，发给哪些人；访谈法需要访谈哪些人，访谈多少人；实验法的被试是动物还是人，要分多少组，每组多少人。

（七）资料收集方法和分析方法

资料收集、整理的计划，统计技术的选择与统计软件适用。

（八）预期结果

根据研究目的和内容发展研究假设，说明研究可以达到哪些预期结果，能够解决哪些问题，以什么样的成果呈现。

（九）人员、设备、前期研究基础

通常研究课题不是个人独自承担完成，而是一个研究团队。团队中的负责人要能够把控全局、宏观设计、引领方向，成员不仅要专业能力强、综合素质高，还需要考虑团队整体结构，如年龄、性别、职称学历、专业方向、技术特长等，既要有专家熟手，还要有年轻新人。

需要说明研究所需场地设施、仪器设备（包括测试仪器、实验设备、统计工具等）等物质基础，以及前期已进行的关于该主题的研究基础和主要研究成果。

（十）计划安排与经费预算

提供一个研究时间表，说明研究不同阶段的进度安排。研究所需经费计划，包括仪器设备、办公耗材、人事劳务、交通食宿、印刷出版等。

专栏3-4 国家社会科学基金项目申请书

一、数据表

课题名称							
主题词							
项目类别	A.重点项目B.一般项目C.青年项目D.一般自选项目E.青年自选项目						
学科分类							
研究类型	A.基础研究 B.应用研究 C.综合研究 D.其他研究						
负责人姓名		性别		民族		出生日期	年 月 日
行政职务			专业职务			研究专长	
最后学历			最后学位			担任导师	

所在省（自治区、直辖市）			所属系统		
工作单位			联系电话		
通讯地址	省 市（县） 街（路） 号		邮政编码		

主要参加者	姓名	别	出生年月	专业职务	研究专长	学历	学位	工作单位	本人签字

第一推荐人姓名		专业职务			工作单位	
第二推荐人姓名		专业职务			工作单位	
预期成果			A.专著B.译著C.论文集D.研究报告E.工具书F.电脑软件		字数（千字）	
申请经费（单位：万元）			计划完成时间		年 月 日	

二、课题论证

1. 本课题国内外研究现状述评及研究意义。2. 本课题研究的主要内容、基本思路、研究方法、重点难点、基本观点和创新之处。3. 前期相关研究成果和主要参考文献。限4000字以内。

三、完成项目研究的条件和保障

1. 课题负责人的主要学术简历；2. 课题负责人和主要参加者前期相关科研成果的社会评价（引用、转载、获奖及被采纳情况）；3. 完成本课题研究的时间保证、资料设备等科研条件。

四、经费预算

序号	经费开支科目	金额（元）	序号	经费开支科目	金额（元）
1	资料费		7	专家咨询费	
2	数据采集费		8	劳务费	
3	差旅费		9	印刷费	
4	会议费		10	管理费	
5	国际合作与交流		11	其他	
6	设备费		合计		
年度经费预算		年	年	年	年

二、如何撰写本科毕业论文开题报告？

本科毕业论文开题是学生在导师指导下，经过文献阅读、深入思考、认真撰写、反复修改，提交学士学位论文开题报告，并经过开题报告论证会的评审，根据专家小组的评议意见再次修正、完善选题方案，最终确定自己本科毕业论文的题目和研究方案。

（一）本科毕业论文开题报告包括哪些内容？

本科毕业论文开题报告主要包括学生和指导教师个人信息、论文题目、选题依据、研究的主要内容与预期结果、研究对象及研究方法、论文进展计划、指导教师意见、学院审核意见等。

1.论文题目

论文题目应概括性地总结论文的主要观点，明确研究的核心内容。中文题名一般不宜超过20个汉字，避免使用诸如“浅谈”“浅析”“试论”之类缺乏研究自信的谦辞。

2.选题依据

选题依据包括文献综述、研究目的和研究意义。文献综述部分需要对主题的国内外研究情况进行概括回顾与评价，呈现前人的研究思路、已有的研究结果、存在的争议、亟待解决的问题，表明进一步研究的意义与价值。研究目的是说明该研究要达到什么目标，准备解决哪些问题。说明该课题所涉及的领域在学术研究和社会应用中的地位，这是该课题所具有的的理论价值或实际价值的前提之一。

好的选题依据具有的特点：（1）层次清楚，条理分明。撰写选题依据时要分标题、分层次，可按照文献综述、问题提出、研究目的、研究意义4个步骤顺序进行。（2）概念清晰，理论扎实。对核心概念和主要概念定义清楚，相关背景知识阐述清楚，显示出扎实的专业理论基础。（3）观点明确，依据充分。好的选题依据建立在好的文献综述基础之上，只有对以往研究进行深入系统回顾，才能发现前人研究中存在的问题与缺陷，才能有自己研究题目和思路的提出。（4）文题相符，详略得当。文献综述的内容与论文研究主题相一致，且高度提炼前人的研究成果。

3.研究的主要内容与预期结果

这部分内容撰写需要注意：（1）明确研究哪些变量以及哪几个变量之间的关系；（2）根据研究目标，列出课题研究的具体内容，凸显论文的基本框架；（3）针对具体研究问题，分别提出研究假设；（4）主要内容和预期结果最好分标题、分层次，采用提纲式分段描述。

4.研究方法

需要详细报告研究所采用的具体方法和步骤，呈现清晰的研究技术路线。问卷调查法需要说明问卷来源、测量工具名称、问卷的信度和效度检验方式与结果、抽样方式、样本容量与分布等；实验法需要说明自变量、因变量、实验过程、实验步骤、测量工具名称、被试取样方式、无关变量控制等；访谈法需要说明访谈对象、访谈主要内容、访谈结果处理方式等；内容分析法需要说明材料来源、抽样方法、观测指标、编码过程等。

开题报告中好的研究方法部分的撰写特点：（1）主要研究方法不遗漏；（2）研究方法陈述详细，能够清晰呈现未来的研究技术路线；（3）研究方法的名称表述准确。

5.论文进展计划

具体表达论文已完成的情况、将要进行的计划以及完成期限。

专栏3-5 本科毕业论文开题报告书

论文题目　　体育舞蹈标准舞赛服变迁

——基于2000—2009年“黑池舞蹈节”职业组决赛的分析

选题依据：（包括目的、意义、国内外研究的有关情况）

1.前言

体育舞蹈也称“国际标准交谊舞”，在我国是一项新兴的体育运动项目，它不仅具有一般体育项目的健身性，而且具有其他体育项目无法比拟的独特的艺术魅力和观赏性。体育舞蹈分为两个项目群，分别是拉丁舞和摩登舞，每个舞种均有各自舞曲、舞步及风格。根据各舞种的乐曲和动作要求，组编成各自的成套动作。

体育舞蹈有它自身的审美特征，通过人体美、技术美、精神美和赛服美等各种形式表现出来。如果选手只在乎动作和技术，忽视赛服美，就必然会影响体育舞蹈美的创造和表现。因为赛服的衬托美化作用，更可为舞蹈锦上添花，亦具有其独特的审美价值和艺术魅力。

1.1文献综述

1.1.1体育舞蹈赛服的相关研究

鉴于我国体育舞蹈运动项目的飞速发展，中国体育舞蹈联合会自2010年开始，将全面执行国际体育舞蹈联合会比赛服装规定，这标志着我国体育舞蹈项目与国际规则的全面接轨，并将推动该项目向着成熟化、规范化迈进。而这一举措更能说明体育舞蹈赛服在整个体育舞蹈行业有着重要的地位。体育舞蹈比赛对选手赛服的规定性强化了它的审美价值，可以说，体育舞蹈的服饰美主要体现在服装的设计、色彩与舞种和谐的统一美和个性美（单亚萍，2004）。服装的样式、色调和配料要适合选手的形体、特点和风格。体育舞蹈中服饰的鲜明民族风格又使男女选手风采倍增。赛服作为文化的一种表现形式，从某种程度上反映着该民族的文化风貌（朱瑛，2004）。

1.1.2体育舞蹈赛服的款式

摩登舞的比赛赛服：男士穿西服和礼服（燕尾服），显现出庄重、高贵的气质及人体的线条美；女士穿晚礼装式的长裙，给人以华贵、娴静高雅之感，在舞步运行中显示出飘逸的感觉（吴东方，2004）。

从总体上看，摩登舞男士服装多呈V型设计，以表现男子魁梧强健、英武有力的造型风格；而女士服装则呈A型设计，以表现女性文雅端庄、气质矜持的造型风格（吴东方，2004）。

1.1.3体育舞蹈赛服的色彩

体育舞蹈赛服的色彩同样是一个重要的元素。作为这项运动中最大众化的美感形式——色彩，可传递信息、表达情感、蕴神寓意。任何一种色彩都会给人以美感，因个人的审美情趣不同，在色彩的喜好上也就各有偏爱，不同的色彩自然会引起人们不同的心理感受。在快步舞、桑巴舞、维也纳华尔兹、恰恰恰等节奏欢快热烈的舞蹈中，男女选手多采用强烈的色彩组合，起到相互衬托的作用。而在华尔兹、狐步舞、伦巴舞等风格优雅抒情的舞蹈中，男女舞伴则采用对比较弱的色彩搭配以产生和谐效果。正是由于不同色彩给人不同的心理感受，诱发不同的联想，因而体育舞蹈选手服饰的丰富色彩可为人们带来五彩缤纷的景色和无限甜美的遐想（朱瑛，2004）。

1.2关于体育舞蹈赛服的研究方法

前人在研究体育舞蹈赛服时所采用的研究方法是逻辑思密法，受主观知识背景和思维定势的影响较大，不能客观反映现状。

2.问题提出

前人并未对体育舞蹈赛服做过专门的研究，只是把它放在审美的一个角度去研究，这样并不能从整体了解掌握体育舞蹈赛服的变迁。同时，前人也从未专门研究过历年来的“黑池舞蹈节”赛事。由此可见，前人对体育舞蹈赛服的研究缺少量化研究。

近年来，体育舞蹈赛服随着时代的推进也有着各方面的变化，每年在体育舞蹈赛服中运用的流行元素越来越广，色彩搭配也变得五彩缤纷。相比国际上体育舞蹈赛服发展的突飞猛进，我国的体育舞蹈赛服无论在款式还是在色彩搭配上，都缺少创新。

而本文通过观察2000—2009年的“黑池舞蹈节”摩登舞职业组录像，选取配饰材料、款式、颜色3个指标进行分析，以此来了解以及掌握体育舞蹈赛服变迁，对比发现我国在体育舞蹈赛服这方面的一些问题，从而提出一些相应的建议，同时为我国体育舞蹈在赛服发展方面提供必要的理论和数据支持。

研究的主要内容及预期结果

1.主要内容

1.1体育舞蹈赛服元素的运用。

1.2体育舞蹈赛服色彩的运用。

1.3体育舞蹈赛服布料的运用。

1.4我国体育舞蹈赛服与国外体育舞蹈赛服的对比。

1.5体育舞蹈赛服款式的变化趋势与米兰时装周之间的关系，两者的流行元素。

2.预期结果

2.1体育舞蹈赛服的元素运用呈现多元化。

2.2体育舞蹈赛服的色彩运用从单一到多种色彩过渡搭配使用。

2.3体育舞蹈赛服不同的布料会产生不同的效果，间接影响选手成绩。

2.4我国体育舞蹈赛服设计水平相对国外较落后，处于模仿跟随状态。

2.5体育舞蹈赛服款式的变化依附于米兰时装周，流行元素与米兰时装周的元素相符合。

研究对象及研究方法

1.1内容分析法

1.1.1材料来源

对2000—2009年体育舞蹈“黑池舞蹈节”摩登舞职业组决赛八场录像资料进行观察，记录“黑池舞蹈节”摩登舞职业组决赛中每对参赛选手的赛服的各种指标：配饰材料、款式、颜色。录像来源北京体育大学体育舞蹈教研室以及舞讯网等专业网站。

1.1.2指标选择

将体育舞蹈赛服元素分为配饰材料和款式两个方面；配饰材料主要包括：钻、亮片、毛、亮管、黑网；款式主要包括：飘、脖链

1.1.3统计方式

按指标出现次数计算频次。此方式分为“0”和“1”次数记分，有为“1”，无为“0”。

1.2.访谈法

设计专家访谈提纲，走访或电话访谈国内体育舞蹈领域相关学者、资深裁判和知名体育舞蹈赛服品牌设计师，以此获得体育舞蹈赛服的发展与变化趋势，以及赛服对于体育舞蹈表现力的辅助作用等相关内容。

论文进展计划

2011年7月 查阅有关文献，确定研究方向和研究方法，开题；

2011年7月—12月 收集录像，统计结果；

2012年1月—2月 分析结果，做出合理解释，写作论文初稿；

2012年3月—4月 修改论文，提交论文，论文答辩。

指导教师意见：

指导教师签名__________

学院审核意见：

学院主管领导签名__________

（二）本科毕业论文开题报告的常见问题有哪些?

1.思想态度

现实教学中，学生在毕业论文开题阶段表现最为突出的问题是重视程度严重不足导致仓促开题，“一周、三天、甚至一个晚上搞定开题报告”并不是个别现象。开题报告是学士学位论文工作的重要环节，是研究的总体设计，对后续研究能否顺利开展且按时保质完成起到重要作用。开题报告准备充分，将减轻实际研究和撰写毕业论文的工作量，不仅可以按照既定研究方案有计划逐步实施，还能够提前完成本科毕业论文中文献综述部分的撰写。

学生在开题时思想态度不端正主要表现在以下几方面：（1）文献阅读量少，专业理论基础薄弱；（2）缺乏主动与导师沟通交流，被动消极等待导师布置题目，而非积极思考；（3）准备时间过短，临时拼凑，甚至出现抄袭剽窃现象。

2.选题依据

选题依据部分出现的主要问题有：（1）由于缺乏系统文献回顾，对国内外研究进展情况不了解，无法呈现前人研究思路，只能简单堆砌部分观点；（2）由于专业理论基础不扎实，

在选题依据上难以提出理论依据；（3）撰写过于简单，没有陈述国内外研究现状；（4）核心概念不清晰，缺少对相关重要概念的界定；（5）内容与研究主题不相符合。

3.研究内容与预期结果

此部分出现的主要问题有：（1）研究内容陈述过于简单笼统，如“把教学得出的经验分别在技术训练和方法上仔细说明，阐述观点，并通过实验进行比较”，得出什么经验、哪些是技术训练的、哪些是方法的，并没有具体说明，通过实验比较什么也没有说明；（2）缺乏主要变量以及变量之间关系的陈述；（3）缺乏条理，没有层次性。例如，“发球、握拍准备动作、抛球、挥拍击球和最后随挥动作的过程进行研究。重点来探讨关于模仿教学训练和辅助力量的几种有效方法，找出发球中比较容易出现的错误，从而进行技术动作改造，提高发球成功率，并使其在实际比赛训练中得到良好运用”。

4.研究方法

研究方法部分出现的主要问题有：（1）简单罗列所有研究方法，如文献资料法、逻辑分析法、问卷调查法、专家访谈法、对比比较法等；（2）只有研究方法的名称，没有具体实施方案；（3）遗漏主要研究方法；（4）研究方法名称错误。

本章小结

1. 概念有理论定义和操作定义两种方式，操作定义的最大特征是可观测性。

2. 测量的要素包括测量客体、测量内容、测量法则、测量尺度。

3. 测量分为定类测量、定序测量、定距测量和定比测量。

4. 根据变量的取值可以将变量分为连续变量、类别变量和顺序变量。根据变量的来源可以将变量分为刺激变量、机体变量、反应变量和环境变量。根据变量在研究中的地位可以将变量分为自变量、因变量、控制变量和协变量。

5. 信度是指测量结果的可靠性、稳定性和一致性，是在相同或相似条件下得到相同的测量结果的可能性，包括重测信度、同质性信度、复本信度、评分者信度。

6. 效度是指测量的准确性或有效性，是指测量工具或手段能够准确测量出所需测量的事物的准确程度，包括表面效度、内容效度、效标关联效度、构想效度。

7. 效度是信度的充分条件，信度是效度的必要条件。

8. 体育科学具体研究方法的选择应该遵循两个原则：第一，研究课题与研究方法的契合；第二，最好的研究设计是集多种方法之优势于一身。

9. 抽样方式分为概率抽样和非概率抽样。概率抽样的方式主要有简单随机抽样、系统抽样、分层抽样、整群抽样和多阶抽样。非概率抽样的方式主要有方便抽样、立意抽样、配额抽样和雪球抽样。

10. 样本规模是指样本内所包含的个体数量。研究类型、总体规模、精确程度、异质程度、回收情况、统计方式、时间经费都是影响样本规模的因素。

11. 开题报告存在的最主要问题是由于学生对开题重视程度不足、思想态度不够端正导致的缺乏文献阅读、研究设计过于简单。

文献导读

[1] 吉尔伯特・萨克斯. 教育和心理的测量与评价原理[M]. 王昌海等，译. 南京：江苏教育出版社，2002.

[2] 约翰・W・克雷斯威尔，崔延强译. 研究设计与写作指导[M]. 重庆：重庆大学出版社，2007.

[3] 肯尼斯・S・博登斯，布鲁斯・B.阿伯特. 研究设计与方法：第6版[M]. 袁军等，译. 上海：上海人民出版社，2008.

[4] 德尔伯特・C・米勒，内尔・J.萨尔金德. 研究设计与社会测量导引：第6版[M]. 风笑天等，译. 重庆：重庆大学出版社，2004.

[5] Bohrnstedt，G. W. Measurement . In P. H. Rossi，J. D. Wright，& A. B. Anderson（Eds.），*Handbook of survey research（pp. 70−121）*[M]. New York：Academic Press，1983.

[6] Campbell，D. T. ，& Fiske，D. W. *Convergent and discriminant validation by the multitrait−multimethod matrix*[M]. Psychological Bulletin，1959，56：81−105.

[7] Carmines，E. G. ，& Zeller，R. A. *Reliability and validity assessment*[M]. Beverly Hills，CA：Sage，1979.

[8] Silverman，D. *Interpreting qualitative data：Methods for analyzing talk，text，and interaction*[M]. Newbury Park，CA：Sage. Chapter 7，1993.

思考与练习

1. 请给下述概念进行操作化定义？

（1）爱

（2）师生关系

（3）艺术表现力

（4）篮球的进攻能力

2. 指出下述概念哪个是类别变量？哪个是连续变量？哪个是顺序变量？

（1）音乐排行榜

（2）运动专项

（3）血色素

（4）比赛名次

（5）体重

（6）中国省会城市

3. 指出下列各题中的自变量、因变量和机体变量?

（1）拼音输入法经验对汉字字形和语音加工的影响

（2）线索起点模糊水平和注视时间对汉字知觉干扰效应的影响

（3）任务类型与信息清晰度对社会比较中认知偏差的影响

（4）形体与健美操不同课型对女大学生身体形态、机能和素质的影响

4. 选择一个研究主题进行设计，并撰写一份符合格式标准的毕业论文开题报告。

第四章　文献研究

关键术语

文献　文献回顾　文献检索　文献管理　零次文献　一次文献　二次文献　三次文献　文献综述　核心期刊　影响因子　内容分析

学生疑问

如何判断一篇论文的学术权威性？
体育学有哪些学术期刊？有哪些是核心期刊？
用什么方式能快速准确查找到自己需要的文献？如何管理文献？

学习目标

通过本章的学习，你将能够：

1.了解文献的基本类型，知晓文献回顾的目的与意义。
2.掌握利用互联网进行文献检索的方法，以及文献管理软件的使用。
3.学习文献综述撰写的要领，能够撰写一个研究主题的文献综述。
4.掌握内容分析法的应用方式。

研究摘要

彭国强，项贤林．新世纪国际体育教学热点问题分析：《体育教学杂志》21世纪以来发表论文述评．体育学刊，2009，16（5）：62-66．

问题：对国外体育教学最新研究成果进行系统介绍，揭示其研究现状、发展热点及趋势，使我国学者能够把握国际研究动向，了解研究前沿问题，促进我国体育教学研究的发展。

方法：《体育教学杂志》（Journal of Teaching in Physical Education，JTPE）是国际体育教学研究的权威专业期刊。采用内容分析法，对2000—2008年间JTPE发表的231篇学术论文的研究主题进行分析。研究主题的归类编码表建立依据：（1）毛振明的体育教学研究内容分类；（2）《现代体育科学研究方法论》中体育科学分类方法；（3）美国学者Phillip Ward和Bomna Ko的教育分类标准。经专家评议之后修订而成，具有较好的效度。使用Excel统计软件，对经编码归类后得出的研究主题的趋势、特征、异同点等方面量化类别出现频数进行统计，并对结果进行描述性统计分析。

结果：当今国际体育教学热衷于“教学主体”的研究，主体中对师范教师的研究稍多于对学生的研究；教师研究主要集中于“职前教师、教师专业职业发展”“教师教育评估”和“教师知识、行为、思想、情感和记忆力”等方面；学生的研究主要集中在“学生性别、学习兴趣与动机”“儿童青少年（女性）身体活动与体育能力”“学生认识、自控、反应及体育活动参与认知能力”等方面；体育教学内容方面，研究热点是“学生特定领域知识的学习发展”“体育游戏”“体育知识、课程、方法与体教化”；教学过程研究中最关注“教学方法、计划及学习策略”。

第一节 文献概述

做研究就像盖高楼，文献回顾是研究的基础，类似于建造高楼需要先打地基。地基打得越深，楼才能盖得越高也越稳；文献阅读越多，综述做得越好，研究才能够更加精深，论文质量才能更好。因此，文献回顾是研究设计的起点。

文献研究应该说是一种古老而弥新的研究方法，说其古老是源于几千年前人类开始用绳结、绘画、篆刻、文字记录之时，历史学家就已经用考据、训诂、校勘的方法来研究历史了。弥新是因为时至今日，文献研究依然是最重要的研究方法之一，并且发展了内容分析法、现有资料统计、元分析等文献研究新技术。

一、什么是文献述评？

中文“文献”（Literature）一词最早见于《论语·八佾》，朱熹注：“文，典籍也；献，贤也”，意为“贤者或有学识之人的典籍记录”。文献有广义和狭义之分，广义文献指“记录知识的一切载体”，狭义文献则是指科学研究中的学术文献。

（一）广义的文献包含哪些内容？

我国颁布的《文献著录总则》中将“文献”定义为“是记录知识的一切载体”，这是文献的广义，即用文字、图像、图形、符号、音像等手段记录人类知识的各种载体，包括书籍、报刊、手稿、文物、录音录像、胶片、网络，考古学、历史学研究所依据的甲骨、竹简、金石、简帛、拓本、图谱、碑石、模型、建筑等都可称之为文献。

体育科学文献研究中常用的文献类型有以下几类。

1.报纸、新媒体

报纸的版面、标题，主题、遣词造句、消息、报道形式等，都可以是研究所用资料。例如，“奥林匹克主义与消费——2008北京奥运会我国报纸广告分析”（王修方，2010）一文，依据媒介政治经济学和过程社会学理论，使用内容分析法，分析2008年奥运会期间我国报纸与奥运相关的广告的类型、频率和内容，以研究北京奥运赞助商将奥林匹克主义和人文奥运以及消费文化纳入广告的程度。研究结果表明，只有少数广告客户将奥林匹克主义纳入广告主题，而且将重点放在了对于“卓越”的宣传上，表明其对成就体育伦理和消费主义的传播大大超过了对奥林匹克理念的传播。在“2008年北京奥运会我国主要报纸的报道框架”（费郁红，刘洪霞，夏同玲，2009）中，研究者以新闻传播学为主要研究视角，运用新闻框架理论和内容分析法，对2008年夏季奥运会期间《人民日报》《中国体育报》《体坛周报》《广州日报》4家报纸的奥运报道框架进行研究。结果表明，北京奥运期间，我国报纸在报道主题上采用了多样性框架；在报道项目上采用了宽泛性框架；在报道角度上，本土化框架依然占绝对主导地位。认为明星与胜负因素不应是媒体在赛场内追逐的唯一目标；宽泛性的报道框架更能展现奥林匹克“重在参与”的魅力；奥运会是国际性盛会，要加强奥运报道本土化框架与国际化框架的平衡性。

相对于报纸、期刊、广播、电视4大传统意义上的媒体，新的技术支撑体系下出现的媒体形态，如数字杂志、数字报纸、数字广播、手机短信、移动电视、网络、桌面视窗、数字电视、数字电影、触摸媒体等被称为新媒体。随着数字化、网络的发展，新媒体的影响越来越大，也成为社会学研究者重要的文献资料来源。例如，“2008年北京奥运会手机媒体传播特点研究——以奥运手机报为例”（邹英，王晓晨，2009），研究中对手机报的概念、类型及发展历史进行了阐释，并抽样选取了手机媒体的代表——中国移动《奥运手机报》2008年8月8日至8月24日新闻早报及新闻晚报共20期（平均30KB/每期）的报道内容，运用内容分析法从传播学角度进行研究，得出其报道的优势特点是：内容丰富且精炼、高度的便携性及较强的互动性；分析其存在的问题：内容同质化、受众狭窄及技术的瓶颈。

2.期刊、学位论文

对期刊的研究多为学术期刊上刊载论文的内容分析，包括研究主题、方法、作者、研究现状、发展趋势等。王琪，黄汉生（2012）在“西方现代体育科学学科结构的演变研究：基于美国《研究季刊》1930—2009年文献共被引的知识图谱分析”中，根据美国科学情报所（ISI）的Web of science数据库，获得了美国《锻炼与运动研究季刊》1930—2009年期间发表的4219篇论文数据，运用文献共被引和内容分析以及可视化软件Citespace绘制科学知识图谱。结果表明，体育教育学、人体测量学、运动心理学、运动生理学、运动技能学、运动训练学、运动生物力学、流行病学、运动医学、体育社会学等10个分支学科是构成西方现代体育科学学科结构的主要元素。“近10年国际体育社会学研究现状及热点研究”（苏小霞，吴贻刚，张军献，2007）一文中指出，《国际体育社会学评论》和《体育社会学杂志》分别是国际体育社会学学会和北美体育社会学学会的会刊，其发表文章涵盖了国际体育社会学研究的前沿成果。对这两本杂志所刊载论文进行研究可以把握西方体育社会学研究的热点。利用内容分析法和传统文献分析法，对两本刊物近10年来发表的374篇文章内容特征的分析，得出结论：近10年来，已有越来越多不同领域的研究者开始关注体育社会学研究，他们从不同的角度对体育现象及体育问题进行分析，从而使我们对体育运动的认识更全面、更深刻。各种社会问题，如性别歧视、种族与民族歧视、兴奋剂、体育暴力、竞技运动带来的伤痛与冒险都是西方体育社会学研究的热点主题。研究方法以定性研究为主，强调学理分析，研究设计类型多采用第二手分析及调查研究的方式。

学位论文也是近年来体育学文献研究中的一个重要资料来源，主要是通过分析学位论文中存在的问题探讨研究生培养机制。例如，刘显、张志勇（2012）在“体育人文社会学博士学位论文问题与反思——理论基础探微”中以1999—2011年189篇体育人文博士学位论文为样本，参考论文写作的国家标准，对论文进行统计分析，发现问题，寻求对策，以期对提高论文的理论水平有所帮助。研究发现，体育人文博士学位论文理论选择问题包括对理论的重视不足，多学科理论选取无原则。理论的使用问题是学科隶属不清，理论引述不合理，忽视基本理论假设，不重视理论概念的界定，缺乏理论框架。理论的总结问题包括理论回归不足，欠缺理论升华能力。解决此类问题要以科学理论的本质与结构为标准，选取理论时坚持经典性、规范性、系统性和简单性原则，并分别从理论名称与学科归属、基本理论假设、概念与命题、理论的合理性、理论的不足5个方面建构博士论文的理论基础。

3.官方统计资料

官方统计资料是文献研究的重要资料来源，包括国家统计部门、各级政府部门、各级专业机构编制的关于体育的月统计报表、年统计图表、年统计报告等。例如，张彦峰等人（2012）在“中国国民体力活动水平的区域特征研究”中，利用2010年第3次国民体质监测工作中，在全国31个省（自治区、直辖市）开展的成年人群体力活动的调查资料，进行成年人群体力活动水平的现状分析发现，我国居民各单项体力活动水平具有明显的区域差异，东部地区交通类、工作类体育锻炼活跃度2（重度）的人数比例高于中、西部地区，西部地区家务类体力活动水平活跃度2（重度）的人数比例高于东、中部地区；北方地区交通类、工作类、家务类、闲暇时间体育锻炼活跃度1（中度）的人数比例高于南方地区；我国居民总体体力活动水平与社会经济发展水平的区域趋势相似，具有明显的区域差异，东部地区完全静坐类、体力活动活跃类人数比例高于西部，沿海区域高于内陆区域。官方统计资料中还有各项运动官方网站发布的数据资料，也是体育研究中人们常常使用的统计资料。例如，“2011年上海世锦赛中国女子水球队在决赛中的体能分析”（李立群，殷劲，王佳琦，2012）一文中，运用官方公开的技术统计资料、比赛现场的调研等方法，对我国女子水球队在2011年上海世锦赛决赛中的技术状态以及延伸出来的体能状态的特征进行了分析，并对2012年伦敦奥运会中国队要取得好成绩所需的体能储备等进行了研究。

4.比赛录像视频

在体育科学研究主题中，运动项目的技战术分析始终是热点选题，因此，比赛技术统计成为体育科学特有的一种研究方法。比赛技术统计通常有3种方式获得资料，第一，现场观察记录统计；第二，官方发布的统计资料；第三，比赛录像资料。

（二）学术文献还有级别吗?

狭义的文献是指科学研究中的学术文献（Academic Document），即具有历史价值和研究价值的、由出版社公开出版、发表在学术刊物上的论文。

依据加工程度不同，文献可分为4个级别，即零次文献（Zero Level Literature）、一次文献（Primary Literature）、二次文献（Secondary Literature）、三次文献（Tertiary Literature）。

表4-1　学术文献的4个级别

加工程度	含义	特点	示例
零次文献	记录在非正规物理载体上未经任何加工处理的源信息	具有原创性，但分散性明显，不易收集整理	书信、手稿、笔记、实验记录、会议记录等
一次文献	以研究者本人最初发现或实践为依据而创作、发表、出版的文献	数量最大、种类最多、使用最广、影响最大的文献	专著、期刊论文、会议论文、学位论文、调查报告、实验报告、档案等
二次文献	由图书情报工作者对一次文献进行加工整理，使之系统化、条理化，按照一定顺序加以组织编排再次出版，以供读者查找利用的文献	浓缩性、系统性、汇集性，是文献检索工具，能全面、系统反映学科、专业或专题在一定时空范围内的文献线索，是积累、报道和检索文献资料有效手段	（1）文摘：新华文摘等 （2）索引：《全国报刊索引》、SCI、CSCI、EI、ISTP等 （3）目录：《中国科技资料目录》《全国期刊联合目录》等
三次文献	是利用二次文献提供的检索工具，对某一范围内的一次文献进行选择，经过分析、概括、整理、综合后再次出版的文献	综合性、全面性、概括性、浓缩性，具有较好的研究参考价值。但由于是对一次文献的再加工，存在加工者本人对原始作品的理解与分析，或许会存在对一次文献的误读与曲解	研究综述、专题述评、进展报告、百科全书、专题研究报告、学位论文中的文献综述部分、教科书

专栏4-1　什么是SCI?

SCI是美国《科学引文索引》的英文简称，其全称为Science Citation Index，是由美国科学信息研究所（ISI），根据情报学家加菲尔德（Engene Garfield）提出的引文思想，于1961年创办出版的引文数据库，出版形式包括印刷版期刊和光盘版及联机数据库。SCI（科学引文索引）、EI（工程索引）、ISTP（科技会议录索引） 是世界著名的3大科技文献检索系统，是国际公认的进行科学统计与科学评价的主要检索工具，其中以SCI最为重要。

SCI是一部国际性索引，包括有：自然科学、生物、医学、农业、工程技术、行为科学、等，主要侧重基础科学。所选用的刊物来源于94个类、40多个国家、50多种文字。SCI不同于按主题或分类途径检索文献的常规做法，而是设置了独特的“引文索引（Citation Index）”，即将一篇文献作为检索词，通过收录其所引用的参考文献和跟踪其发表后被引用的情况来掌握该研究课题的来龙去脉，反映文献与文献之间的引证关系。

SCI收录了全球各专业学科10000余种核心期刊，覆盖了国际上大多有重要影响的刊物，集合了各学科的重要研究成果。SCI不仅是检索工具，而且已逐渐成为国际公认的反映基础学科研究水准的代表性工具。世界上大部分国家和地区的科学、学术界将其收录的科技论文数量的多少，看作是一个国家基础科学研究水平及其科技实力的指标之一。

社会科学引文索引（Social Science Citation Index，简称SSCI），与SCI一样同为美国科学信息研究所创建，收录了世界上不同国家和地区的社会科学期刊和论文，内容覆盖人类学、法律、经济、历史、地理、心理学等55个领域。

（三）学术文献有哪些类型？

学术文献按照不同的划分标准有不同的类型，综合起来主要有如下划分方式。（表4-2）

表4-2 学术文献类型

划分依据标准	学术文献类型
文献加工程度	零次文献、一次文献、二次文献、三次文献
文献载体形式	印刷型文献、微缩型文献、声像型文献、电子型文献
文献出版形式	图书、期刊、报纸、研究报告、会议论文、专利文献、标准文献、学位论文、政府出版物、产品资料、科技档案

1. 图　书

图书是由出版社公开出版发行的出版物，是文献中历史最长的一种情报源，包括专著、教科书、手册、辞典、百科全书等。图书的特点是时间久远、内容系统、知识成熟、经典可靠，特别是名著要籍，更是经历了时间和实践双重检验，是一个时代、学科、流派最有影响的权威著作，是治学和研究的基石。本科生在进行专业理论学习时，应多选择经典原著阅读，以奠定扎实的专业基础。

图书的缺点是出版周期长，内容更新速度慢，无法反映最新科技发展动态，因此在研究中，图书是作为基础理论、一般性知识的载体，并不是学术论文最重要的参考文献。

2. 期　刊

期刊是定期或不定期的连续出版物，按照出版周期分为周刊、月刊、双月刊、季刊等。期刊分为学术期刊和非学术期刊，非学术期刊是面向普通大众的杂志，为大众提供新闻、娱乐和观点，注重传递信息知识的常识性、娱乐性、可读性和普及性，并不是用于学术交流与探讨。如体育杂志中的《新体育》《尚篮》等。学术期刊（Academic Journal）则是研究者呈现研究发现，并经过同行评议，旨在向科学共同体提供学术交流的期刊。由于学术期刊具有出版周期短、报道文献多、内容更新速度快、信息含量大等特点，能够反映科技发展的最新最快成果。因而，学术期刊是传递科技情报、交流信息思想最基本最主要的文献形式。

专栏4-2　体育科学英文学术期刊

训练科学

《体育生物学》 Biology of Sport

《教练和体育科学杂志》 Coaching and Sports Science Journal

《体育科学杂志》 Journal of Sports Sciences

《竞技体育》 Leistungssport

《训练和运动研究季刊》 Research Quarterly for Exercise and Sport

运动训练生理学

《应用生理学杂志》 Journal of Applied Physiology

《欧洲应用和职业生理学杂志》European Journal of Applied and Occupational Physiology
《国际运动医学杂志》 International Journal of Sports Medicine
《美国运动医学杂志》American Journal of Sports Medicine
《临床运动生理学》Clinical Exercise Physiology
体育社会学
《国际体育社会学评论》International Review for the Sociology Sport
《体育社会学杂志》Sociology of Sport Journal
《体育和社会问题杂志》Journal of Sport and Social Issues
《文化、体育、社会娱乐研究》Culture，Sport，Society Leisure Studies
《日本体育社会学杂志》Japanese Journal of Sociology of Sport
比较体育
《比较体育学杂志》 Journal of Comparative Physical Education and Sport
《国际体育杂志》 International Journal of Physical Education
《体育科学评论》Sport Science Review
《国际体育社会学评论》International Review for the Sociology of Sport
《国际健康、体育、娱乐、运动与舞蹈理事会杂志》 Journal of the International Health，Physical Education，Recreation，Sport and Dance
体育史
《文化、体育、社会》Culture，Sport，Society
《体育史杂志》Journal of Sport History
《体育史评论》Sport History Review
《国际体育史杂志》 International Journal of the History of Sport
《奥林匹克史杂志》Journal of Olympic History
体育管理
《体育管理评论》Sport Management Review
《体育管理杂志》Journal of Sport Management
《国际体育管理杂志》International Journal of Sport Management
《体育市场和赞助》Sports Management and Sponsorship
《欧洲体育管理杂志》European Journal for Sport Management
体育教育学
《国际体育教育杂志》International Journal of Physical Education
《欧洲体育教育杂志》European Journal of Physical Education
《体育教学与探索杂志》Journal of Teaching in Physical Education and Quest
《亚洲体育教育杂志》Asian Journal of Physical Education
《日本体育教育杂志》Japanese Journal of Physical Education
运动人体测量
《运动科学杂志》Journal of Sports Sciences
《人类生物学》Human Biology
《运动及训练的医学和科学》Medicine & Science in Sports and Exercise
《人类生物学年鉴》Annals of Human Biology

《美国人类生物学杂志》American Journal of Human Biology
神经运动心理学，运动技能学习与控制
《行为和脑科学》Behavior and Brain Science
《实验脑研究》Experimental Brain Research
《国际运动心理学杂志》International Journal of Sport Psychology
《运动心理学杂志》Journal of Exercise and Sport Psychology
《实验心理学杂志：人的感知和表现》Journal of Experimental Psychology: Human Perception and Performance
运动和锻炼心理学
《运动行为杂志》Journal of Sport Behavior
《应用运动心理学杂志》Journal of Applied Sport Psychology
《运动和锻炼心理学杂志》Journal of Sport and Exercise Psychology
《运动心理学家》 Sport Psychologist
运动医学
《美国运动医学杂志》American Journal of Sports Medicine
《英国运动医学杂志》British Journal of Sports Medicine
《国际运动医学杂志》International Journal of Sports Medicine
《运动医学临床杂志》Clinical Journal of Sports Medicine
《运动康复杂志》Journal of Sport Rehabilitation
生物力学
《骨》Bone
《生物力学杂志》Journal of Biomechanics
《临床生物力学》Clinical Biomechanics
《生物医学中的计算机方法和程序》Computers Methods and Programs in Biomedicine
《脑电图和神经生理学》Electroencephalography and Clinical Neurophysiology

期刊从学术级别上划分为普刊和核心期刊。普刊通常指除核心期刊之外的期刊。核心期刊通常是指全国中文核心期刊或CSSCI来源期刊，包含科技类核心期刊和社科类核心期刊。从严格意义上说，期刊杂志并无国家级、省级的区分标准。国家新闻出版总署声明：中国的出版物，只有正式和非正式之分，没有所谓国家级、省级的等级区分。不论主办或主管单位是省、自治区，只要能公开面向全国跨省发行，均可称为省级期刊。

目前，国内有6大核心期刊（或来源期刊）遴选体系：北京大学图书馆“中文核心期刊”、南京大学“中文社会科学引文索引（CSSCI）来源期刊”、中国科学技术信息研究所“中国科技论文统计源期刊”（又称“中国科技核心期刊”）、中国社会科学院文献信息中心“中国人文社会科学核心期刊”、中国科学院文献情报中心“中国科学引文数据库（CSCD）来源期刊”、中国人文社会科学学报学会“中国人文社科学报核心期刊”。如果某期刊同时被两种核心期刊遴选体系认定为核心，那么该期刊就是双核心期刊了。例如，既入选“全国中文核心期刊”，又入选“中国人文社会科学核心期刊”。

专栏4-3　体育学中文核心期刊

表4-3　体育类中文核心期刊复合影响因子排序

序号	期刊名称	主办单位	复合影响因子	综合影响因子	被引次数
1	体育科学	中国体育科学学会	1.774	1.143	59120
2	天津体育学院学报	天津体育学院	1.612	1.119	26988
3	南京体育学院学报（社会科学版）	南京体育学院	1.560	1.155	23477
4	体育与科学	江苏省体育科学研究所	1.529	0.997	35332
5	上海体育学院学报	上海体育学院	1.496	0.966	36038
6	中国体育科技	国家体育总局体育科学研究所	1.341	0.859	45927
7	体育学刊	华南理工大学;华南师范大学	1.111	0.724	53359
8	武汉体育学院学报	武汉体育学院	1.092	0.752	47363
9	西安体育学院学报	西安体育学院	1.035	0.624	32424
10	北京体育大学学报	北京体育大学	0.971	0.551	90000
11	首都体育学院学报	首都体育学院	0.944	0.511	23696
12	成都体育学院学报	成都体育学院	0.862	0.501	38089
13	山东体育学院学报	山东体育学院	0.819	0.465	23597
14	广州体育学院学报	广州体育学院	0.803	0.469	29418
15	体育文化导刊	国家体育总局体育文化发展中心	0.760	0.428	42694
16	沈阳体育学院学报	沈阳体育学院	0.745	0.455	20393

——数据引自中国知网2013年4月11日

3. 报　纸

报纸（Newsprint）是以为了某种特定需要，以刊登新闻和评论为主的定期连续出版物，是一种公开而广泛的向公众传递信息的媒介，如《中国体育报》《体坛周刊》《中国教育报》等。报纸的发行范围广泛、数量大、传递信息迅速，但由于材料分散因而缺乏系统性，且由于数量庞大而不宜保存。

4. 会议文献

每一年或每间隔几年，学术界的专业学会都会举行年度会议，与会者可以发表最新研究成果的口头或书面报告。会议文献是指在国际或国内学术会议上首次发表的论文，交流的形式有大会口头报告、墙报、论文，通常收集在会议论文集中。如全国体育科学大会，这是由中国体育科学学会每4年举办一届、最高水平的体育学术会议。

5. 学位论文

学位论文指的是完成一定学位必须撰写的论文，分为学士论文、硕士论文和博士论文。学位论文的优点是理论性、系统性较强，对一个研究主题阐述详尽；局限是论文水平良莠不齐，学术质量难以保证。

（四）如何判断文献的可靠性？

专栏4-4　你可以信任谁？

根据备受尊崇的医学期刊之一——《美国医学期刊》（Journal of American Medical Association）所指定的审查委员会指出："在发表的论文中，普遍存在着许多统计与方法学上的错误"，即使那些论文已经经过该领域的专家审查过（《当该领域专家的审查产生了不可靠的科学》源自《纽约时报》，2002年11月6日，p.D6）。你们当中有些人可能两手一摊，然后放弃可信度的想法：如果连《美国医学期刊》如此严谨的审查程序都无法保证数据的可信度，那区区一个学生可以做什么？就是做我们在做的——尽你所能批判地阅读，然后尽可能准确地呈现数据。

——引自韦恩·C·布斯，格雷戈里·G·卡罗姆，约瑟夫·M·威廉姆斯.研究是一门艺术.北京：新华出版社，2009：73.

刚开始学习做研究的学生常常有一个疑问，即面对浩如烟海的文献资料，如何判断哪一本更经典？哪一篇论文更权威？一般来说，可以从以下几个方面来衡量文献价值的高低：

1. 出版社的信誉

通常情况下，出版社的信誉是作品质量的保证，如商务印书馆出版的《现代汉语字典》，在字典、辞海工具类出版物中权威性最高。

2. 期刊的影响因子（Impact Factor，IF）

影响因子是表征期刊影响大小的一项定量指标。影响因子可以通过公式计算，即某刊在某年被全部源刊物引证该刊前两年发表论文的次数，与该刊前两年所发表的全部源论文数之比。影响因子越高，说明期刊的影响力越大，论文质量也越高。例如，2012年，国际综合类学术期刊《自然》和《科学》的影响因子分别为38.579和31.027，其权威性和影响力全球首屈一指。

专栏4-5　中国和美国的科研差距有多大？

英国的《自然》（Nature）和美国的《科学》（Science）是目前世界上最具知名度、代表性和权威性的综合性学术期刊。二者均有百余年历史，为周刊形式，发表来自很多科学领域最前沿、最重要的一手研究成果，刊发了绝大多数诺贝尔奖获得者的原创性论文，具有极高的学术声誉和世界影响力。

《自然》和《科学》上发表的论文数量，既是学者本人学术地位的标志，也是衡量一所大学甚至国家科研水平的重要指标。近几年，尽管我国在科研水平上提高很快，在《自然》和《科学》上发表的论文呈现"激增"态势（我国发表在《自然》系列期刊上的论文数量从2000年的6篇增长至2012年303篇），但总体而言，与美国等发达国家尚还有相当大的差距。2012年，美国以2236篇自然系列期刊论文总数成为全球科学强国之首，这一数字是中国的7倍还要多，仅哈佛大学一所学校就发表了368篇研究型论文，多于中国所有科研机构同年发表论文的总数。英国、德国、日本、法国分列2～5名，中国排名第6位。

3. 作者的学术地位

相对而言，作者的学术地位越高，文献的权威性、影响力也就越大，但这不是绝对标准。

专栏4-6 我国体育学领域谁的学术影响力最大？

刘文娟，杨红英，刘卫华，王爱军.我国体育学领域学者影响力研究——基于4大数据库统计分析.北京体育大学学报，2010，12：1-6.

学者的学术影响的广度和深度主要取决于他们研究的成果，以及成果被他人重视、认可和引用的情况。采用《中国期刊全文数据库》（CNKI）、《维普中文科技期刊数据库》（VIP）、《南京大学中文社会科学引文索引数据库》（CSSCI）和《复印报刊资料·体育》，4个数据库的数据资料，对我国体育研究领域学者的发文量、被引量、篇均被引率、论文被引量、论著被引量和转载量6个方面进行文献计量统计分析。发文量显示其研究领域的“产出的数量”，被引量、篇均被引率、论文被引量、论著被引量与转载量则着眼于“质”的考量，并利用秩和比（RSR）法对学者研究成果“质与量”的排名进行平权求和，实现相对全面且公平的综合分析，从而对学者影响力进行客观地评价。

结果显示，运动人体科学领域学者发文量在4个学科中居首位，被引量、篇均被引率、论著被引量居第二位，说明该领域受到众多学者关注，学科发展比较成熟；体育人文社会学学者被引量居首位，说明该领域拥有一批学术影响力较大的学者，学科发展比较迅速；体育教育训练学的学者篇均被引率、论著被引量居首位，说明该学科领域拥有突出成绩的学者，研究总体水平和综合实力比较高；民族传统体育学领域的学者在发文量、被引量指标上排在第4位，并且篇均被引率、论著被引量前20名没有该学科学者。这说明民族传统体育学研究与发展相对比其他学科慢。

6项指标对学者影响力进行综合评价，排名前20位的是：任海、鲍明晓、卢元镇、胡小明、张力为、冯炜权、毛振明、季浏、熊正英、陈佩杰、王凯珍、田麦久、邱丕相、曲宗湖、于善旭、熊斗寅、黄汉升、杨桦、许豪文、韩丹。

4. 被引频次

文献被其他研究引用频次越多，说明该文献具有的影响力和权威性也就越大。学者的被引频次，表征其在学术界被关注和影响的程度。

5. 期刊的级别

通常情况下，刊物的级别越高、影响因子越大，刊载的论文质量越有保证。尽量选择学术界国际重要期刊，国家级核心期刊，避免选择一般刊物。

6. 发表的时间

一般而言，文献发表和出版的时间越近，其时效性越高，研究价值相对较大，特别是学术论文。

二、为什么要进行文献述评？

科学家牛顿曾有一句名言：“如果说我比别人看得更远，那是因为我站在了巨人的肩上，”所谓“巨人”实质上就是前人的研究。科学是积累的过程，是在对前人研究不断深化的发展。当研究者面对选定的主题即将开始探讨时，首先要做的就是对该领域以往研究的全面系统回顾，对已有文献资料的深刻详尽述评。一篇高质量文献综述，既是后续研究的基础，也是质量的保障。文献述评（Literature Review）也称文献回顾，是前期研究过程中的重要工作之一，是对研究主题相关的各种文献进行系统查阅分析，以了解该领域研究状况的过程。

（一）熟悉与信任

研究者通过系统全面的文献回顾，对所要研究的主题深入了解，能够在整体上把握思想脉络、知识议题、视角观点、发展趋势及争议局限。文献综述表明研究者对某一领域知识体系的熟悉程度，建立其对该领域的研究信用。同时，能够增加读者对研究者专业研究背景和能力的信任，以及对其后续研究设计、结果结论合理解释的信任。

（二）发现与选择

通过文献回顾，研究者能够有如下发现：第一，该领域哪些问题已经研究过了，且已有了公认的可靠结论。例如，大量实证研究结果表明，有氧运动能够降低焦虑和抑郁水平。整合已知的事物可以避免不必要的重复浪费。第二，哪些问题存在争议，不同流派、学者的研究对同一问题存有不同观点和结论。第三，还有哪些问题尚待解决。第四，以往研究存在的不足，所有的研究都存有局限，为后续研究提供了发展方向。正是在前人研究存在争议、不足、局限中孕育了新的研究方向和研究题目，这正是研究选题理论依据的来源。

（三）思路与资源

文献述评能够厘清前人研究思路，为后续研究者在研究设计方面提供可借鉴资源。例如，如何确定变量，变量的测量方式，研究方法与统计技术的选取，研究参与者的标准，实验仪器设备的选择等等。已有的研究为解决这些重要的设计问题提供了丰富的信息资源。

（四）分析与解释

已有的文献为后续研究结果与分析提供可供检验的证据。例如，在撰写论文的分析与讨论部分时，需要将研究结果与前人已有的研究结论或观点进行对比，来检验自己的研究是与前人研究一致，还是存在不同观点，并分析与解释造成这种一致或差异的原因。

第二节 文献检索

一、到哪里可以找到研究文献？

（一）如何利用图书馆？

在互联网普及之前，图书馆是最重要的文献资料来源出处，去图书馆查资料是那个时代大学生必修课程。时至今日，在某些发达城市，尽管互联网已经替代图书馆成为最常用的文献获取途径，但图书馆依然在大学生学习生活中扮演着重要角色。对于在校大学生，至少有3类图书馆可供选择，即国家图书馆、省市图书馆、大学图书馆。

1. 中国国家图书馆

中国国家图书馆始建于1909年9月9日，时名为京师图书馆。百年来，京师图书馆陆续更名为北平图书馆、北京图书馆，1998年12月12日更名为国家图书馆。至今，馆舍面积达25万平方米，位列亚洲第一、世界第三。国家图书馆是综合性研究图书馆，是国家总书库，全国书目中心、图书馆信息网络中心。馆藏资源包括图书、期刊、报纸、学位论文、古籍善本、特藏专藏、工具书、年鉴、电子出版物、缩微资料、视听资料，履行搜集、加工、存储、研究、利用和传播知识信息的职责。藏书可上溯到700多年前的南宋皇家缉熙殿藏书，最早的典藏可以远溯到3000多年前的殷墟甲骨。截至2012年12月，该馆共藏中文图书8212694册、外文图书3698143册、中外期刊13871273册、中外报纸225656（合订册）、特藏专藏3355329件、微缩文献1481244件、视听文献284539（张、盘）、电子文献66243（张、盘），馆藏总计31195121。

中国国家图书馆地处北京市海淀区中关村南大街33号，交通便利，地铁及超过10余种公交线路均在此处设有站点。总馆北区开馆时间是周一至周五9：00—21：00，周六至周日9：00—17：00（各阅览室服务时间不尽相同，详见相关介绍）。年满16周岁以上的中国公民可以凭第二代身份证进入开架阅览室阅览，凭身份证、户口簿、军官证、士兵证、护照、港澳通行证或台胞回乡证、首次免费办理国家图书馆读者卡。

专栏4-7 世界有哪些著名的图书馆？

美国国会图书馆 Library of Congress

建于1800年，坐落于华盛顿特区，与美国国立农业图书馆、美国医学图书馆成为美国三大国家图书馆。馆藏3000万种书籍，馆藏量全球最大，涵盖了470种语言，超过5800万份手稿，是美国最大的稀有书籍珍藏地点。

俄罗斯国立图书馆 Russian State Library

是欧洲第一大图书馆，藏书总量仅次于美国国会图书馆，是俄罗斯联邦国家图书馆、国家书库、国家级科学研究和信息机构及文化中心，也是俄罗斯联邦最大的图书馆学与书目学研究和科学方法中心之一。该馆始建于19世纪60年代，坐落于克里姆林宫旁的帕什科夫楼。

大英图书馆 The British Library

大英图书馆（亦译作不列颠图书馆、英国国家图书馆），位于伦敦和西约克郡，是世界上最大的学术图书馆之一，于1973年7月1日建立。大英图书馆是英国的国家图书馆，前身是1753年成立的大英博院图书馆，拥有超过一亿五千万件馆藏，包括期刊、报纸、剧本、专利、图画等，既有最近出版的，也有古老至公元前二千年的古籍手抄本。

哈佛大学图书馆 The Harvard Library

哈佛大学图书馆建立于1636年，是美国最古老的图书馆，也是世界上藏书最多、规模最大的大学图书馆。在四百多年的发展中，共拥有馆藏1500万卷。包括90多个不同专业的学术分馆，仅在哈佛大学校本部就有49所分馆。其中Widener Library是哈佛大学校本部最大的图书馆，拥有十层藏书库的馆舍宏伟壮观。

牛津大学图书馆 The Bodleian Library

牛津大学总图书馆，是英国第二大图书馆，世界上最古老的公共图书馆之一。1602年正式建立于伦敦西北的牛津，藏书2000多册，但其历史可追溯到14世纪。图书馆系统的各类收藏物已达到650万册，无论收藏的数量或质量都在世界上堪称一流。

2. 省市图书馆

全国各省会均建有省市一级的图书馆，为当地居民提供信息搜集、加工、生产、利用服务。以北京为例，有市级的首都图书馆，各个区县均有区级图书馆，还有社区图书馆。

3. 大学图书馆

各高等院校都具有大学图书馆，现以北京体育大学图书馆为例说明。

北京体育大学图书馆始建于1953年，现馆舍面积6000平方米，内设1100个阅览座位。图书馆现有纸质文献83余万册，其中，体育及相关学科图书约40万册，约1.5万种。图书馆订阅500余种中文报刊、百余种外文体育报刊。馆藏各种多媒体光盘和声像资料5000余件。图书馆配置了中国期刊网（CNKI）系列专题全文数据库、“EBSCO数据库”和方正Apabi电子图书，还自建了“中文体育图书全文数据库”“体育硕、博士学位论文数据库”等体育专业数据库，形成了与专业设置和办学规模相适应、传统资源与数字资源相结合的具有体育特色的馆藏资源体系。

北京体育大学图书馆自建资源包括13个数据库：中国体育报刊、体育硕博士学位论文、中国优秀运动员、竞技体育、中国优秀教练员、中国运动队、体育图书全文、北京体育大学教师论著、北京体育大学文库、馆藏外文体育期刊、馆藏民国期刊、馆藏民国图书、北京奥运会文献。

馆际互借：是基于馆际之间资源共享而提供的一种服务方式。为了充分利用各图书馆丰富的文献资源，提高图书馆文献资源保障水平，实现信息资源共享，本着“资源共享、优势互补、互惠互利、自愿参加、平等协作”的原则，北京39所高校的图书馆成立了北京高校图书馆联合体。持北京高校联合体内各图书馆的馆际借阅证，可享受该馆本地读者的待遇及该馆能够提供的所有服务，其中阅览范围包括该馆各阅览室以及网上文献资源的本地阅览，外借范围仅限于普通中文图书（不包括外文图书、特藏图书、工具书、库本书和期刊等），每个借阅证可借书3册，每册借期30天。

原文传递：是为了满足无法通过网络直接获取文献原文，通过邮寄、电子邮箱、传真等通讯手段来进行文献传递的一种方式。为一种非返还式的馆际资源共享服务方式，提供的文献类型有期刊论文、学位论文、会议论文、科技报告、专利文献、中外文图书、可利用的电子全文数据库，目前主要是期刊论文。

专栏4-8 北京地区高校图书馆文献资源保障体系

BALIS是北京地区高校图书馆文献资源保障体系，英文名称Beijing Academic Library & Information System，简称BALIS，是经北京市教委批准、北京高校图工委领导下的北京地区高等教育公共服务体系之一。其宗旨是，在北京市教委领导下，把国家的投资、现代图书馆理念、先进的技术手段、高校丰富的文献资源和人力资源整合起来，建设北京高等教育文献联合保障体系，依托成熟的系统平台，实现文献资源的共建、共知、共享，以发挥最大的社会效益和经济效益，为北京的高等教育服务，为北京的经济建设和社会发展服务。BALIS下设原文传递、馆际互借、资源协调、培训4个中心，其中，原文传递中心与馆际互借中心直接为北京高校师生服务。

（二）有哪些互联网体育资源分类检索？

1. 综合性数据库

（1）中国知网

中国知网也称为中国期刊数据库（http：//www.cnki.net），是由清华同方知网技术产业集团自主研发的网络资源共享技术与非线性知识传播技术创建的网站，是目前国内最大型的学术期刊数据库。共包括14大类数据库：期刊、学位论文、报纸、会议、图片、年鉴、统计数据、专利、成果、标准、法规、古籍、外文、工具书。其中，中国学术期刊网络出版总库是世界上最大的连续动态更新的中国学术期刊全文数据库，以学术、技术、政策指导、高等科普及教育类期刊为主，内容覆盖自然科学、工程技术、农业、哲学、医学、人文社会科学等各个领域。截至2012年10月，收录国内学术期刊 7900多种，其中创刊至1993年3500余种，1994年至今7700余种，全文文献总量3500多万篇。核心期刊收录率96%，特色期刊（如农业、中医药等）收录率100%，独家或唯一授权期刊共2300余种，约占我国学术期刊总量的34%。产品分为十大专辑：基础科学、工程科技Ⅰ、工程科技Ⅱ、农业科技、医药卫生科技、哲学与人文科学、社会科学Ⅰ、社会科学Ⅱ、信息科技、经济与管理科学。十大专辑下分为168个专题。收录年限自1915年至今出版的期刊，部分期刊回溯至创刊。（图4-1）

图4-1　中国知网界面

（2）万方数据资源系统

万方数据资源系统（http：//www.wangfangdata.com.cn）是由万方数据公司开发的大型综合性信息资源系统，有12大类数据库，包括学术期刊、会议论文、学位论文、外文文献、学者、专利技术、中外标准、科技成果、图书、政策法规、机构、专家。学科分为基础科学、农业科学、人文科学、医药卫生、工程技术5大类。数据库类型丰富，以理工类文献为特色。（图4-2）

图4-2　万方数据资源系统界面

（3）维普数据库

中国科技期刊数据库（VIP）（http：//www.cqvip.com），由重庆维普公司研发、制作的《中文科技期刊数据库》，是我国最早发行的中文全文数据库。迄今为止，该数据库收录中文期刊8000多种。该数据库设置8个专辑：社会科学、经济管理、教育科学、图书情报、自然科学、农业科学、医药卫生、工程技术和21个专题。（图4-3）

图4-3　维普数据库界面

表4-4　各期刊库特色及用途列表

数据库名称	特色	缺点
中国知网	核心、重要期刊收录全面 检索、导航、个性化功能完备，平台功能多 资源综合性强，注重二次加工 对复杂资源具有强大的整合功能	需要用户名和密码 下载全文需要付费
维普数据库	专注期刊收录和二次加工 同义词、同名著者查询 检索、导航、个性化功完备，平台功能稳定	商业化程度高
万方数据库	科技类期刊全面 多种分类，多种导航途径 检索简单易学	更适用于理工科学生

2. 英文数据库

（1）EBSCO数据库（http：//www.ebscohost.com）

EBSCO是一个具有60多年历史的大型文献服务专业公司，提供期刊、文献订购及出版等服务，总部在美国，19个国家设有分部。开发了近100多个在线文献数据库，涉及自然科学、社会科学、人文和艺术等多种学术领域（周昀，雷国樑，2012）。包括的数据库有综合学科学术参考类全文数据库（Academic Search Premier，简称ASP），是目前全球最权威并且涵盖学科范围最丰富的全文数据库之一，共计逾10100种索引及摘要，超6100种的全文期刊；商管财经类全文数据库（Business Source Premier，简称BSP）；传播及大众传媒全文数据库

（Communication & Mass Media Complete，简称CMMC）。（图4-4）

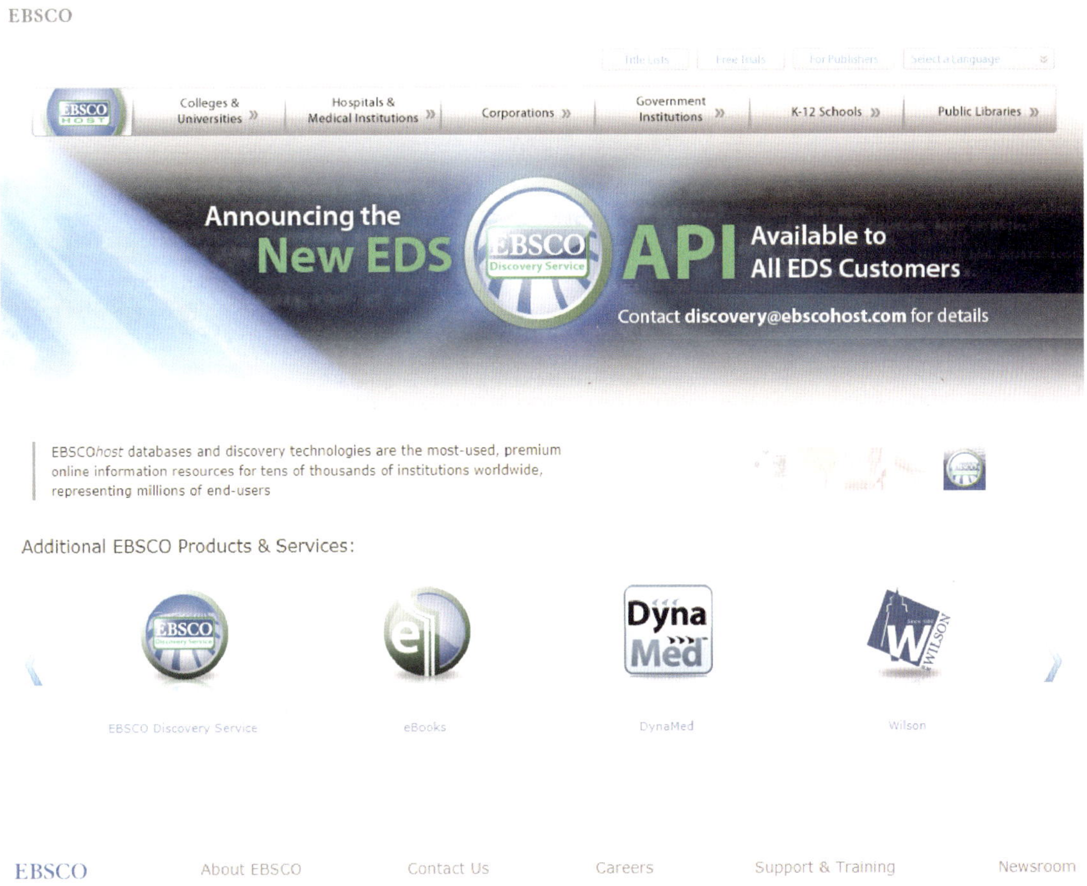

图4-4　EBSCO数据库界面

（2）SPORTDiscus 数据库

SPORTDiscus with Full Text是由加拿大运动信息资源中心提供的体育、健身、运动及相关学科的最全面书目数据库，是目前唯一收录全球运动信息的数据库。SPORTDiscus整合了SIRLS Sports & Leisure 、HERACLES两个知名数据库。收录了国际间与运动、健康有关的各类期刊文献、会议记录、研究报告、专著、学位论文，其内容涵盖了40多年在健康、体能教育、休闲与娱乐、运动科学方面的研究，涉及运动医学、护理、运动科学、心理学、行政、运动法规、训练、体育、健康、运动生理学、休闲活动、历史等相关学科。

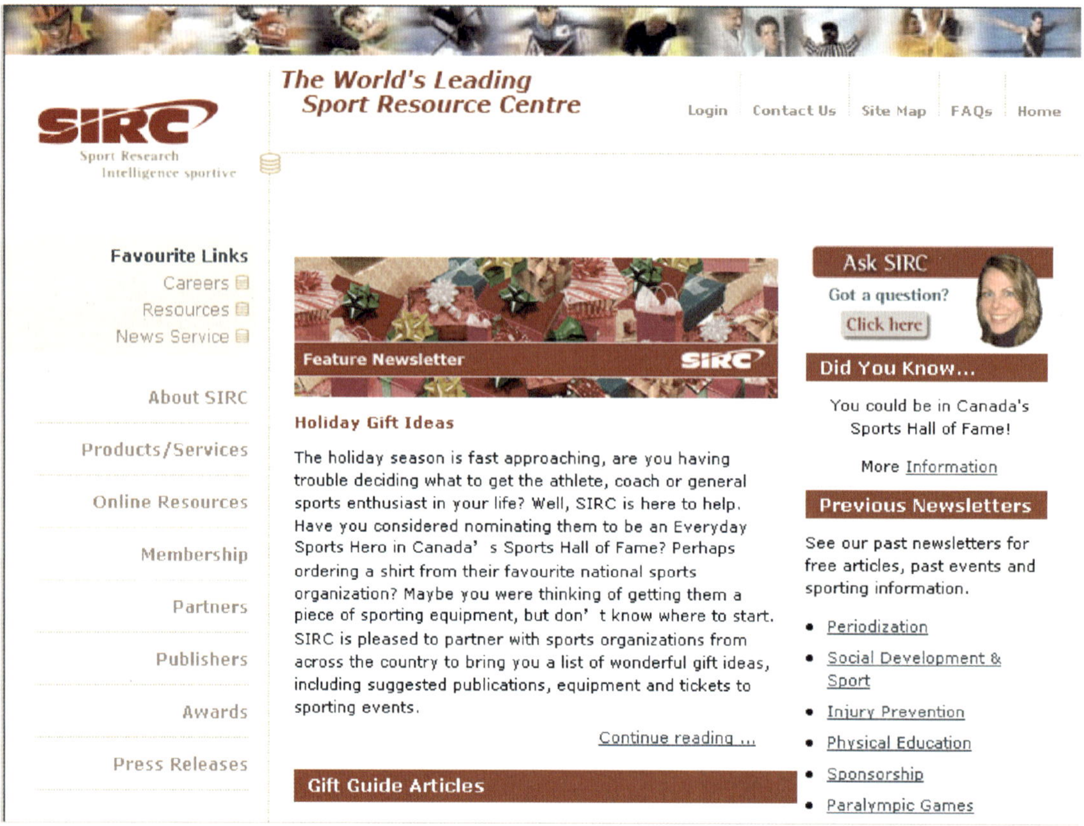

图4-5 SPORTDiscus数据库界面

3. 学位论文数据库

（1）中国知网学位论文数据库（http：//www.cnki.net）

这是目前国内相关资源最完备、高质量、连续动态更新的中国优秀博硕士学位论文全文数据库。截至2012年10月，累计博硕士学位论文全文文献170多万篇。覆盖基础科学、工程技术、农业、医学、哲学、人文、社会科学等各个领域。分为十大专辑：基础科学、工程科技Ⅰ、工程科技Ⅱ、农业科技、医药卫生科技、哲学与人文科学、社会科学Ⅰ、社会科学Ⅱ、信息科技、经济与管理科学。十大专辑下分为168个专题。

（2）中国学位论文文摘数据库（万方博硕士论文全文数据库）

《中国学位论文文摘数据库》资源由国家法定学位论文收藏机构中国科技信息研究所提供，并委托万方数据加工建库，收录了自1977年以来我国各学科领域的博士、硕士研究生论文。分为6大专辑：人文、理学、社会科学、医药卫生、农业科学、工业技术。

（3）中国国家图书馆学位论文数据库

国家图书馆学位论文收藏中心是国务院学位委员会指定的全国唯一负责全面收藏和整理我国学位论文的专门机构，也是人事部专家司确定的唯一负责全面收藏博士后研究报告的专门机构，是国家规定的博士论文缴送本接收馆，是国内博士论文最大的藏家。20多年来，国家图书馆收藏博士论文近12万种，此外，还收藏部分院校的硕士学位论文、台湾博士学位论文和部分海外华人华侨学位论文。

（4）体育硕博士学位论文数据库

学位论文的来源以我国体育最高学府——北京体育大学为主，目前收录年限为1997—2011年。这是目前国内相关资源较完备、高质量、连续更新的中国体育专业学位论文全文数据库。截至2012年10月，累计硕博士学位论文全文文献3098篇。

（5）NDLTD学位论文数据库

全称是Networked Digital Library of Theses and Dissertations，由美国国家自然科学基金支持的一个网上学位论文共建共享项目，为用户提供免费的学位论文文摘，部分可获取免费学位论文全文。

二、如何检索文献？

（一）文献检索有哪些步骤？

1. 文献检索

文献检索（Information Retrieval）是指将信息按一定的方式组织和存储起来，并根据信息用户的需要找出有关信息的过程，所以它的全称又叫"信息的存储与检索（Information Storage and Retrieval），但通常情况下的文献检索指的是信息查找过程。检索的本质是用户的信息需求与资源系统信息集合中的数据进行匹配。文献信息检索主要有手工检索和计算机（包括光盘）检索两种方式，手工检索是计算机检索的基础，但随着互联网普及和我国信息化建设的快速发展，高校图书馆现代化、网络化、数字化建设日趋普遍，计算机检索成为大学生最重要的文献信息检索方式。

2. 文献检索途径

文献检索途径，见表4-5。

表4-5　文献检索的主要途径

途径	方法	特点
书名	按照书名目录、刊名目录、篇名目录检索	查找文献最方便的途径
序号	利用文献的各种代码、数字特征检索，如专利号、技术标准的标准号等	需要了解序号的编码规则和排检方法
分类	按照文献主题内容所属学科属性分类编排，依据分类目录查找文献。例如，体育在中国国家图书馆分类法中属于G（文化、科学、教育、体育）类，编码为G8；在中国知网文献分类目录中的社会科学Ⅱ辑下	优点是体现学科系统性，简明易记，便于查找同类书和文章；缺点是需要读者了解学科分类体系，如果是交叉学科内容则专指性不强

主题	根据文献内容的主题特征进行检索	多用于互联网资源检索，优点是适应性、直观性、灵活性、通用性强，适用于交叉学科内容；缺点是不如分类法稳定、系统
著者	根据著者、编者、译者、专利权人的姓名或机关团体名称进行检索	可以掌握研究者的研究方向与学术水平
引文	利用参考文献或引用文献进行检索	
专门项目	从文献信息所包含或有关名词术语（地名、人名、机构名、商品名、生物属名、年代等）、专业符号代码（元素符号等）进行检索	

以“篮球体能训练”为主题，在中国知网期刊论文子库中，检索2003—2013年体育学核心期刊发表的论文为例，详解文献检索步骤。

第一步：选择学科分类。在页面左侧文献分类目录中选择所需检索文献的学科分类，共分为10大类，其中体育学从属于“社会科学Ⅱ辑”下。首先，点击“清除”键清除默认的所有学科，然后在“体育”前的选项框上点击选中，此时会出现“√”，如图4-6所示。

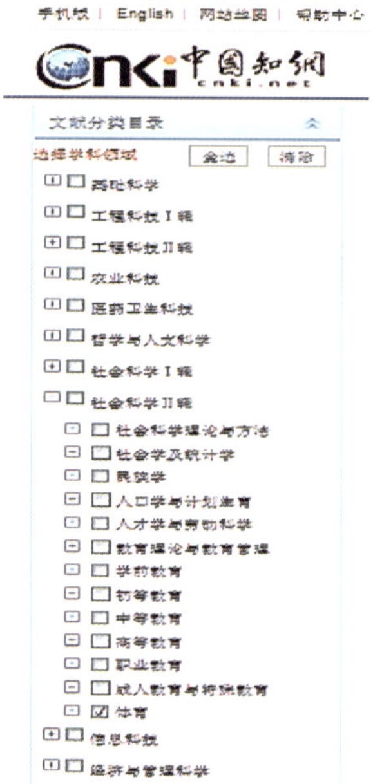

图4-6　学科分类

第二步，选择检索方式。中国知网提供了7种检索方式：快捷检索、高级检索、专业检索、作者发文检索、科研基金检索、句子检索、来源期刊检索。其中快捷检索和高级检索是最为常用的两种检索方式。检索条件的复杂性是两种检索方式的最主要差别，高级检索可以按照检索者的需求同时满足多种检索条件，快捷检索仅能满足一种条件下的检索需求。（图4-7、图4-8）

图4-7　快捷检索方式

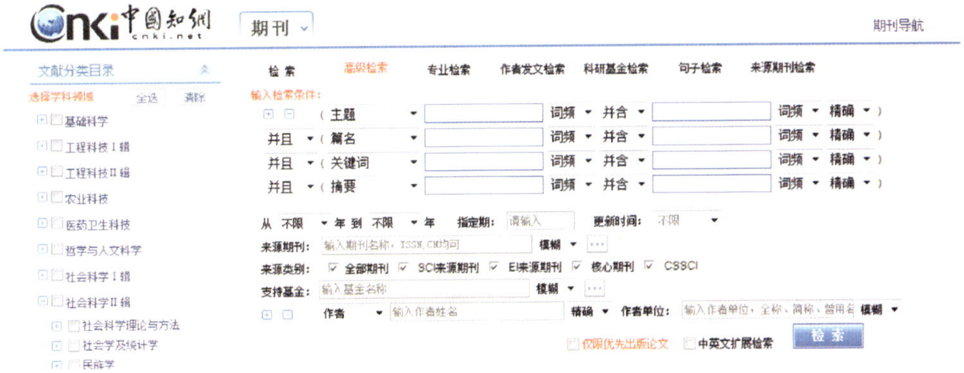

图4-8　高级检索

第三步，输入检索条件。检索者可按照主题、篇名、关键词、作者、单位、刊名等14种方式进行检索。选择并点击检索方式后，在右侧输入框中输入检索的具体内容“体能训练”之后，如果还有检索条件可选择“并含”“或含”或“不含”进行进一步精确定位，本例中选择并含“篮球”，如果需要精确检索则选择“精确”，初次检索时为扩大研究视野可选择“模糊”，尽可能多地检索到相关文献。检索时间选择2003—2013年，文献类别选择核心期刊。（图4-9、图4-10）

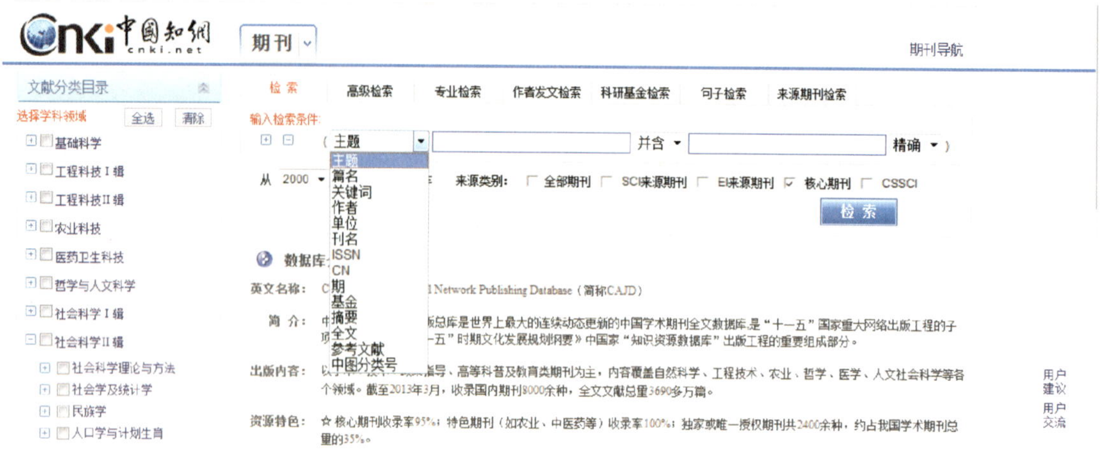

图4-9　检索条件

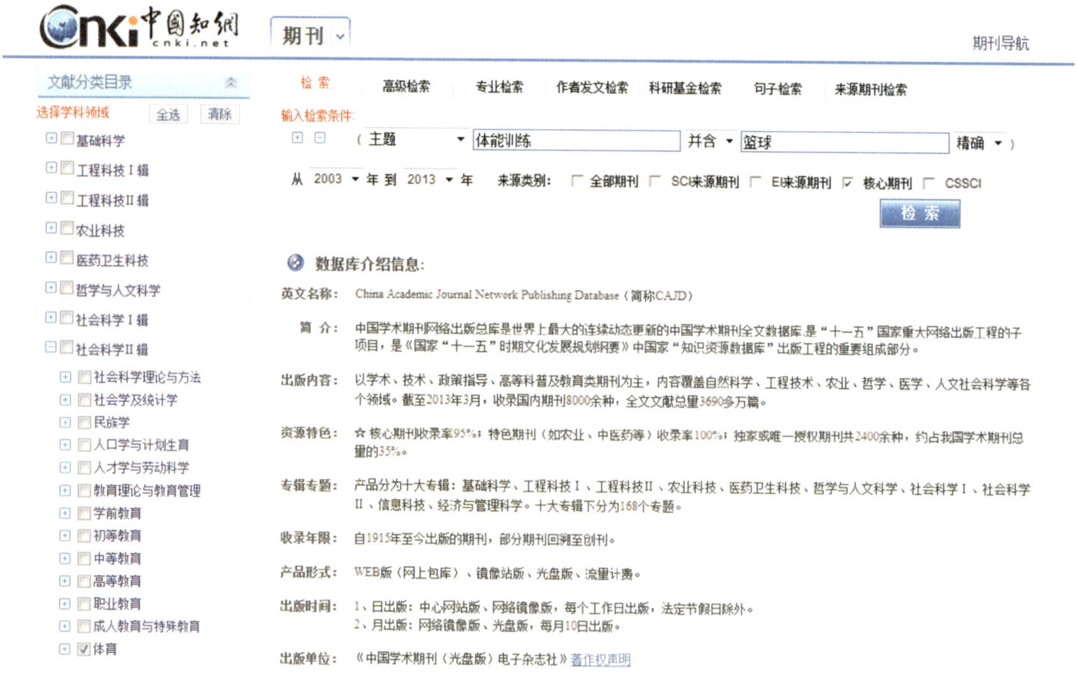

图4-10　快捷检索示例

第四步，检索结果。确定完检索条件后点击检索，检索结果的排列方式默认为主题排序，即按照主题匹配检索条件的程度进行排序，也可以选择按照发表时间、被引频次和下载次数进行排序。另外还可以进行分组浏览，默认浏览方式为发表年度，每个年度后括号中的数字为当年文献数量。（图4–11）

图4–11 快捷检索举例结果

第五步，选择文献并下载。如研究者对某一篇文献感兴趣想进一步了解具体研究内容、研究结果抑或需要下载，则只需点击篇名进入文献内容简介页面，此页面中包含文献完整摘要、来源期刊信息、参考文献连接等内容，如需下载可点击图中红色框中两按键，选择CAJ或PDF两种电子文献格式。（图4-12）

图4-12　文献内容简介

第六步，检索结果输出。检索结果的输出有两种方式，包括生成参考文献和检索报告。检索者如需对检索结果中的某几篇文献进行记录或在其研究中引用，则可在相应文献前的方形选项框中点击选择，如本例中选择检索结果中的前5篇文献。选择完所需文献后点击图中红色框内的“导出/参考文献”按键，进入文献管理中心的导出界面。此时，可再次选择确定所需生成的文献，选择方法依旧是在选项框内点击。如需生成参考文献则点击文献列表框上方的“导出/参考文献”按键，生成界面，可复制、打印参考文献，或将参考文献结果保存为.txt/.xls/.doc格式，只需点击上方相应按键即可；如需生成检索报告则点击文献列表框上方的“生成检索报告”按键，生成界面，此检索报告包括4部分：本次检索输入条件，包含检索主题、检索年限、检索范围、检索时间、检索式；检索结果统计报表；对本次检索方法和结果的自我评价；检索报告执行人。空白部分为自行填写，其余部分为系统自动生成，在页面最下方可点击保存或打印检索报告。（图4-13～图4-16）

图4-13　选择文献并导出

图4-14　导出文献管理中心

图4-15　生成参考文献

图4-16　生成检索报告

上述六步完成之后，一次简单的文献检索就完成了。中国知网还提供许多高级的检索功能，有待于检索者根据实际需求进一步自行探索学习使用。特别提示：检索者应逐渐培养每次检索后生成检索报告的习惯，对于提高后续检索效率和检索针对性、避免重复检索有着事半功倍的作用。

（二）如何检索英文文献?

英文文献的检索方式与中文相同，只是语言和数据库不同而已，下面以EBSCO运动数据库为例，介绍检索体育领域英文文献的具体步骤。

第一步，登录北京体育大学图书馆主页，点击常用数据库一栏中的EBSCO运动数据库，进入图4-17所示界面。

图4-17　北京体育大学图书馆EBSCO运动数据库界面

第二步，根据检索目标，选择上图列出的数据库。以检索“运动损伤”相关文献为例，选择并点击EBSCO运动科学&康复医学全文数据库，进入图4-18所示界面。

图4-18　EBSCO运动科学&康复医学全文数据库

第三步，根据需要，选择某个数据库，点击对应数据库左侧的方框，然后点击“继续”；若选择全部数据库则点击全选左侧的方框，然后点击“继续”，进入图4-19所示界面。

图4-19　检索选项界面

第四步，在检索栏键入检索关键词“Sports Injury”，然后点击键入栏右侧的“选择一个字段”，在下拉菜单中选择“SU Subject Terms”按“主题词”进行文献检索。若想进行多个检索词检索，依次将检索词键入圆形运动数据库图标的右侧列出的键入框，点击“AND”选择检索词之间的逻辑关系。最后，点击“搜索”，进入图4-20所示界面。

图4-20 检索示例结果

第五步，检索结果如图4-20所示，左侧为检索结果的不同分类方式，点击“Relevance”可选择所需的结果排序方式。最后，浏览、下载、保存所需文献。

第三节 文献阅读

一、阅读是艺术吗?

阅读是一种爱好，一种习惯，一种享受，一种境界。曾任第十五版《大英百科全书》编辑指导而闻名于世的莫提默·J. 艾德勒（1940）曾将阅读归于一种艺术，并对此做了诠释：“这是一个凭借着头脑运作，除了玩味读物中的一些字句之外，不加任何外助，以一己之力来提升自我的过程。你的头脑会从粗浅的了解推进到深入的理解。而会产生这种结果的运作技巧，就是由许多不同活动所组成的阅读的艺术。”

（一）阅读有技巧吗?

1. 阅读的分类

按照不同的标准，阅读方法会有不同的分类方式：（1）按照阅读目的分为信息式阅读法，如阅读报纸、杂志、文摘等；文学作品阅读法，如阅读小说、诗歌、散文等；经典著作阅读法，用来阅读哲学、经济、科学和古典著作。（2）按照阅读时是否发音分为朗读、默读和视读。（3）按阅读速度分为慢读和速读。（4）以阅读效率高低分为精读、速读、略读和泛读。精读是读者对掌握阅读物要求最高的一种，一般是用于工作、学习和考试复习中需要精确理解和记忆方面；速读则是需要从全文的从头到尾的阅读中获取有用信息的一种快速阅读方法，此种阅读的理解记忆精确度稍次于精读；而略读则重于选择重点和要点式的概要式阅读；泛读则是目的性不强的泛泛而读。

2. 阅读的原则

（1）阅读需要计划。阅读文献需要一定的计划，要列出阅读清单和具体时间表，如每周精读一篇《体育科学》上的学术论文。看哪些书，哪些学术期刊，哪些需要精读，哪些只是泛读，都要有计划。

（2）阅读需要循序渐进。阅读文献特别是学术论文不能急于求成，要遵循一定的顺序，先易后难。例如，先看畅销小说，后看古典名著；先看图书，后看学术论文；先看科普文章，后看专业文献；先看中文文献，后看英文文献。

（3）阅读需要反复。这种反复阅读就是精读。经典性作品，经过时间的筛选，一定有着深邃的思想和丰富的内容，是人类的宝贵精神财富。一本《红楼梦》，每一次捧读都会有不同的品味和收获。

（4）阅读需要思考。阅读是主动思考而不是被动接受，阅读越主动，效果就越好。阅读的时候要带着问题随时提问：这本书在讲什么？怎么讲的？讲的有道理吗？我都同意吗？哪里对自己有启发？哪里有问题？特别是阅读学术论文，更要带着质疑甚至批判的态度去审视。

（5）阅读需要坚持。读书是一辈子的事情，永无止境。阅读是一个缓慢积累的过程，每周坚持阅读一篇最好期刊里面最好的论文，并撰写读书笔记，一年就有50篇文献积累。阅读速度和理解能力就在这每一周的坚持中逐步提高。

3. 阅读的技巧

阅读是有技巧的，第一，切忌出声。人体发音器官的运动速度比眼睛和大脑的运动速度慢得多，如果读出声就会降低阅读速度。第二，要学会找“提前量”。第三，要一段一段地看书，不要一字一字地看书。第四，在阅读不重要的地方时，不必逐句逐字地读，可以略读。第五，读论文时，可先读文章的开头和结尾，这样可以先了解重要信息，节约阅读时间。

专栏4-9　《论语》怎么读?

北京大学教授李零在学校讲授《论语》课程时，将其授课讲义出版成书《丧家狗——我读<论语>》，该书获得2008年文津图书奖，他说这本讲义其实是他读《论语》的读书笔记。

李零总结自己阅读《论语》的方法是：

（1）查考词语，通读全书。按原书顺序，一字一句、一章一节、一篇一篇，细读《论语》。先参合旧注（以程树德《论语集释》为主），梳理文义，再考证疑难，把全部细节过一遍。

（2）以人物为线索，打乱原书顺序，纵读《论语》。第一是孔子，第二是孔门弟子，第三是其他人物。借这种考察，为各章定年，把《论语》当孔子的传记读。

（3）以概念为线索，打乱原书顺序，横读《论语》。将全书归纳为若干主题，每个主题下分若干细目，按主题摘录，看这本书，孔子的思想是什么样。

（4）最后，是我的总结。我想思考的是知识分子的命运，用一个知识分子的心，理解另一个知识分子的心，从儒林外史读儒林内史。

读《论语》，要心平气和——去政治化、去道德化、去宗教化。

目的无他，我们需要的是一个真实的孔子。

特别是在这个礼崩乐坏的世界。

引自李零，2008，，11页

（二）如何阅读一篇学术论文?

拿到一篇学术论文，在尚未决定是否精读之前先要快速浏览一遍，包括摘要、各级层次标题、主要研究结果和结论。在精读论文中，有几个方面需要特别注意：（1）研究的理论基础和选题依据；（2）研究方法，包括研究对象、抽样方式、测量工具、资料收集方式；（3）研究的主要结果，包括数据和观点；（4）结论和未来研究建议。

阅读文献需要思考，如何思考，思考哪些问题，对此，Meltzoff（1998）给出了在阅读和评价他人研究报告时需要思考的21个问题。这些问题，既可作为阅读他人研究报告时的评判指引，也可作为自己撰写研究报告时的注意事项。

第一，研究问题是否得到清晰表述。

第二，引言、问题以及文献综述部分是否为读者提供了充分的背景资料，这些背景资料是否切合研究问题，具有针对性。

第三，在研究问题和背景资料的基础上，是否明确地提出了研究假设，这些研究假设是否合理。

第四，对关键词的界定是否明确、合理。

第五，自变量是否能够恰当地反映研究问题，自变量的水平选择得是否合适。

第六，自变量的标准测量是否合理、有效和可靠。

第七，因变量是否能够恰当地反映研究问题。

第八，因变量的标准测量是否合理、有效和可靠。记分和评价程序是否有效和可靠。量具是否准确和可靠。

第九，控制条件是否合理和周全？研究结果是否会受到未得到控制的无关变量的影响。控制组的选择是否得当。

第十，研究设计是否能合理地检验研究假设和恰当地回答研究问题。

第十一，研究方法和研究程序阐述得是否清晰和详尽，以使读者能够完全理解并进行重复性研究。被试参加研究时是否有合适的定向和参与动机。他们对所要完成的任务是如何理解的？指示语是否清晰、准确和充分。被试之间的交流是否会成为影响研究结果的重要因素。在研究设计、数据收集、数据分析和结果报告的过程中，是否存在主试偏见的影响。

第十二，被试的选择是否合理。样本是否具有代表性。样本量是否合适。将被试分入不同组别、不同处理和不同条件的程序是否恰当。是否使用了必要的方法（如匹配方法，随机方法）使各组具有等价性。研究程序是否符合保护被试的有关规定。

第十三，统计检验是否合理。是否满足了进行统计检验时的假定，自由度是否正确，对误差的测量是否有效，计算过程、统计数据以及统计图表是否有误。

第十四，图表的题目是否合适，图表的呈现是否正确。

第十五，对结果的报告和解释是否恰当合理，这些结果在研究报告中的位置是否合适。

第十六，讨论内容是否与所得结果具有一致性，讨论得合理吗。

第十七，结论是否有效，是否得到了数据的佐证。

第十八，对研究结果的外推是否有效。

第十九，参考文献是否与正文引用的内容一一对应。

第二十，是否在研究的各个阶段都坚持了应遵循的科学道德准则。

第二十一，如果让你来做，你会怎样改进该项研究。

（引自Meltzoff，1998，pp.164-165）

二、如何记笔记?

中国有句俗语，“好记性不如烂笔头”，阅读时记笔记，不仅是一种学习方法和习惯，同时也是思考的过程和记录。

（一）用什么记录?

个人电脑普及之前，读书笔记通常是用纸质的笔记本、卡片、剪报、复印等形式来完成，很多学者都存有大量当年读书时记录的卡片和笔记，即便是在战火连绵颠沛流离之季，书和读书卡片也是他们如生命般珍惜不舍丢弃的。现在的学生则更多使用电脑、互联网为自己检索阅读的文献建立电子档案。目前，为了便于对大量文献资料的整理、阅读与分析，各种文献管理软件应运而生。比较常用的管理软件包括国内的NoteExpress、NoteFirst、医学文献王、文献之星，国外的Endnote、Mendeley、Zotero。

（二）记录什么?

1. 来源文件

来源文件是文献性信息，包括论文题目、作者、来源期刊名称、年代、期卷、页码等，以便日后想要阅读原文时便于查找。

2. 内容文件

学术论文读书笔记需要记录研究主题、研究背景、检验的假设、主要概念的测量方法、研究具体方法、研究参与者、研究基本设计、研究主要结果、研究结论、研究存在的问题、对未来研究的建议以及对自己研究的启示。

（三）怎么记录？

可以采用在原文划底线、在空白处做记号、将关键字或关键词圈出来、在书页空白处记笔记等方式进行记录。

专栏4-10 怎样做读书笔记？

来源文件：金春光，车旭升，姜允哲．国际体育社会学研究进展与趋势：对《体育社会学杂志》（SSJ）的内容分析．体育科学，2012，32（3）：74-80，91．

内容文件：

选题背景：我国体育社会学的发展，亟需对西方体育社会学研究成果进行系统、完整的翻译及介绍，揭示其研究现状、发展热点及趋势，使我国学者能够把握国际研究动向，了解研究前沿问题，促进我国体育社会学的发展。

研究方法：《体育社会学杂志》（SSJ）是国际体育学界最具有权威的体育社会学专业期刊。研究采用内容分析法，对1984—2008年近25年间SSJ发表的454篇学术论文（不含札记、评论、文献题录与书评）展开研究，重点分析研究主题、作者的传记性信息、研究方法、数据统计及分析4个方面。

主要结论：（1）当今国际体育社会学对社会化、性别与性别关系、文化与亚文化、种族、媒体、健康方面的研究最为关注，身体和认同以及残疾人体育成为新兴研究领域，研究的热点因国家、地区及社会文化的不同而有所差异。（2）20世纪80年代，以定量研究为主要研究范式，90年代开始倾向于定性研究，目前，定性研究占据体育社会学研究学界的主流地位，“文化记述”的论文较多，访谈法和内容分析法是最常用的资料收集方法。（3）占总数20%左右的定量研究统计方式呈现多样化，以回归分析、相关分析、卡方检验为主。（4）北美和西欧国家发表论文数量最多，其中美国是体育社会学研究最活跃的国家，亚洲国家或地区发表论文很少。（5）研究者的专业背景和研究机构呈现多样化，越来越多不同学科研究者参与到体育社会学研究中。

疑问：（1）体育社会学母学科社会学的国际研究趋势，特别是研究方法与统计技术是否与体育社会学一致。（2）我国体育社会学与国际相比有哪些差异？在研究热点和研究方法方面有哪些异同？

研究启示：按照此方法，可以对自己本专业（体育教育）权威国际学术期刊近十年论文进行内容分析，探讨体育教育研究进展，包括研究热点和研究方法的变化趋势。

三、如何管理文献？

文献管理是对文献进行整理归类的过程，是提高文献阅读效率，厘清研究思路，搭建文献综述架构的有效途径。对于文献的管理主要有两种方法，一是人工进行文献分类整理，二是借助文献管理软件。本节主要介绍利用文献管理工具对文献进行管理的方法。

文献管理软件是一种用于帮助用户组织、管理与研究相关的参考文献，建立个人参考文献数据库的软件。用户可在数据库中查找参考文献，创立撰写论文的参考文献目录，并能够按出版社要求的著录格式输出参考文献。参考文献数据库中的文献可以直接从一些数据库的检索结果输入或通过专门的过滤器输入，也可以手工方式输入。

常用的文献管理软件有开放软件和商业软件两种，前者免费后者收费。开放软件主要有Jabref和Bibus两种，由于都是国外开发软件，Jabref在预览窗口不能识别中文，且需要在Java环境中运行。Bibus可在window系统内运行，功能与商业软件EndNote较为接近。商业软件中最受欢迎且最为常用的两种软件是Endnote（英文软件）和NoteExpress（中文软件），另外还有ReferenceManager、Procite、PowerRef、文献之星等。（图4-21、图4-22）

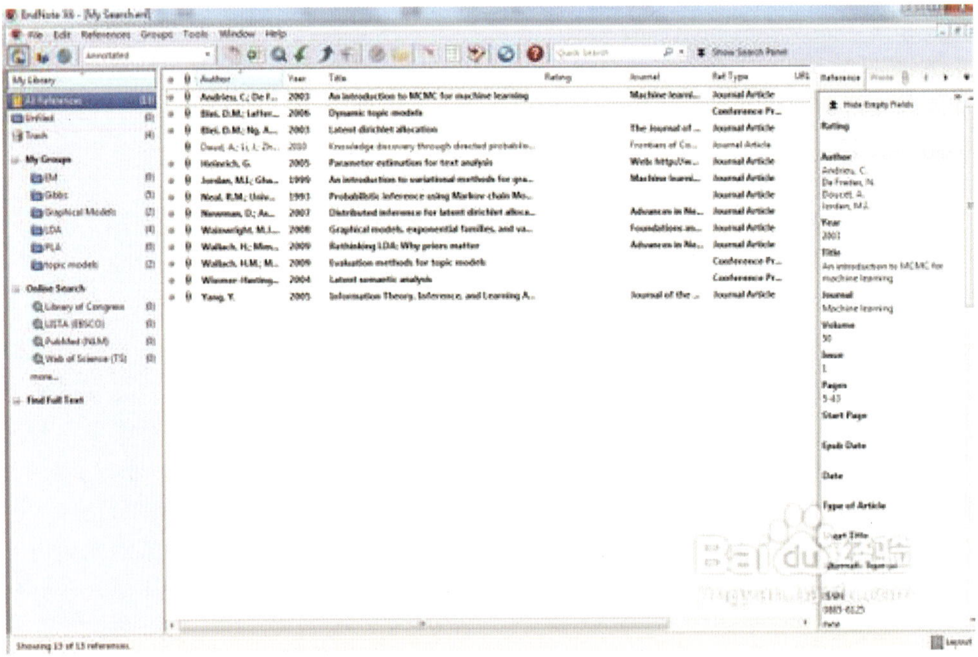

图4-21 Endnote文件管理软件页面图

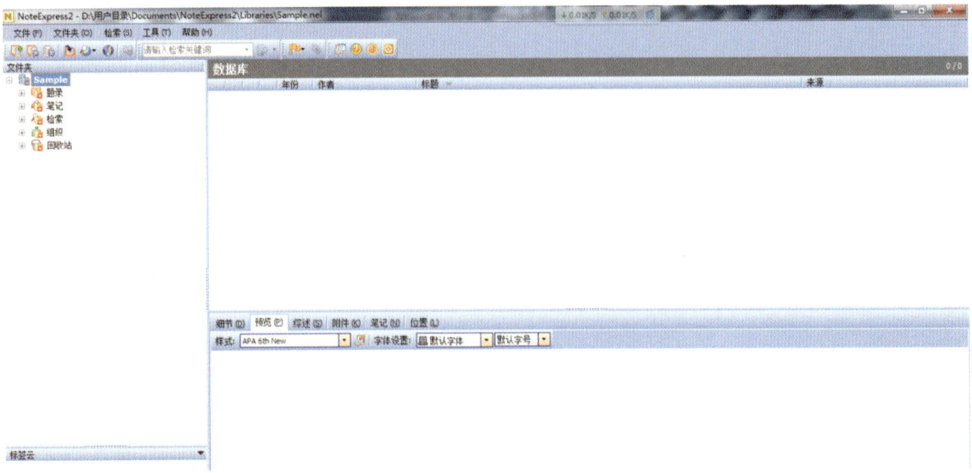

图4-22 NoteExpress文件管理软件页面图

文献管理软件中常用的功能有：第一，建立个人参考文献数据库；第二，建立文件夹对文献进行归类；第三，多种方式导入题录；第四，直接检索在线数据库；第五，阅读和编辑参考文献信息；第六，笔记功能；第七，在Word中直接插入题录信息；第八，自动生成符合期刊格式要求的文献列表等。具体使用方法可以参阅各软件的使用教程。

第四节　文献综述

无论是学者做研究还是学生完成学位论文，撰写文献综述都是普遍感觉困难的环节。文献综述既是学位论文的重要组成部分，也是可以独立成篇的学术论文，其质量关系到整个研究的基础稳固程度和选题的科学依据。好的文献综述，不但可以为后续研究奠定坚实理论基础和提供某种延伸契机，而且能表明作者对既有研究文献归纳分析和梳理整合综合能力，从而有助于提高对研究报告水平的总体评价。

一、文献综述写什么?

（一）什么是文献综述?

文献综述（Literature Review）又称为研究述评、研究综述、综合性研究述评等，是外延最宽泛的术语之一，是较为详细的独立研究工作，同时也是学位论文的重要组成部分。其是指就某一时间内，作者针对某一专题，对大量原始研究论文中的数据、资料和主要观点进行归纳整理、分析提炼而写成的报告，能反映出这一专题的历史背景、研究现状和发展趋势。

科学文献中有两种最为常见的文献综述，即研究综述和理论综述。

（1）研究综述。通过对已有的实证研究进行全面回顾，总结研究结果，期望能描绘出相关研究领域知识的全貌和研究思路，并强调以往研究中遗漏或尚未解决的重要问题，指出未来的研究方向。例如，李晓东，张力为（2007）“国外运动心理学领域自我研究的现状与发展——基于2000—2005年4种运动心理学期刊的文献计量分析”一文，对4种运动心理学期刊（《运动及锻炼心理学杂志》《国际运动心理学杂志》《运动心理学家》和《应用运动心理学杂志》）2000—2005年发表的60篇关于自我的实证研究论文进行了数量分布、期刊分布以及研究主题的分析。结果发现，运动心理学领域自我研究的数量呈上升趋势，其中《应用运动心理学杂志》发表的相关文献最多；研究主题包括自我效能、自我概念、自我调节和自我表现，最受关注的是自我效能；指出目前研究中存在的问题：第一，没有从神经心理学角度进行研究的文献；第二，相关研究居多，缺少因果分析；第三，要重视对跨文化的研究；第四，未涉及运动影响自我的心理机制研究；第五，对自我表现和自我设限的理论与实践研究欠缺。

（2）理论综述。综述者要用给定的理论解释一种特定现象，并比较它们外延、内在的一致性及预测实质。包括对已经实施的关键性试验的描述，评估哪种理论与已知的关系联系最紧密，对不同的理论、观点进行综合、总结和创新。例如，关于梦的解释，心理学有3种主要观点：一是弗洛伊德（1986）认为梦并不是一种无意义的生理活动，而是一种有意义的心理活动，“它是一种具有充分价值的精神现象，而且确实是一种愿望的满足”；二是荣格（1997）认为梦的重要功能之一就是提出人们没有意识到或注意到的思想，是补偿性的，是潜意识智慧的表现；三是阿德勒（1986）重视对梦的功能的研究，将梦看成是一种解决问题、设法克服所面临的困难的尝试。每种理论都有其主要观点，且彼此之间存在分歧，理论综述就是对同一个现象给予不同解释的理论进行综合分析。

（二）文献综述包括哪些内容？

1. 已有研究的历史发展与现状

文献综述需要呈现前人的研究思路和研究现状，包括主要学术观点、前人研究成果和研究水平、争论焦点、存在的问题及可能的原因等。

对前人研究的回顾可以有两条写作线索：第一，时间线索。以时间为线索，展示问题的研究进程，包括问题的缘起和发展阶段，按照时间脉络梳理各个阶段问题研究进展状况。第二，主题线索。将研究的问题分为若干主题，呈现前人的研究思路和主要结果，如运动心理学自我的研究是按照自我效能、自我概念、自我调节和自我表现4个主题思路进行探索，自我效能又包括自我效能与表象、自我效能与情绪、自我效能与社会关系、自我效能与他人效能、教练员自我效能5个方向。

2. 综述者的评价、建议与预测

文献综述不仅要呈现前人的研究思路，概括研究成果，还需要对其进行评价，指出研究中合理与不足之处，提出思考与质疑，并对未来研究发展趋势做出客观科学预测。研究问题的提出正是来源于对文献的评价，从前人研究的不足与局限中，发现自己研究的题目与价值。

二、文献综述怎么写？

文献综述需要撰写的内容包括：该研究问题的意义、研究背景、研究思路和发展脉络、目前研究水平和主要成果、存在的争议和问题、研究的发展趋势。

（一）文献综述的写作格式是什么？

文献综述的撰写结构通常包括4部分。

1. 引　言

引言部分通常用200～300字说明写作的目的，核心概念界定、综述的范围，扼要说明有

关主题的研究现状或争论焦点，使读者对主题有大体轮廓。引言需要写清以下内容：第一，写作目的；第二，核心概念界定；第三，规定综述的范围、包括专题涉及的学科范围和时间范围，必须声明引用文献起止的年份；第四，扼要说明有关问题的现状或争论焦点，引出所写综述的核心主题。

2. 正　文

正文是文献综述的核心，是文章的主体部分。在格式上并没有统一的规定，可按文献发表的年代顺序综述，也可按不同的问题进行综述，还可按不同的观点进行比较综述。无论何种形式，都要将所搜集到的文献资料归纳、整理及分析比较，阐明历史背景、现状和发展方向，以及对这些问题的评述。

3. 小　结

用概括性语言总结前人研究思路、主要结果及评价，文字不必太多，200～300字为宜，最好不超过500字。

4. 参考文献

将文章中引用的参考文献罗列出来，著录顺序要与前文引用顺序一一对应，并按照参考文献国家标注著录格式书写。

（二）文献综述有哪些写作要求？

文献综述是对某一学科、某一研究领域或某一研究问题在一定时期内的研究状况进行比较全面、系统的综合概括与评论，要求作者依据文献资料对所选课题的研究历史和现状进行深入分析，阐述与主题有关的研究成果、动态、进展和展望。文献综述不是资料的简单堆砌，而是对以往研究的归纳与评价，对其写作有如下要求和注意事项。

1. 写作要求

（1）引言部分要言简意赅，切忌长篇大论。无需赘述研究历史和课题立项过程，只要明确研究目的和核心概念含义即可。引言通常不出现表格、图形，也不用分段论述。

（2）文献回顾部分要重点突出，时间或主题线索清晰，层次明确，可分段落分别陈述，并有层次标题，切忌没有层次、结构混乱。

（3）文献综述最重要的是呈现前人的研究思路，而不仅仅是研究结果的简单堆砌。

（4）如实引用前人研究结果与结论，不得加入自己的主观理解或注释。并且，所有研究成果要有明确出处，且能与文后参考文献一一对应。

（5）文献评价部分要客观、恰如其分。文献综述中要有自己的观点，但不能与原作者观点相混淆。

2. 注意事项

（1）搜集文献应尽量全。采用多种文献检索途径与方法，尽可能地获取最为全面的信息资料，掌握全面、大量、丰富的文献资料是写好综述的前提。

（2）注意引用文献的代表性、可靠性和科学性。引用文献的质量决定了文献综述的水平，要尽量引用权威刊物上的优秀研究成果，避免从非核心期刊、非学术专业网站引用文献。

（3）忠实于原著。文献综述中要注意作者与原著作者观点不能混淆，要如实引用别人的研究结果，而不要参杂自己的主观理解。

（4）参考文献部分不能省略。

（三）文献综述撰写的常见问题有哪些？

撰写文献综述是学生普遍感觉比较困难的环节，对学生阅读、理解、概括、分析、写作等能力都有极高的要求。学生撰写文献综述主要有以下几个常见问题。

（1）综而不述，述而不评。这是文献综述撰写中存在最为普遍的问题。相当多的文献综述是将前人的研究结果简单堆砌在一起，并没有呈现前人的研究思路。同时，缺乏对前人研究的整体评价，包括没有指出前人研究已经达成哪些共识，存有哪些争议，分析争议的原因，有哪些局限和不足，还有哪些问题尚待解决。

（2）文献综述过于简单。文献综述要求多少字并没有明确的规定，通常篇幅在其学位论文中应该占到全文的1/4～1/3。有些学位论文的文献综述过于简单，甚至仅有几百字，没有对以往相关研究成果作任何回顾与分析，直接就是研究方法和结果分析。这使读者产生两个疑问：第一，作者能否在一个坚实而又较高的起点上开始自己的研究，如何确定其选题依据是否科学、合理。第二，在其随后的结果和分析中，哪些是前人的研究成果，哪些是该文作者自己的研究成果。

（3）引文质量不高，参考文献援引刊物级别较低。

（4）文献综述的结构混乱，思路不清，全文通篇大论，不分段落也没有层次标题。

第五节　内容分析法

一、内容分析法属于哪种研究？

（一）什么是文献研究？

文献研究（Document Study）是一种通过收集、鉴别、整理、分析现存的，以文字、数字、符号、画面等信息形式出现的文献资料，形成对事实科学认识的方法。

文献研究主要是利用第二手资料进行分析，因此，它最大的特征就是具有明显的间接性、无干扰性、无反应性，因而也被称为非介入性研究，这也是文献研究与调查研究和实验研究中最为显著的差异。

（二）文献研究有哪些类型?

1.内容分析

内容分析（Content Analysis）是对文字、口头及图像材料进行基于定性的定量研究，是一种系统化和定量化分析文献集合等信息载体中所含信息内容的方法，尤其擅长揭示信息生产者无意间透露的真实信息，比一般文献统计法更能洞悉问题的实质，是一种重要的信息研究方法。内容分析法最早产生于传播学领域，是大众传播学领域的常用信息分析方法。

2.二次分析

在现实研究中，有许多有关你希望研究的主题信息已经有人收集好了，这些现存的各种原始资料对于研究者而言都是可以利用的，不论是统计文献还是其他出版物，研究者都可以将这些资料进行重新整理，用一种新的方式进行重新分析和解释。在行为科学中，二次分析、现有统计资料分析、元分析都是常见的文献研究的具体方法。

二次分析（Secondary Analysis）又称为二手分析或次级分析，是对第二手资料的分析，是对那些由其他人原先为别的目的收集和分析过的资料进行再分析。广义上的二次分析可以包括内容分析，但二次分析更多的是指对统计资料的再分析，其资料来源是别的研究者或研究机构通过实地调查所得到的原始数据。例如，体育科学体质研究中常见的一种方式，就是利用国家体质健康监测报告上的原始调查数据进行再整理，可以做不同区域间、群体间体质状况的比较，也可以进行国民体质从1985—2010年的动态变迁分析。竞技体育研究中的技战术分析很多采用的就是二次分析的方法，相关比赛数据并不是研究者本人亲自到比赛现场或观看比赛视频亲自收集，而是对官方网站公开发布的比赛数据进行再分析。

3. 现有统计资料分析

现有统计资料分析（Analyzing Existing Statistics）与二次分析有相似之处，即所利用的资料都是别人已经收集好的。二者的区别在于，二次分析利用的是原始数据资料，而现有统计资料的研究者是利用那些以频数、百分比等统计形式出现的聚集资料，如中国统计局编辑的《中国统计年鉴》。

4.元分析

近年来，元分析技术被越来越多地应用于体育科学的文献研究之中，“相对年龄效应对运动员选材与发展影响的元分析”（刘卫民，秦更生，张继辉，2012）、“注意焦点对运动技能学习影响的元分析”（谭嘉辉，赖勤，黄竹杭，2012）、“太极拳锻炼与心理健康的关系——一项元分析研究”（魏德祥，2011）、“体育锻炼对学生身体自我影响的元分析”（叶孙岳，2011）。1976年，格拉斯（Glass）首先提出了元分析技术，导致了研究方法的重要革新。1983年，费尔茨和兰德斯（Feltz & Landers，1983）使用元分析方法对体育科学领域心理技能训练问题进行了研究。1985年，赫吉斯和奥金（Hedges & Olkin，1985）发展了格拉斯的最初成果，设计出一套新的统计学检验方法。1986年，托马斯和弗兰奇（Thomas & French，1986）将元分析方法详细介绍到体育科学研究领域。

元分析（Meta-analysis）统计方法是对众多现有实证文献的再次统计，通过对相关文献中的统计指标利用相应统计公式，进行再一次统计分析，从而可以根据获得的统计显著性等来分析两个变量间真实的相关关系。元分析是一种特殊形式的文献总结，其目的不是为某一特殊研究问题提供文献性证据，而是利用各种文献概括出经验性的和理论性的结论（张力为，黄定保，1993）。一项高质量的文献分析应能够得出几项具体结论并指明今后研究的方向，还有可能修正旧理论或提出新理论。

5.历史研究方法

历史研究（Historical Research）是社会学、政治学非常重要的研究方法，尤其是对宏大社会现象进行研究或者对社会现象进行历史性考察时，这种研究方法就更加重要。历史研究收集的是大量历史文献资料，包括个人日记、札记、档案、回忆录、纪录片、原始资料等。例如，“湖湘体育文化的形成与历史嬗变”（白晋湘，2013）、“新中国60年农村体育的回眸与反思”（秦华奇，2011）。

（三）什么是内容分析法？

1.内容分析

风笑天（2009）在理解内容分析内涵时做如下解释，内容分析（Content Analysis）是一种研究技术，即对各种信息传播形式的明显内容进行客观的、系统的和定量的描述与分析。理解内容分析内涵，应从以下4个方面去考虑：

（1）所谓“各种信息传播形式”是指诸如书籍、杂志、报纸、诗歌、歌曲、绘画、电视节目、演说、信件、照片、广告等各种书面材料、宣传品。

（2）所谓“明显的”内容，是指这些形式外在的东西，如文字、颜色和实物本身，而不是这些内容的深层解释。

（3）“进行客观的、系统的”描述，意味着内容分析是一种规范的方法，要求研究者根据预先决定的计划，采取一定的规则，按照一定的步骤来进行。

（4）“定量的”描述则说明内容分析方法的基本性质，即基本目标通常是决定内容中某一项目的频数，或者决定某一类别在整个内容中所占的比例等。

专栏4-11 媒体下的女博士真的是第三类人吗？

杨英.女博士的社会媒介印象研究.中国青年研究，2011，5：65-70.

社会上流行一句顺口溜：“大专生是赵敏，本科生是黄蓉，硕士生是李莫愁，博士生是灭绝师太，博士后是传说中的东方不败。”不知从何时开始，女博士成了一个被妖魔化的群体。人们不禁追问：社会媒介怎样建构和建构了怎样的女博士形象。该研究采用内容分析的方法，对2007-1-1—2010-1-1间大众媒介新闻报道中女博士的形象进行系统解读。

研究选择人民网和搜狐网作为媒介样本；“时间”栏限定时间为：2007-01-01 至2010-01-01，共3 年时间。在人民网以“女博士”为标题的新闻有76 篇，搜狐网有90 篇。其中，重合新闻有36 篇。选择3个变量进行观察，媒介新闻对女博士报道的认识与女博士形象、新闻来源媒介性质、媒介新闻出现的次数。

对媒介新闻所关注的内容进行分类统计，对报道的内容、数量和塑造的形象进行统计，其结果见表4-6、表4-7。

表4-6　人民网新闻标题和新闻内容关注女博士的主要方面

内容类别	报道总计	主要内容	塑造形象
婚恋	17	正面（4条）：温柔贤惠的家庭形象、朴素婚礼、对配偶的要求、征婚者对博士感兴趣 负面（11条）：婚姻受骗、三角恋、婚姻异类、征婚 中立（2条）：专家对女博士婚恋的建议及评论	正面/负面/中立
日常生活	12	幸福感高、参加选美、做模特、相貌等表现出女性形象	正面
职业	9	在岗位上敬业、坚韧和从事传统男性垄断职业	正面
品质能力	8	求真、坚韧、知性、优雅等优良品质、获得荣誉	正面
意外死亡和被害	8	猝死、受害	负面
社会服务	7	做志愿者、仪仗队、当兵、环保等	正面
其他	6	正面（2条）：女博士成功之路；中立（4条）：媒介调查等	正面/中立
自杀	2	求职难、压力大	负面
性失范	2	被包养与色情行业	负面
受骗	2	婚姻受骗	负面
求职	2	求职难	负面
犯罪	1	犯罪	负面

表4-7　搜狐网新闻标题和新闻内容关注女博士的主要方面

内容类别	报道总计	主要内容	塑造形象
婚恋	19	正面（4条）：对配偶要求不看重学历、贤惠形象、相亲受捧、浪漫婚礼 中立（3条）：专家对女博士婚恋的建议及评论 负面（12条）：婚姻受骗、征婚晒奖项、择男友难、婚恋难、征婚	正面/中立/负面
职业	15	在男性垄断岗位、不起眼岗位表现优秀	正面
日常生活	11	正面（8条）：参加选美、校花、做模特、爱好、休闲等日常女性形象 负面（3条）：轻信偏方致病、流氓言语、压力大	正面/负面
其他	9	正面（2条）：成功女博士；中立（7条）：调查与评论	中立/正面
品质能力	8	坚韧、智慧、知性、勇敢、能力强等优秀品质	正面
社会服务	7	做志愿者、仪仗队、当兵、环保、献血等	正面
意外死亡和被害	6	猝死、被杀、意外事故	负面
求职	4	负面（3条）：求职难；正面（1条）：权力职位应聘	负面/中立

续表

内容类别	报道总计	主要内容	塑造形象
自杀	4	求职难、压力大、为情自杀	负面
性失范	2	被包养与色情行业	负面
受骗	2	婚姻受骗	负面
学业	2	学业压力大、学术造假	负面
犯罪	1	犯罪	负面

研究结果显示，近3年，媒介有意还原女博士的真实生活，尽量纠正人们对女博士的刻板印象并试图建构正面形象。在新闻数量上，媒介新闻对女博士的正面形象的塑造超过负面形象的塑造，尤其是对女博士优秀品质、能力和职业生活的报道有赞美之词。但对最受大众争议的女博士婚恋问题，媒介塑造了婚嫁难的社会形象。女博士的负面媒介印象有求职难、自杀、受骗、犯罪等。这些负面形象的出现不是偶然的，这与当前的文凭危机、择偶观、女性家庭角色和职业角色的冲突以及媒介社会偏见与大众认知偏见的某种契合有关。

2. 内容分析的特征

Holsti（1969）指出内容分析含有3项确定的特征：第一，内容分析应该是客观的，每一步都应该有一组外显的、清晰的规则或程序作指导；第二，内容分析应该是系统的；第三，内容分析应该具有普适性，即研究结果应该符合一个理论的、经验的和应用的场景。

3. 内容分析的优缺点

内容分析法的优点是：（1）非介入性，研究者不用将精力耗费在被试身上；（2）可以节省时间、人力和经费；（3）与其他研究方法相比，内容分析法在研究中更容易修改。

内容分析法的弱点是：（1）所依靠的资料必须是已经记录好的传播内容；（2）信度和效度检验的难度比较大；（3）是纯粹描述性研究，不能确立因果关系；（4）分析结果的时效性较低，有些结果将随着时间的推移而过时。

（二）内容分析法适用于哪些议题?

内容分析法特别适用于传播媒介方面的研究，回答“谁说了什么、对谁说、为什么说、如何说，以及产生什么影响”。例如，“北京奥运报道与中国国家形象的建构与传播”（费郁红，刘红霞，2009），采用内容分析法，以2008年8月北京奥运会期间，国内4家报纸，即《人民日报》《中国体育报》《体坛周报》《广州日报》，国际媒体选择美国的美联社、《纽约时报》，加拿大的《环球邮报》，英国的路透社、《泰晤士报》，法国的法新社，德国的德新社，澳大利亚的《澳大利亚人报》为例。北京奥运会期间2008年8月8日—24日对奥运开幕式、赛场内和赛场外的奥运报道作为文本分析对象，对其北京奥运报道进行定性的研究。总体来看，北京奥运会在其传播效果上获得了巨大成功，中国在国际话语权的争夺战中占据了前所未有的主动，由这一全球媒介事件所建构的高度正面的中国国家形象——文明、包容、守信、活力、和谐、自信、进取，通过国内和国际媒体向全世界传播。

同时，内容分析法有助于处理数量相当庞大的文本，研究者可利用抽样或多个编码者来测量数量众多的文本。当文本特别多的时候，可考虑采用内容分析法。例如，体育科学中经常看到的对期刊论文或学位论文的文本分析。例如，刘显（2011）“体育人文社会学博士学位论文问题与反思——题名和关键词”，林华，夏雪（2010）“1999—2009我国运动人体科学专业硕士学位论文分析”等。

二、怎样进行内容分析?

（一）内容分析的基本程序是什么?

内容分析的特征是用数量化的形式将非数量表示的文献（文本或图像）呈现出来，其结果经常以频数、百分比等统计形式来表现。因此，内容分析的过程是从非数量化形式转向数量化形式的很重要的过程。

1. 确定分析单位

分析单位（Unit of Analysis）就是研究什么或研究谁，通常就是观察单位。在内容分析中，如果分析的是文本资料，那么分析单位可能是字词、标题、段落、题材、位置、概念等等。例如，前文专栏4-10介绍的金春光等人的研究，其分析单位就是研究主题、作者、研究方法、数理统计技术。分析单位通常根据研究目的和内容来设定。

2. 确定内容分析的文献

在抽取分析样本之前需要确定作为内容分析的文献，有3个要求：第一，符合研究目的和研究内容的要求；第二，公开出版的文献要符合规范性要求，保证材料的真实性和可靠性；第三，文献是能够寻找到的。例如，近十年体育学中文核心期刊，2000—2010年间《中国体育报》、2011—2013年新浪和搜狐网站上体育明星的微博等。

3. 选择内容分析的样本

通过某种抽样方式选择确定进行内容分析的样本。例如，抽取发表于2012年《体育科学》上的学术论文、抽取伦敦奥运会乒乓球男子单打比赛的全部视频录像、抽取刊登在1998年《中国体育报》头版的新闻图片。

4. 分类和编码

分类是内容分析的基础工作，也是最困难的工作，是在研究目的和理论指导下进行的。分类需要符合穷尽和互斥的要求，并在分类基础上确定编码体系。例如，体育新闻报道的问题类别、学位论文参考文献类别等。

5. 资料分析

阅读或观看文献样本，并按编码体系进行数据统计，量化的内容分析对于资料的分析方法主要是描述性统计技术，多用频次或百分比来呈现。

6. 信度和效度检验

为了提高内容分析的信度和效度，需要注意以下3点：第一，要认真对选取的文献资料进行审核，最好为公开发表或正式出版物，以确保考察资料的真实性和可靠性；第二，如果是多个人员共同进行分类和编码，则需要提前对编码人员进行培训，指导他们如何使用编码系统、如何填写记录纸、应该遵守的规则等；第三，要检验多个编码员之间的一致性，需要测量他们之间的一致性信度。

（二）如何抽样?

进行内容分析时，研究者经常使用随机抽样的方法获取样本，通常需要经过3个阶段，涉及3个不同性质的主体。第一阶段是从总体中抽样。例如，从所有网站中抽取若干网站、从所有期刊中选择若干期刊，这阶段通常采用分层或立意抽样方式。第二阶段是分析样本的抽样，即从网站中抽取具体时段的内容、从期刊中抽取若干期号。一般采用随机数据表、等距或整群抽样方式。第三阶段是分析内容的抽样。例如，研究者要对北京体育大学2012届全校本科毕业论文质量进行内容分析，首先，可以采用分层抽样方式，按照院系将论文分层；其次，根据等比例原则，不同院系需要不同样本数量，每个院系按照学号排序采用等距抽样方式，从2000份论文中选择400份作为分析的样本；最后，从论文内容的主题、研究方法、统计技术、格式规范、文法修辞等各种层次上进行抽样。

（三）如何编码?

内容分析法本质上是一种编码（Coding）运作，即根据特定的概念框架，对信息——口头的、文字的、图像的做分类记录。研究者需要根据研究目的、内容，在理论指导下制定一个编码系统，用来识别文件内容的次数、强度、方向和篇幅这些可操作化的信息。研究者需要确定编码单位，即内容分类，然后为他们赋予数值，并制作编码表。

编码有显性编码和隐性编码。显性编码是看得见的、表面的内容，如乒乓球击球位置有正手位、反手位、侧身位、反侧身位，可以分别赋予其数值1=正手位、2=反手位、3=侧身位、4=反侧身位。隐性编码是研究者需要寻找文本中潜藏的、隐含的意义，如决定文章是否具有浪漫色彩，这就是隐性编码。

表4-8是以“体育科学实验设计及相应统计方法应用现状的调查研究”（游勇豪，2010）为例，说明内容分析的编码方式。

表4-8　内容分析的编码方式

基本资料
1. No：文献编号 2. 文献来源：1-体育科学；2-北京体育大学学报；3-体育与科学 3. 卷（年）：1-2000 年；2-2001 年；9-2008 年 4. 期：1-第一期；2-第二期；12-第十二期 5. 篇：以每篇论文的页码代替 6. 研究对象：1-动物；2-人
实验设计应用
7. 理论设计：1-完全随机设计；2-随机区组设计；3-拉丁方设计；4-交叉设计；5-析因设计；6-正交设计；7-均匀设计；8-嵌套设计；9-裂区设计；0-单组设计；12-无法判断，表达不明 8. 理论重测：0-无；1-二次；2-多次 9. 实际设计：1-完全随机设计；2-随机区组设计；3-拉丁方设计；4-交叉设计；5-析因设计；6-正交设计；7-均匀设计；8-嵌套设计；9-裂区设计；0-单组设计；12-无法判断，表达不明 10. 实际重测：0-无；1-二次；2-多次 11. 设计合理性：1-合理；0-不合理
实验设计的原则遵循情况
12. 违背设计原则：1-违背设计原则；0-不违背 13. 违背随机：1-抽样随机；2-实验顺序随机；3-分组随机；4-无随机分组方法，只有“随机字样；5-不明确（无“随机”）；0-不违背 14. 违背重复：1-无独立重复测量；0-不违背 15. 违背对照：1-对照不全；2-无对照；3-对照不当；4-对照多余；0-不违背 16. 违背均衡：1-组间样本量不均衡；2-非处理因素不均衡；；0-不违背
统计方法的应用
17. 理论统计：1-独立样本t 检验；2-配对样本t 检验；3-单因素方差分析；4-多因素方差分析；5-回归分析；6-重复测量方差分析；7-协方差分析；8-差值t 检验（方差分析）；9-无可比性；12-无量化、无统计；0-其他；6，7，8-前后测量统计 18. 实际统计：1-独立样本t 检验；2-配对样本t 检验；3-单因素方差分析；4-多因素方差分析；5-回归分析；6-重复测量方差分析；7-单因素协方差分析；8-差值t 检验；9-无可比性；10- 统计方法不详，只给出P 值，无统计量；11-有量化、无统计；12-无量化、无统计；0-其他 19. 统计合理性：1-合理；2-不合理；3-不明确；4-无

引自游永豪，2010，17页

专栏4-12　运动员的梦和普通人群的梦一样吗?

人们对梦很好奇，如何对梦境进行研究更好奇。北京体育大学2010届应用心理专业本科生张慧选择了运动员梦境这样一个有趣但研究难度颇大的题目，作为她的学士论文选题，并获得当年度学校优秀论文二等奖。看看她是怎么研究梦的。

首先，选择年龄均为14岁的5名女性作为参与者，其中2名为国家艺术体操队队员，3名为普通中学生。然后，采用每天短信、电话、回访等方式记录前一天晚上所做的梦境，分阶段记录了运动员/学生在比赛/考试前、中、后的梦境，共计224个，并将短信信息、电话访谈记录转化为文字，共计57357个字。接着，将记录的所有梦境内容形成文本资料后导入Weft.QDA质性分析软件，基于“扎根理论”，将梦境内容分为4大主题，即人物角色、地点、事件、情绪。最后对梦境中出现频率较高，且最有比较价值的项目进行编码，比较运动员与普通学生梦境中这些项目出现的比率。（表4-9）

表4-9 运动员与普通学生一个月内所有可回忆梦境的内容分类

	研究参与者	运动员A	运动员B	运动员总和	学生A	学生B	学生C	学生总和	运动员比率（%）	学生比率（%）
	梦境总数	54	25	79	29	30	33	92		
人物角色	队友/同学	30	10	40	8	7	18	33	50.63	35.87
	教练/老师	16	7	23	2	3	5	10	29.11	10.87
	父母	10	6	16	1	9	10	20	20.25	21.74
	坏人	2	5	7	0	2	6	8	8.86	8.70
	"我"作为旁观者	4	2	6	4	0	2	6	7.59	6.52
地点	训练馆/教室	14	5	19	7	3	2	12	24.05	13.0
	在商店	10	4	14	3	6	1	10	17.72	10.8
	在路上	5	5	10	8	3	6	17	12.66	18.4
	在宿舍	6	2	8	0	0	0	0	10.13	0.00
	比赛场/试场	5	2	7	3	2	1	6	8.86	6.52
	在家里	4	2	6	2	16	8	26	7.59	28.2
事件	玩	10	4	14	5	7	13	25	17.72	27.1
	训练/上课	9	5	14	5	3	2	10	17.72	10.87
	比赛/考试	2	0	2	3	2	1	6	2.53	6.52
情绪	紧张焦虑	5	6	11	0	8	17	25	13.92	27.17
	开心	3	2	5	0	2	4	6	6.33	6.52
	伤心	1	2	3	0	1	0	1	3.80	1.09

根据对梦境的内容分析，研究最后得出结论：（1）根据运动员梦境中出现训练场景的真实性与具体性可见，运动员是"24小时"的运动员，即使在梦中也仍然在思考其比赛动作的细节及问题，梦境是训练的继续。（2）根据运动员梦境中出现负性情绪的频繁性可见，教练大量的负性评价使运动员在梦中也"遭受"教练的批评，使他们在梦中也继续体验着伤心难过的情绪。（3）根据运动员与普通学生梦境中出现的人物、内容的差异性可见，运动员梦境中出现教练与队友、在训练馆、在训练的次数比学生出现老师与同学、在学校、在学习的次数更多，提示她们的自我发展轨迹也有别于同龄学生。

尽管这篇论文存在一些问题，如在确保收集梦境信度方面，研究者只能通过与参与者成为好朋友以取得她们的信任，每天跟随记录运动员训练状况，及时回访参与者确认记录信息等手段，但依然会因敏感话题、时间记录点选择、记忆偏差、表达能力而造成的真实性问题。但作为一名本科学生，勇于选择这样一个题目，且采用了比较可靠的研究方法，进行了长达6个月的跟踪记录，并获取了相对客观的数据资料，已是实属难得。

本章小结

1. 广义的文献是指记录知识的一切载体；狭义的文献是指科学研究中的学术文献，即具有历史价值和研究价值的、由出版社公开出版的图书及发表在学术刊物上的论文。

2. 按加工程度，文献可分为零次文献、一次文献、二次文献和三次文献；按载体形式，可分为印刷型文献、微缩型文献、声像型文献和电子型文献；按出版形式，可分为图书、期刊、报纸、研究报告、会议论文、专利文献、标准文献、学位论文、政府出版物、产品资料、科技档案。

3. 判别文献价值可参考的标准包括，出版社的声望信誉、期刊的影响因子、作者的学术地位、被引频次、期刊的级别和发表的时间。

4. 文献综述既要呈现已有研究的历史发展与现状、还要有综述者的评价、建议与预测。

5. 文献综述包括引言、正文、小结和参考文献4个部分。

6. 文献研究最大的特征就是具有明显的间接性、无干扰性、无反应性，因而也被称为非介入性研究。

7. 文献研究有内容分析、二次分析、现有统计资料分析、元分析、历史研究方法几种类型。

8. 内容分析法特别适用于传播媒介方面的研究，有助于处理数量相当庞大的文本，研究者可利用抽样或多个编码者来测量数量众多的文本。

文献导读

[1] 丹尼尔·里夫，斯蒂文·赖斯，弗雷德里克·G. 菲克. 内容分析法：媒介信息量化研究技巧（第2版）[M]. 嵇美云，译. 北京：清华大学出版社，2010.

[2] 胡光林，李雪萍. 电子文献检索教程[M]. 北京：北京理工大学出版社，2010.

[3] 刘文娟，杨红英，刘卫华，王爱军. 我国体育学领域学者影响力研究——基于四大数据库统计分析[J]. 北京体育大学学报，2010，12：1-6.

[4] 马奇，麦克伊沃. 怎样做文献综述——六步走向成功[M]. 陈静，肖思汗，译. 上海：上海教育出版社，2011.

[5] 莫提默·J. 艾德勒，查尔斯·范多伦. 如何阅读一本书[M]. 郝明义等，译. 北京：商务印书馆，2004.

[6] 全国体育院校教材委员会. 体育文献检索[M]. 北京：人民体育出版社，2000.

[7] 饶宗政. 现代文献检索与利用[M]. 北京：机械工业出版社，2012.

[8] 周昀，雷国樑. 体育信息检索[M]. 北京：人民体育出版社，2012.

思考与练习

1. 选择一个研究主题，通过互联网检索最近5年国内外学术论文（期刊和学位论文），将检索出的论文以参考文献格式呈现，并详细说明检索过程。

2. 从“思考练习1”检索出的论文中选择一篇进行精读，并撰写读书笔记。

3. 选择一个研究主题，对该主题最近5年研究成果进行文献回顾，并撰写2000字以上的文献综述。

4. 查阅本校本专业最近3届学士学位论文，用内容分析法对其研究主题、研究方法、统计技术等方面进行分析，并撰写研究报告。

第五章　实验研究

关键术语

实验　真实验设计　准实验设计　无关变量　单因素设计　多因素设计　时间序列设计　拉丁方设计　所罗门4组设计　被试内设计　被试间设计　内部效度　外部效度

学生疑问

实验一定是要在实验室里面进行的吗？
为什么体育专业学位论文中采用实验研究设计的比较少？它很难吗？
实验一定要设置实验组和对照组吗？

学习目标

通过本章的学习，你将能够：
1.学习和理解实验的基本术语，了解实验设计的分类。
2.了解实验研究的基本程序。
3.掌握单因素完全随机设计、随机区组设计、单组准实验设计的方法。
4.了解被试间设计、被试内设计的基本原理和方法。

研究摘要

温泉. 三种拉伸方法及不同延迟时间对于20米加速跑成绩的影响.学士学位论文.北京：北京体育大学，2008.

问题：拉伸被广泛应用于体育运动之前，拉伸活动及其使用方法对运动成绩的影响成为比赛前选择拉伸活动类型的重要依据。国内对拉伸的研究主要集中在其对柔韧的影响，而国外体能训练最新研究趋势是拉伸对肌肉快速收缩表现的影响。那么，在进行爆发力性项目之前，采用哪种拉伸方式做热身活动最好呢？拉伸后间隔多长时间运动成绩最佳呢？

方法：选取15名具有5年以上田径训练比赛经验的运动员作为研究参与者。实验采用两因素被试内设计，自变量有两个，拉伸方法（包括3个水平即动力性、静力性、PNF）和拉伸间隔（包括3个水平即即刻、3分钟、8分钟），因变量为20米跑测试成绩。全部参与者在70天内接受3种拉伸方法、3种拉伸间隔的9次实验。每两次实验间隔至少48小时，每次实验研究参与者均进行10分钟的慢跑练习，然后进行拉伸训练，再进行站立式20米跑测试。实验采用恒定法，严格控制测试时间、实验场地、计时人员、研究参与者的身体状况、起跑姿势等无关变量。

结果：（1）3种拉伸方法中，动力性拉伸之后20米加速跑成绩最好，PNF拉伸次之，静力性拉伸成绩最差。在进行爆发性项目前应该进行动力性拉伸，不应采用静力性拉伸方式。（2）3种延迟时间中，无论哪种拉伸方式，都是延迟3分钟后成绩最好。最好在动力性拉伸后3分钟左右进行爆发性项目。

第一节 实验概述

提到实验，每个人头脑中表象的画面不尽相同。有人想到的是400多年前，伽利略站在比萨斜塔上所做的落体实验，以证实不同重量球体自由落下可以同时着地，推翻统治了两千年亚里士多德的落体速度与重量呈正比的观点；有人脑海里浮现的是在摆满仪器设备的实验室里，身穿白大褂的研究者正在认真观察手中试管里的蓝色液体；有人回想起中学生物实验课堂上，如何在显微镜下观察口腔上皮细胞结构。但无论想象的内容如何差别，在人们的观念中，实验总是和科学、研究联系在一起。

一、实验有哪些构成要素？

（一）实验和试验有什么不同？

中文字词常常出现音近却不同义现象，“实验”和“试验”便是如此，人们经常将二者混淆。商务印书馆出版的《现代汉语词典》中，将“实验”定义为“为了检验某种科学理论或假设而进行某种操作或从事某种活动”；对“试验”的解释是“为了查看某事的结果或某物的性能而从事某种活动”。从某种意义上说，试验是实验的一种，但二者又有不同。试验带有比较明显的盲目性和随意性，而实验则是在理论基础上，采用具体的、可操作的方法，用数据来检验理论假说，因而具有更明确的目标和更严格的程序与操作。

科学研究主要有3大类，即调查研究、实验研究和文献研究，实验是科学研究的基本形式之一，也是探讨因果关系最为重要的方法。科学的目的就是描述、解释、预测和控制，科学的理解过程，或者说是科学的认识过程，就是人们不断探求事物的原因和不断深入把握事物本质的过程。揭露事物之间的关系尤其是因果关系，是认识事物本质的必然途径。需要特别指出，发现了事物间的相关关系，不等于发现了事物间的因果关系。相关关系仅仅是因果关系的必要条件，但不是充分必要条件。事物间有相关关系时，可能有因果关系，也可能没有因果关系；事物间有因果关系时，则必有相关关系。若要想得出变量之间或现象之间存在因果关系的结论，则必须通过实验检验。

专栏5-1 玩儿暴力视频游戏是否会引发暴力行为发生?

2002年，美国康涅狄格州发生了一个真实的案件。Andrea Wilson状告Midway游戏公司，要法院裁定Wilson13岁儿子Noah之死与视频游戏Mortal Kombat（魔宫帝国）有关，这是一款暴力视频游戏，玩家要用可以想象得到的最为暴力的手段互相“杀戮”。Noah和他的朋友Yancy沉迷于这个游戏。诉讼坚持认为是这个游戏具有的暴力性和成瘾性导致Yancy杀死了Noah，其使用的真实杀人手段和在游戏里描绘的手段非常相似。尽管最后法院的判处结果并没有支持原告的诉讼，但却给教育学家和心理学家留下了研究的课题，即玩儿暴力视频游戏是否会引发暴力行为?

心理学家Anderson 和 Dill（2000）先后做了两项研究。

研究一是采用问卷法，招募227名学生，填写一套自陈问卷，包括人格因素（情绪不稳定性和特质攻击性）；罪错性（攻击行为与非攻击性罪错）；玩视频暴力游戏的程度、所花时间。调查结果显示，无论攻击型人格的水平如何，视频暴力游戏玩的少是与较低水平的攻击性行为相关联的；视频暴力游戏玩得多与较高水平的非攻击性罪错有关联，但是这只对攻击型人格得分高的人而言；在接触暴力视频游戏与攻击性人格之间有正关联。这个研究的问题是能否得出结论，即接触暴力视频游戏引起攻击性行为？研究者强调，本研究的相关性质意味着因果陈述是有风险的！相关关系不一定存在因果关系。

研究二是实验法，选择两款视频游戏，他们的差别在于暴力的水平不同，一款为暴力的，一款为非暴力的，前测显示两款游戏在难度、娱乐性、挫折性和动作速度方面得到相似的评定。210名大学生被随机分配于一个实验组或一个控制组，实验组花几个时段玩暴力视频游戏，控制组花同等数量的时段玩非暴力视频游戏。在确定的时间点中止，参与者使用“竞争反应时作业”来评定其攻击性行为的水平。这一作业引导参与者认为他们正在与另一屋里的参与者竞争，目标是比对手更快的按键，每一轮的输家接受到一声响亮的爆炸声。在每一次实验前，参与者设定传输给对手的这个噪音的强度和持续时间，在每一次试验后，参与者看见一种显示，它被说成是对手设置的刺激强度和持续时间。事实上，无论参与者是赢还是输，都由不存在的对手“设置”的噪音水平是按一种随机模式变动的。实验结果显示，在竞争性反应时上输了一次以后，玩高度暴力游戏的参与者向对手传输的爆炸声噪音的时间显著长于玩非暴力游戏的参与者；明显输了一次后，那些一直在玩暴力视频游戏的人往往比一直在玩非暴力视频游戏的人作出更暴力的行为（即向对手实施时间更长的报复性爆炸声）。

只有在进行实验后才可以说，暴力视频游戏有助于引发暴力行为。

引自肯尼斯 · S · 博登斯，布鲁斯 · B . 阿伯特著，袁军等译，2008.

（二）实验由哪些要素构成?

实验（Experiment）法是指在精心设计、严格控制的条件下，通过操纵某些因素，来研究变量之间因果关系的方法。从定义当中可以看到，实验有4个关键词，即自变量、因变量、控制、因果关系，这构成了实验的基本要素。实验研究的中心目标是探讨变量之间的因果关系，即自变量对因变量的影响。

1. 自变量

本书第三章中已经介绍了自变量和因变量的定义，自变量（Independent Variable）是指在实验研究中，由实验者操纵、控制的呈现给被试的刺激，并对被试的反应可能产生影响的变量，在因果关系中是作为原因的那个变量。在实验中，自变量又称为实验处理或实验刺激，是可以由实验者自主操作的变量。

2. 因变量

因变量（Dependent Variable）是指在实验研究中，由实验者操纵的自变量而引起的被试的某种特定反应，是因自变量变化而变化的变量，在因果关系中是作为结果的那个变量，是研究者需要观察的变量。

3. 控　制

控制（Control）是科学方法最重要的特点。要想了解所研究问题并确定事物（变量）之间关系，特别是因果关系，必须尽可能地在控制的条件下进行研究。控制在行为科学中有4种含义，即被试控制、主试控制、条件控制和统计控制。控制的目的是获取两个事物（变量）之间明确的相关关系和因果关系（张力为，2002）。实验设计最为重要的环节之一是对无关变量的控制，只有控制了其他引起因变量变化的无关变量时，才能说因变量的变化是由自变量变化导致的，二者之间存在因果关系。例如，进入初夏，爱美的女士们开始关注各种减肥信息，美容机构也适时推出新型减肥方案，反复宣传这种减肥手段方法独特，效果显著，并承诺7日内减重5～10斤。人们被这诱人的广告所吸引，一掷千金（元）开始艰难减肥历程。等缴完费开始疗程时才被美容院告知，在减肥期间需要配合减少饮食，并要每天运动一小时。这就出现了疑问，假如这是一个减肥实验，美容院所创新的减肥方案是自变量，7日内减掉的体重就是因变量，美容院想要证明自己的减肥方案有独特疗效，必须是要在保证和平时同样的饮食、运动、休息习惯基础上，才能证明7日后减掉的重量是由于这种减肥治疗导致的。否则，很难说最终减掉了的5斤体重究竟是这个减肥方案导致的，还是节食和运动的结果。饮食、运动量、休息时间等都成为同样会引发体重变化的无关变量，需要将其严格控制。

4. 因果关系

原因和结果是揭示客观世界中普遍联系着的事物具有先后相继、彼此制约的一对范畴。原因是指引起一定现象的现象，结果是指由于原因的作用而引起的现象。科学研究常以因果关系（Causal Relationship）分析的水平作为衡量研究质量的标准。Lazarsfeld（1959）曾提出判断因果关系需要满足的3个条件：前因后果、实证相关、排他解释。这3个条件简明扼要，成为许多研究者遵循的准则。

二、实验有哪些基本术语?

实验中有一些重要术语，除前文已经介绍过的自变量、因变量、无关变量、因果关系以外，还有如下术语。

（一）实验组和控制组

1. 实验组（Experimental Group）

实验组是实验中实施实验处理的组。例如，在探究体育锻炼对心理健康影响的实验中，进行体育锻炼的组即为实验组。

2. 控制组（Control Group）

控制组是实验中无实验处理的组，也称为对照组或空白组。例如，在探究体育锻炼对心理健康影响的实验中，不进行任何锻炼的组即为控制组。

（二）前测和后测

1. 前　测

前测指在进行实验处理之前对因变量所做的测量。例如，研究有氧健美操练习对体脂百分比的影响，在实施健美操练习之前，要对所有被试的体脂百分比进行一次测量，即为前测。

2. 后　测

后测指在实验情境加入处理之后，对因变量所做的测量。例如，在研究有氧健美操练习对体脂百分比影响的实验中，对实验组进行有氧健美操练习处理后，分别再对实验组、控制组所有被试进行一次测量，即为后测。

（三）因素、水平和水平组合

1. 因素（Factor）

因素是用来区别被试组或实验条件的维度，即实验研究中的自变量，实验中包含几个自变量，就称为几因素。例如，研究不同拉伸方法和延迟时间对田径运动员100米跑成绩的影响，拉伸方法和延迟时间两个自变量就称为两个因素。

2. 水平（Level）

水平是一个实验因素所划分的具体的、可操作的不同等级或状态，实验因素设定了几种状态或划为几个数量等级，其就有几个水平。例如，研究不同拉伸方法和延迟时间对田径运动员100米跑成绩的影响，其中，拉伸方法有动力性拉伸、静力性拉伸、PNF拉伸，延迟时间有即刻跑、延迟3分钟、延迟8分钟，则称拉伸方法因素包含3个水平，延迟时间也包含3个水平。

3. 水平结合

在包含两个或两个以上因素的研究中，一个因素的某个水平与其他因素的某个水平的结合，称为水平结合（Treatment Combination）。例如，一个研究包含有拉伸方法（A）和延迟时间（B）两个因素，其中，拉伸方法有动力性拉伸（A1）、静力性拉伸（A2）、PNF拉伸（A3）3个水平，延迟时间有即刻跑（B1）、延迟3分钟（B2）、延迟8分钟（B3）3个水平。

这样，该研究包含9种水平结合或处理结合，即A1B1、A1B2、A1B3、A2B1、A2B2、A2B3、A3B1、A3B2、A3B3，这样的实验设计称为3×3设计。

（四）主效应和交互作用

1. 主效应（Main Effect）

主效应是一个因素的独立的效应，即它的不同水平所引起的变异。例如，研究不同体育教学方法和不同起跑方式对高中生100米跑成绩的影响，如果在同一种起跑方式下，采用不同的体育教学方法使学生100米跑成绩呈现出显著差异，这时就称体育教学方法具有主效应。

2. 交互作用（Interaction）

交互作用是当具体的处理条件不能被因素的主效应完全解释时，就出现了交互作用，它反映的是两个或多个因素的联合效应。当一个因素如果起作用受另一个因素影响时，我们称两个因素之间存在交互作用。例如，成功的时候，高自尊者和低自尊者的情绪无差别，而在失败的时候，低自尊者的情绪变化更大。

（五）简单效应

简单效应（Simple Effect）是指一个因素在另一个因素不同水平上的效应。例如，研究噪声强度和竞争对200米自由泳成绩的影响，如果噪声强度和有无竞争存在交互作用，则需进一步检验在无竞争水平上，40分贝和60分贝噪音强度下自由泳成绩的差异，以及在有竞争水平上，40分贝和60分贝噪音强度下自由泳成绩的差异。前者称作噪音强度在无竞争水平上的简单效应，后者称作噪音强度在有竞争水平上的简单效应。

（六）处理效应

处理效应（Treatment Effect）是总变异中由自变量所引起的那部分变异，主效应、交互作用、简单效应都属于处理效应。

三、实验设计有哪些基本类型?

按照不同的划分标准，实验有不同类型，概括起来，有如下几种分类方法。

（一）根据自变量数量如何划分?

1. 单因素实验设计

单因素实验设计是实验只包含一个因素，该因素至少有两个水平。例如，考察体育锻炼对安静时心率的影响，该实验只包含体育锻炼一个自变量，分为两个水平，即进行健美操训练和不进行健美操训练。

2. 多因素实验设计

多因素实验设计是实验包含两个或更多个因素，每个因素有两个或更多个水平，因而产生多个水平结合，每名被试可只接受一种水平结合或全部水平结合。例如，拉伸方法和延迟时间对20米加速跑成绩的影响，有两个自变量，即拉伸方法和延迟时间；拉伸方法有3个水平，即动力性拉伸、静力性拉伸、PNF拉伸；延迟时间也有3个水平，即即刻跑、延迟3分钟、延迟8分钟；因变量为20米跑成绩。

（二）根据实验控制严格程度如何划分?

1. 真实验设计

真实验设计是指以随机化原则选择和分配被试，在充分控制内在和外在无关因素基础上操纵自变量，以获得较为精确的因变量变化信息的研究设计。例如，本章专栏5-1所介绍的暴力视频游戏实验即为真实验设计，因为它操纵了一个自变量（视频游戏的类型），观察了一个因变量（输了一次试验后传来的爆炸声历时长度），控制了无关变量（时间、游戏等值、随机被试分配），观察了自变量与因变量之间存在因果关系。

2. 准实验设计

准实验设计经常在两种情况下使用：第一，难以随机安排被试时，运用原始群体，在较为自然的情况下进行实验处理；第二，因条件限制和问题的性质而使研究者无法采用控制组。

教育学和体育学研究中更多实验是在现场进行，由于现场实验对无关变量的控制难以像实验室实验那样严格，因此经常使用准实验设计，如时间序列设计。时间序列设计（Time-series Design）是指对一组被试进行一系列周期性的测量，并在测量的时间序列中引进实验处理，然后观察实验处理后的一系列测量结果，从这些因变量的变化趋势中可以发现自变量的影响程度和影响过程。时间序列设计的基本模式如下。

$$O_1 \quad O_2 \quad O_3 \quad O_4 \quad X \quad O_5 \quad O_6 \quad O_7 \quad O_8$$

例如，实验者希望考察某种药物对患者血色素的影响，当采用时间序列设计过程时，首先对单一实验组进行3次实验前的连续观测血色素，然后引入实验处理即某种药物，接着继续进行3次实验后的连续观测血色素，最后比较3次前测和3次后测的差异。

时间序列设计的优点：第一，时间序列设计又被称为趋势研究，原因是它有多个观察点，从它的差异中可以发现因变量的变化趋势，也能预测未来的发展变化；第二，不必设置对照组，这对于从事运动队专业运动员研究的人员来说是非常便利的实验设计方法；第三，它可用于研究较长时期内人们的心理或行为的变化。

时间序列设计的缺点：第一，时间序列设计没有设置对照组，而且实验时间又比较长，难以判断所假设的自变量是否对因变量有主要影响；第二，多次进行前测使得被试会出现练习效应，降低或增加被试对实验处理的敏感性，从而影响被试在实验处理后的因变量结果。

（三）根据实验被试分组如何划分？

1. 被试内设计

被试内设计是指同一组被试接受所有实验处理，每个被试最后有多个测试分数。例如，研究拉伸方法与延迟时间对20米加速跑成绩的影响。拉伸方法包括动力性和静力性两个水平，延迟时间为3分钟、8分钟两个水平。实验分为4个水平组合：动力性3分钟、动力性8分钟、静力性3分钟、静力性8分钟。实验只有一个组12个人，每一个被试都要接受4个水平组合的全部测试，会有4个测试成绩。

2. 被试间设计

被试间设计是指每一种被比较的处理条件下都要有一个独立的被试组，每个被试只接受一种处理，最后只能有一个测试分数。上文中的示例：研究拉伸方法和延迟时间对20米加速跑成绩的影响，随机选择12名被试，分为4个组，分别接受4个水平组合：动力性3分钟、动力性8分钟、静力性3分钟、静力性8分钟处理。最后，每一个被试只接受其中一种组合测试，只有一个测试成绩。

3. 单被试设计

单被试设计是指在研究中只有一名被试，着重于对单个被试行为变化的测量。例如，研究音乐训练对唐氏综合征儿童运动能力的影响时，由于唐氏综合征儿童被试较难找寻，因此无法采用大样本实验，仅能对一名被试进行实验处理，测量并观察因变量的变化，这种实验叫做单被试设计。

（四）根据实验地点不同如何划分？

1. 实验室实验设计

实验室实验设计是指被试被带到实验室里，实验者严格操纵自变量，精确测量因变量，同时更好地控制研究情境中的各种额外变量，从而确定自变量和因变量之间的因果关系。例如，耐力训练对2型糖尿病大鼠RBP4蛋白表达及胰岛素抵抗影响的实验研究（林宇峰，韦军，2013）。

2. 现场实验设计

现场实验设计是指在自然情境下进行的实验研究，研究者操纵自然情境中的某种条件，以观察这种条件变化在被试行为上自然的效果，从而研究因变量的一种方法。例如，研究16周体育锻炼对大学生降低焦虑水平的效果，被试分为两组：篮球运动组和慢跑运动组，在各自运动16周后，进行大学生焦虑水平测试，以检验不同锻炼方式对降低焦虑水平的差异。

第二节　实验的基本程序

一、实验的基本程序是什么？

（一）实验研究的规则有哪些？

行为科学实验研究应该遵守以下5个规则（Levine & Parkinson，1994）：

1. 多重条件规则

任何实验都必须包括不止一个条件，其中至少有一个条件来作控制条件。

2. 随机化规则

随机化规则包括3个含义：（1）研究者必须从自己感兴趣的总体中随机选取被试；（2）研究者必须把被试随机分派到各个条件下；（3）各个条件的试验必须或者同时进行或者按随机顺序进行。

3. 避免混淆因素规则

避免混淆因素是指实验设计中要对无关变量进行有效控制，以防止它对因变量产生影响。如主试效应、被试效应和其他混淆变量的影响。对于混淆因素的控制体现在严格缜密的实验设计中。

4. 统计检验规则

必须经过统计检验以确认不同条件之间是否真的产生了不同的结果，所观察到的差异并非是一种偶然而是必然。

5. 使用全部数据规则

对数据进行统计分析时，研究者应使用来自所有被试的数据，而不是随意剔除某些被试的数据，即研究者不能按照自己的预期而随意选择数据。

（二）如何进行实验设计？

实验设计最重要的有3件事：第一，选择变量，包括自变量、因变量和无关变量；第二，对无关变量的控制；第三，变量的操作化定义和测量。具体设计步骤如下。

1. 提出假设

科学研究特别是实验研究是检验假设能否成立的一种方式，因此，在确立研究主题之后，应该在理论分析、前人研究和经验的基础上，提出本研究的假说，后期的实验设计和数据分析都是在验证假说。因此，可以说，实验研究是从一个有关因果关系的清晰假设开始的，它的任务是用数据检验能否支持这个因果关系的假设。

2. 实验变量的选择

实验设计需要确立相关重要变量的含义及有效测量方式，包括自变量、因变量和无关变量。自变量是研究者在实验中可以操纵和改变以影响被试行为的因素，它在实验中非常重要。选择自变量的性质和数量需要根据研究目的、研究主题的复杂程度以及采用的实验设计方法。因变量是随自变量变化而变化的因素，其重要特征之一是可以被测量。因变量要选择对自变量变化敏感性高、可靠稳定性好、观测值能够呈现正态分布的指标。无关变量是在实验中需要控制的额外变量，是实验设计的重要内容，也是关系实验内部效度的重要影响因素。

3. 确定实验设计

根据研究目的和内容，研究者需要确定具体实验设计。根据实验场景不同，选择是现场实验还是实验室实验；根据自变量数量不同，选择是单因素设计还是多因素设计；根据对被试数量和个体差异控制需求不同，选择是被试间设计，还是被试内设计，还是区组设计；根据实验分组不同，选择是等组设计还是不等组设计；根据对实验主试和被试控制程度，选择单盲实验还是双盲实验等等。

4. 选择被试

研究者应该根据研究主题的性质和内容选择相应的被试，同时需要考虑采用哪种方式将实验被试分组。

5. 选择材料和仪器

选择实验所用的仪器设备、测验工具或测试材料。

6. 确定实验程序

根据研究目的来选择实验设计并准备实验程序，具体方案设计时可以参考前人研究的经验，借鉴他人的研究思路和实验思想，经过深思熟虑、反复推敲后制定。

7. 数据的采集和分析

当前期计划准备完毕，则开始正式实验。对所有组中的个案进行因变量前测，并收集整理管理好数据，对实验组施加实验处理，然后对所有组的个案进行因变量的后测。运用相关统计技术对全部数据进行分析处理，以检验研究假设是否被证实。

二、如何控制无关变量？

实验的目的就是在控制无关变量的基础上探讨自变量与因变量之间的关系，因此，对无关变量的控制程度就直接影响到实验的内部效度，关系到实验结果与结论的可靠程度。

（一）实验中常见的无关变量有哪些？

无关变量又称为额外变量和控制变量，是指在研究中可能会对因变量产生影响，引起因变量变化，但并不是研究者需要考察而必须有意识加以控制的变量。无关变量可以分为两大类，一是随机的无关变量，是指偶然出现的、不可预期的无关变量，也可简称为随机变量，由它引起的误差称为随机误差。通常情况下，随机误差是无法绝对控制的，它是一种实验误差，只能通过增加被试数目和实验次数来将其降低到最低限度。二是系统的无关变量，是指经常地、相对恒定起作用的无关变量，对实验结果造成系统误差。在实验设计中主要是对系统无关变量进行控制，主要有如下4类变量。

1. 环境变量

来自环境的无关变量主要是指环境的物理特点，包括实验场所的温度、湿度、光线、噪音、通风、环境布置、风力等，还包括研究材料、实验仪器、指导语等。例如，在对研究参与者进行实验前测、后测100米跑步成绩期间，测试当天的天气状况会对测量结果产生影响。

2. 被试变量

来自实验被试的无关变量主要表现在：（1）研究参与者的人口统计学特征，包括年龄、性别、受教育程度、职业、宗教信仰、婚姻状况、文化背景、经济收入等；动物被试则包括重量、身长、年龄等。（2）实验期间的身心健康状况，包括是否生病、疲劳程度、心境状态、情绪、焦虑、抑郁等。（3）知识经验，包括研究参与者是否参与过相关的实验、是否有相关背景知识基础等。（4）人格态度，包括研究参与者的人格特征、性格特点、爱好、兴趣、态度、参与实验的动机等都会影响到实验结果。

3. 主试变量

来自主试的无关变量主要是实验者的动机、期望、人格、性别、年龄等因素。例如，某项教育实验，如果主试清楚实验目的，对实验组会有意无意地给予更多关注，而相对忽视对照组，教师的这种期望会对实验结果带来重要影响，皮革马利翁效应就是最好的例证。

4. 程序变量

来自程序的无关变量主要是由于实验设计不当引发的，包括具体实验方法的选择、被试分组、实验顺序等。

（二）如何控制无关变量?

控制无关变量方法主要有以下几种。

1. 排除法

排除法是把额外变量从实验中排除出去。从控制变量的观点来看，排除法确实有效，但缺点是用排除法所得到的研究结果常常难以推广，使得研究结论缺乏生态学效度。例如，为了避免主试的期望和被试参与实验的动机、态度等对实验结果造成影响，经常采用单盲（Single Blind），即被试不清楚研究的真正目的；双盲（Double Blind），即主试和被试均不清楚研究的真正目的设计来控制主试和被试无关变量。

2. 恒定法

恒定法是指研究者采取一定措施使某些无关变量在整个研究过程中保持不变，这是广泛使用的控制无关变量的方法。以温泉（2008）的研究设计为例，在为期70天的实验中，主要采用恒定法将实验场地、时间、主试、气候、实验程序等影响20米加速跑成绩的无关变量在实验中保持不变。（表5-1）

表5-1 对实验无关变量的控制

无关变量	控制方法
时间	每次测试时间均安排在14：30～16：30之间
地点	全部安排在北京体育大学田径馆
温度	北京体育大学田径馆室温恒定为18摄氏度
疲劳	两次测试之间均间隔48小时
主试	实验主试、计时始终为同一个人
程序	受试者均按照相同的程序进行热身和测试

3. 平衡法

平衡法是对某些不能被消除，也不能被恒定的无关变量，如某些历史事件的影响、个体的成熟等，通过采取某种平衡的方法使其效果得到控制。最常用的平衡法就是设置实验组与对照组，让历史事件和个体随时间发展而成熟造成的影响同时在实验组与对照组都存在；还可以采用拉丁方设计控制实验顺序对研究结果造成的影响，拉丁方设计会在本章第三节中介绍。

4. 随机化法

实验中，研究参与者的分组方式如果处理不当可能会影响到实验结果，研究者可采用随机分组的方式来控制被试无关变量。例如，研究者探讨小群体教学模式对大学生团体凝聚力的影响，如果让学生自愿选择实验组与对照组，可能就会造成学生中原本就比较要好的小团体再次在实验中组合在一起。为了控制这一现象，采用抽签这种抽样方式随机分配学生至实验组与对照组。随机化原则是实验设计中必须遵守的重要原则之一。

5. 匹配法

匹配法是在两种情况下使用，一是被试的某些特征与因变量显著相关；二是研究被试过少，难以确保随机分组能够实现等组，通过匹配的方式把被试分成几个相等的组。具体的做法是将按照某种特征匹配起来的一组组被试随机的、一个一组的分配于实验的诸组中。例如，可以按性别将10个男性和10个女性分配到每个处理情境中。

使用匹配法控制无关变量有两个前提：第一，匹配变量与因变量相关；第二，匹配变量可测。例如，研究某教学方法对学生数学成绩的影响，已知学生的智力与数学成绩相关，可采用匹配法将20名被试平等分至实验组与对照组。具体做法是，首先通过智力测验量表测量出20名学生的智力成绩，并按降序从高到低排序；然后按顺序每两个人为一组；再按照抽签方式随机分配这两个人到实验组与对照组，这样可以保证实验组与对照组的平衡。

6. 统计控制法

统计控制法是把影响到实验结果的某种无关变量作为自变量因素之一，通过一定的统计分析，将其效应从自变量效应中分离出去的方法。通常采用的统计技术是协方差分析，将无关变量作为协变量加以控制。

三、哪些因素影响实验的效度？

（一）什么是实验的内部效度？

1. 实验的内部效度

实验的内部效度（Internal Validity）是指研究中自变量与因变量之间因果关系的确切程度。如果实验因变量仅仅是由研究者所操纵的自变量所引起的，则认为该实验的内部效度较好。如果实验所获结果可能是由研究者所操纵的实验条件所引起的，也可能是由其他无关变量引起的，则认为该实验的内部效度较差。从统计学意义上看，内部效度是指实验结果偏离真值的程度或系统误差大小。

想要获得较好的内部效度，主要依赖于缜密的研究设计，包括选择恰当的自变量、因变量，同时必须尽力控制所有可能影响实验结果的无关变量。目前，衡量内部效度没有客观数量指标，只能通过研究者叙述的实验设计方案加以主观判断。因此，在报告实验设计部分，研究者必须要详细陈述变量选取依据、无关变量控制过程以及整个实验程序。

2. 影响内部效度的因素

（1）成熟。成熟是指个体随时间推移而内部状态发生的变化。这种变化包括生理和心理过程两个方面，如年龄、生长发育、疲劳、学习进展等都会影响实验结果。成熟效应经常出现于为期较长的实验之中。例如，某项研究通过6个月的健美操训练，发现30名初中生的身高、体重、肺活量等指标上有所提高，因而将这种提高归因于健美操训练。这一结论之所以难以成立，是因为这些学生在身体指标上的提高，可能是由于成熟造成的。控制成熟因素的方法是使被试选择与分组尽可能随机化，并设立对照组。

（2）历史事件。历史事件是指实施实验处理的前、后测验之间所发生的特殊事件，这些事件虽然不是自变量，但可能对后面的测验产生了影响。一般而言，前测和后测的间隔时间越长，历史事件影响内部效度的可能性越大。设置对照组是控制历史事件影响的常用方式。

（3）练习效应。前测本身会对实验产生影响，如智力测验，因为被试熟悉了前测的问题，因而影响到他们在后测时回答问题的方式和结果，出现了练习效应。

（4）参与者退出。实验期间，被试由于事故、生病等原因而被更换或停止参加研究，就会明显影响对研究结果的比较和分析，大大降低内部效度。研究者应该注意留意并记录每组中前测和后测时被试的人数，以便查明它对内部效度的影响。

（5）测验工具。测验工具的变化包括测验工具本身的变化和实施测验的人的变化，如测量100米跑步成绩的计时器，前测使用手计时，后测改为电子计时；或实验前测为一个人，后测时更换了测试人员。为了减小测验工具本身的变化对因变量产生的影响，每次测验之前均应对测验工具进行校准。这些影响因素与研究设计关系不大，主要靠研究者加强基本训练和严格测试手段。

（6）统计回归。数理统计学基本原理表明，在进行重复测量时，初测时获高、低极端分数者在重测时倾向于向平均值偏移。把特殊分布中的极端（极高或极低）分数，随着测验的重复向分布的平均数运动的趋势，叫作统计回归。进行重复测量时，高分组的分数可能降低，低分组的分数可能提高，这或许是统计回归的结果，而不是实验处理的结果。统计学家经常指出，身材极高的父母可能生出较矮的子女，而身材矮小的父母，可能生出较高的子女。

（7）主试效应。主试造成实验结果出现偏差主要有两种来源，一是主试的个人特点，二是主试的期待。主试个人特点包括3种：第一种是生物社会特征，包括主试的年龄、性别、种族、地区等。第二种是社会心理特征，包括焦虑水平、社会赞同、需要、智力等。第三种是情景因素，包括主试与被试是否认识，主试是否有经验，等等。主试的期待也可能引起偏见效应，这种期待，将导致主试无意识地向期望的方向行动，导致被试的行为产生改变，以致造成实验结果的偏差。

（二）什么是实验的外部效度？

1. 实验的外部效度

实验的外部效度（External Validity）是指研究发现能够普遍推广到样本来自的总体以及其他同类现象中去的程度，即实验结果的普遍代表性和适用性。任何一项研究都希望其结果结论能够被推广，能够类推到实验本身以外的事情或情境中。一项研究如果仅仅是内部效度高，缺乏外部效度，会降低它的研究和应用价值和意义。

2. 影响实验外部效度的因素

（1）样本与总体。行为科学研究中，最经常使用的人类被试是在校大学生，那么能否将适用于大学生的研究结果推论到其他人群，大学生是否具有普遍代表性，这值得关注。在体育科学中，也常常用体育院校的体育专业大学生来做被试，这些人群尽管也有运动经历，但其成长环境、文化背景、思想观念还是与专业运动员有较大差异，不能将二者相互替代。不同的文化背景对个体和社会都会产生深远影响，以某种文化背景中个体为被试的结果发现，能否适用于其他文化背景中的个体，这涉及研究的外部效度问题，也是跨文化研究所关注的核心课题。

（2）环境。研究中的实验设计通常都是在实验室里面、高度控制条件下进行的，实验室环境有更多人为因素，与真实的现实世界有非常大的差别，实验室研究面临着生态学效度低的困境。实验室实验倾向于有较高的内部效度，但是外部效度比较低，不宜推广。现场实验倾向于较高的外部效度，但控制无关变量难度较大，内部效度低。

（3）反应效应。由于实验安排不当，或由于实验者操作技术所限，造成被试对实验处理的意图有所察觉，从而对实验处理的反应受到期待的影响，因而妨碍了实验结果的概括性和普遍意义。

第三节　实验设计的类型

如前文所述，实验设计按照不同的划分标准有不同的分类类型。按照对实验中被试无关变量控制程度、实验精确性由低到高可分为被试间设计、区组设计和被试内设计。其中，被试内设计使用同一组被试接受全部实验处理，将实验被试差异引起的误差减少到最低程度，真正做到了不同处理的被试完全同质。同时，在统计处理方面，由于被试内设计可以将被试差异造成的方差从误差方差中分离出来，从而更准确地估计自变量的影响效应，提高研究的精确度与灵敏度（莫雷，温忠麟，陈彩琦，2007）。

由于本科毕业论文中多数研究只包含一个自变量，因此，本书仅做单因素实验设计介绍。

一、什么是被试间实验设计?

（一）被试间实验设计有什么特点?

1. 被试间设计

被试间实验设计（Between-subjects Experimental Design）又称为组间设计（Between-groups Design），是指要求每个被试（组）只接受一个自变量水平的处理，对另一被试（组）进行另一种自变量水平处理的实验设计，其本质特征是对独立的被试组进行比较。实验得到不同的分数组后，对数据进行统计分析，寻找组间差异，目的是确定两个或更多个实验处理条件间是否存在差异。例如，研究者可能试图比较两种训练方法（两种处理），以确定其中一种方法是否比另一种方法更有效。方法是使用两个独立的被试组，每组对应一种训练方法。

被试间设计的一个突出特点是每个被试只能有一个分数。（图5-1）

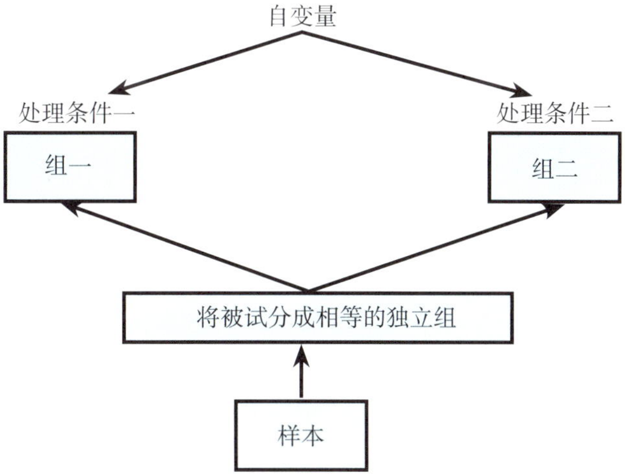

图5-1 被试间实验的结构

专栏5-2 锚定实验

特维尔斯基和卡尼曼（Tversky & Kahneman，1974）做了这样一个实验，将被试分为两组，都要求被试用5秒钟时间对乘法序列进行估算。

第一组看到的序列为：1x2 x 3 x 4 x 5 x 6 x 7 x 8=---------

第二组看到的序列为：8 x 7 x 6 x 5 x 4 x 3 x 2 x 1=--------

结果发现，第一组估计的中数为512，而第二组估计的中数为2250（正确答案是40320）。

为什么会造成两组估计结果差异十分显著，特维尔斯基和卡尼曼认为，人们在进行简单乘法任务上的表现，说明进行判断是存在一种锚定偏向，即当在对某个事件或结果的可能的值做出判断时，人们倾向于从一个最初的起始值开始，向上或向下调整。就是说，人们的判断过分稳固地锚定在最初的猜测上。

这个实验采用的就是被试间设计，两组人看到的是不同的乘法序列。

2. 被试间设计的优缺点

（1）被试间设计的优点：第一，被试的分数相互独立；第二，避免了练习效应和疲劳效应等由实验顺序带来的误差。

（2）被试间设计的弱点：第一，需要更多的被试量；第二，由被试的个体差异所带来的无关变异，并没有从误差变异中分离出去，会导致误差变异增大，降低实验设计的敏感性（舒华，张亚旭，2008）。

3. 个体差异的控制

被试间设计最大的弱点是无法克服由于被试个体差异而带来的无关变异，通常采用3种方式来进行控制。

（1）随机分组。建立两个或几个相等的组，最常用的分组方法就是随机化，即采用随机抽样方式将被试分到各个组别。

（2）匹配组。在研究被试过少、难以确保随机分组能够实现等组时所采用的一种分组方式，即通过匹配的方式把被试分成几个相等的组。

（3）保持变量恒定。例如，采用同一性别或同一年龄的人参加实验，可以将年龄和性别因素保持恒定。

（二）单因素被试间实验如何设计?

1. 单因素完全随机等组前测后测设计

（1）单因素完全随机两等组前测后测设计。这是最基本同时也是最为标准的实验设计，被称为经典实验设计（The classical design）或古典实验设计。它包含了实验设计的全部要素：自变量、因变量、实验组、控制组、前测、后测。其基本模型为：

（实验组）	O_1（实验组前测）	X（实验处理）	O_2（实验组后测）
（控制组）	O_3（控制组前测）	—	O_4（控制组后测）

实验实施步骤如下：第一，随机分配被试到实验组和控制组；第二，对实验组和控制组同时进行第一次测量，即前测；第三，对实验组给予实验刺激，但不对控制组实施；第四，两个组被试同时进行第二次测量，即后测；第五，比较两个组前后两次测量结果之间的差异。

例如，有研究者想要研究跆拳道训练对儿童柔韧性的影响，将报名参加跆拳道班的学员60人随机分入跆拳道1班和跆拳道2班，每组30人。1班作为实验组，首先进行前测，取得因变量（直臂体前屈）前测成绩O_1；然后开始为期3个月的训练；2班作为控制组，与1班同时进行前测，取得因变量（直臂体前屈）前测成绩O_3，等到第4个月才开始为期3个月的训练。在第3个月末，对两组学员同时进行直臂体前屈的测量，取得因变量后测成绩O_2和O_4；最后，比较两组学员后测成绩可能出现的差异。

对单因素完全随机两等组前测后测设计，有两种统计方式。第一种方法是单因素协方差分析（ANCOVA），即将因变量前测成绩作为协变量，组别作为自变量，后测成绩作为因变量。第二种方法是独立样本t检验，先用被试的因变量后测成绩减去前测成绩，得到差值成绩；然后，将组别作为自变量，差值成绩作为因变量，进行独立样本t检验。

例如，韩冬，张逸文（2013）进行的女子散打运动员核心力量训练的实验研究，将上海体育学院女子散打队14名运动员，根据运动员的实验前测试成绩分成实验组与对照组。实验时间为24周，每周2次，分别在周三上午和周六下午进行力量训练，每次2～3小时。实验组与对照组每次练习时间段、练习时间、练习条件均相同，由同一教练进行训练。实验期间，实验组采用核心力量训练方法，对照组采用传统力量训练方法，其他练习内容相同。实验中各指标均由专业人员进行测试，且每项指标实验前后由同一人测试。通过比较运动员的各测试指标发现，核心力量训练可有效地提升女子散打运动员的稳定性，增强运动员核心部位肌群的工作能力，从而提高运动员的快速力量与力量耐力，但对于提升女子散打运动员的最大力量效果不明显。

（2）单因素完全随机多等组前测后测设计，其基本模型为：

（实验组1）	O_1（实验组1前测）	X_1（实验处理1）	O_2（实验组1后测）
（实验组2）	O_3（实验组2前测）	X_2（实验处理2）	O_4（实验组2后测）
…	…	…	…
（实验组k）	O_{kb}（实验组k前测）	X_k（实验处理k）	O_{ka}（实验组k后测）
（控制组）	$O_{(k+1)b}$（控制组前测）	—	$O_{(k+1)a}$（控制组后测）

例如，研究不同锻炼方式对儿童柔韧性的影响，将报名参加跆拳道班的学员60人随机分入篮球班、跆拳道班、控制班，每班20人。3个班都先进行直臂体前屈前测，然后篮球班和跆拳道班开始为期3个月的训练；控制班要从第4个月开始训练。在第3个月末，对3个班学员同时进行直臂体前屈的测量，取得因变量后测成绩，最后，比较3个班学员后测成绩可能出现的差异。

单因素完全随机多等组前测后测设计，有两种方法进行数据统计分析：第一，采用单因素协方差分析（ANCOVA）方法进行数据分析。将前测成绩作为协变量，组别作为自变量，后测成绩作为因变量。如果*F*检验达到了规定的显著性水平，说明至少有两个组的后测平均数有可靠差异。如果研究者还希望了解3个组中哪些组的后测平均数有可靠的差异，则需要进行单因素协方差分析的后续检验（post hoc test）。如果*F*检验没有达到规定可靠性水平，则不需要进行后续检验。第二，用后测成绩减去前测成绩的差值，将组别作为自变量，差值成绩作为因变量进行单因素方差分析。

专栏5-3 对于小学生而言，哪种锻炼方式最有助于身心健康？

为探讨运动干预对小学生身心健康的影响，殷恒婵（2012）等人对2563名小学生进行了实验研究，把被试随机分配到5个组，每组被试接受一种形式的运动干预，共计5种运动干预方案，5套运动干预方案均在课外体育活动时间进行，干预周期为10周。如表5-2所示。

表5-2 本研究运动干预方案一览表

干预方案	F运动频率	I运动强度	T每次运动持续时间（min）	T运动项目
方案一	5次/周	（220−年龄）×（40%~80%）	30	跑步
方案二	3次/周	（220−年龄）×（40%~80%）	30	趣味田径游戏
方案三	3次/周	（220−年龄）×（40%~80%）	30	小手球+素质练习
方案四	3次/周	（220−年龄）×（40%~80%）	30	踢毽+游戏
方案五	3次/周	（220−年龄）×（40%~80%）	30	武术+跳绳+“8”字跑

身体健康指标和测试工具详见表5-3，心理健康测量工具选取周成林2009年编制的“青少

年体育锻炼心理效益问卷”，该问卷包括主观体验、情绪活力、身体价值、人际感知、困境应对5个维度，采用李克特五等级评分法。

表5-3　在校学生体质健康测量指标和测试仪器、器材一览表

	测量指标	测试仪器、器材
身体形态	身高标准体重（指数）	身高体重测试仪
	上肩部皮脂厚度（mm）	皮脂夹
	肩胛皮脂厚度（mm）	
	腹部皮脂厚度（mm）	
身体机能	台阶试验指数（分值）	台阶试验测试仪
	肺活量（mL）	肺活量测试仪
身体素质	握力（kg）	握力测试仪
	斜身引体（男）（次数）	单杠
	1 min 仰卧起坐（女）（次数）	秒表
	立定跳远（cm）	立定跳远测试仪
	坐位体前屈（cm）	坐位体前屈测试仪
	50m×8往返跑（s）	秒表
	单脚站立（s）	闭眼单脚站立测试仪
	选择反应时（s）	反应时测试仪

然后将5种方案的身体形态、身体机能、运动素质、心理健康指标的干预效果进行多重比较，5套运动干预方案——方案一（项目：跑步）、方案二（项目：趣味田径游戏）、方案三（项目：小手球＋素质练习）、方案四（项目：踢毽球＋游戏）、方案五（项目：武术＋跳绳＋“8”字跑）对小学生身心健康发展均有积极的促进作用，但不同方案对小学生身心健康的不同指标影响不同，对相同指标的影响程度不同。

表5-4　5种方案干预效果比较

方案	有助于改善身体健康的方面	对身体健康改善不明显的方面	有助于改善心理健康的方面	对心理健康改善不明显的方面
1. 跑步	身体形态、心肺功能、耐力素质	上肢力量、腰腹力量、柔韧性	良好情绪体验、改善人际关系、困境应对能力	心理健康的促进作用不明显
2. 趣味田径游戏	身体形态、上肢力量、平衡能力	身体机能、下肢爆发力、耐力	提高困境应对能力	
3. 小手球＋素质练习	身体形态、心肺功能、上肢力量、腰腹力量、下肢爆发力、柔韧性、耐力、平衡能力		对心理健康的主观体验和身体价值维度的促进作用	
4. 踢毽球＋游戏	心肺功能、下肢爆发力、腰腹力量、反应灵敏性	上肢力量和平衡能力	情绪活力、人际感知维度的促进作用	
5. 武术＋跳绳＋“8”字跑	心肺功能、上肢力量、下肢爆发力、耐力素质	握力、平衡能力、反应灵敏性		心理健康5个维度的促进作用不明显

引自殷恒婵，陈雁飞，张磊，殷俊益，陈爱国，2012，14-27页.

2. 单因素完全随机配对等组前测后测设计

单因素完全随机配对等组前测后测设计是单因素完全随机两等组前测后测设计的一种特殊形式，其基本模型为：

	R_1（实验组）	X（实验处理）	O_1（实验组的因变量）
O M			
	R_2（控制组）	—	O_2（控制组的因变量）

第一，在随机分组之前，先就与因变量直接相关的一个重要因素对所有被试进行前测，获得相关因素前测成绩O。第二，根据被试相关因素前测成绩，依次将两个分数相同或基本相同的被试，逐一配对，用M表示。第三，将两两配对的被试，逐一拆开，随机将一人分入实验组，另一人分入控制组，用R_1和R_2表示。这就使得两组被试在相关因素前测成绩的平均数和标准差上基本对等，成为两个成对的样本。第四，实验组接受实验处理，用“X”表示，控制组不接受实验处理，用“—”表示。第五，实验处理后，对两组进行同样的后测，分别获得因变量O_1和O_2，以对两组可能出现的不同反应进行比较。

例如，研究某教学方法对学生数学成绩的影响，已知学生的智力与数学成绩相关，可采用匹配法将20名被试平等分至实验组与对照组。具体做法是，首先通过智力测验量表测量出20名学生智力的成绩，并按从高到低进行排序，然后按顺序每两个人为一组，再按照抽签方式随机分配到实验组与控制组，实验组采用新型教学方法，对照组采用传统教学方法，3个月后同时参加数学考试，然后比较两组数学成绩之间可能出现的差异。

单因素完全随机配对等组前测后测设计，可选择配对（相关）样本t检验的方法进行数据分析。

3. 所罗门4组设计

所罗门四组设计（Solomon Four-Group Design），是所罗门（R. L. Solomon）于1949年提出的一种随机设计类型，其基本模型为：

（实验组1）	O_1（实验组1前测）	X（实验处理）	O_2（实验组1后测）
（控制组1）	O_3（控制组1前测）	—	O_4（控制组1后测）
（实验组2）		X（实验处理）	O_5（实验组2后测）
（控制组2）		—	O_6（控制组2后测）

上述模型表示：第一，首先将被试随机分为4个等组；第二，实验组1和控制组1接受因变量的前测；第三，实验组1和实验组2同时接受同样的实验处理；控制组1和控制组2不接受任何实验处理；第四，4个组同时接受因变量的后测。

所罗门4组设计的主要优点是提供了两组联立的实验，得以一再比较和检验实验处理效应。如果出现$O_2>O_1$，$O_2>O_4$，$O_5>O_3$，$O_5>O_6$这样的结果，则有充分理由推断，所得差异是由实验处理造成的。所罗门设计具有考察测验、历史和成熟三种效应的方便。它的主要局限是，在一般情况下，不太容易做到随机选取足够的同质被试并将他们随机分配到4个等组。

例如，为探讨核心力量训练对男子篮球运动员跳投命中率的影响，李游（2012）在其学位论文中对16名男子篮球运动员进行了所罗门4组实验设计。首先，运用随机抽签将16名实验对象分为4个等组，1、3组为实验组，对其进行一定的实验处理，同时进行传统力量训练与核心力量专项训练；2、4组为控制组，只进行传统力量训练。另外，只对1、2组进行前测，但4组都接受后测。从后测成绩组间比较来看，实验组1、3组与对照组2、4组的1分钟跳投、定点跳投和运球急停跳投3种命中率后测的均值没有显著性差异，说明核心力量专项训练对被试的3种跳投命中率不会产生显著性提高。

二、什么是区组实验设计？

（一）什么情况下选择区组实验设计？

1. 区组实验设计

在行为科学研究中，被试个体差异是误差变异的重要来源，常常成为无关变量。这时使用区组设计，将由无关变量引起的变异分离出来，使它不出现在处理效应和误差变异中。随机区组设计重要意义在于可使区组内的被试差异尽量缩小，降低影响因变量的实验误差。研究者是将区组视为无关变量而加以控制，以便能更加精确的考察实验处理效应。

被试个体差异（如智力、体能、性别、年龄等）和环境因素（如时间、季节、地点、仪器等）都能成为考虑区组的变量。

2. 区组设计的被试分配

随机化区组的原则是同一组内的被试尽量同质，如果只有一名被试作为一个区组，那么，被试需接受全部实验处理，在实验顺序上采用随机方法。如果被试人数多，则要求每个区组内被试的人数是实验处理数目的整倍数。例如，如果有3个实验处理，那么每个区组内部被试的人数可根据需要和条件确定为3的倍数，即3、6、9，等等。每一区组应该接受全部实验处理，每一种实验处理在不同的区组中重复的次数也应该完全相同。

例如，研究靶心的不同颜色对射箭准确性的影响，颜色是自变量，有3个水平，A为红色，B为黄色，C为蓝色。同时，考虑到射箭运动员的水平对射箭准确性有影响，根据平时训练成绩，将运动员分为优秀、良好、合格、较差4个组别，这时，这个组别就是区组。每个区组内选择被试为6名（3个处理水平的2倍），共计6×4=24名被试，每个区组内6名被试被随机分配到A、B、C处理组中，每组2名被试。（图5-2）

实验处理

区组		红色	黄色	蓝色
区组	优秀			
	良好			
	合格			
	较差			

图5-2　单因素随机区组设计示意：颜色对射箭准确的影响

3. 区组设计的优缺点

随机区组设计的优点是：第一，由于实验单位为区组，可以减少样本误差方差的干扰，获得对处理效应更加精确的估计；第二，可用于含任何处理水平数的实验中，且区组的数量不受限制，具有较好的灵活性。

随机区组设计的主要局限是寻找同质被试带来困难，同时，使用随机区组设计的前提假设是，实验中的自变量与无关变量之间不存在交互作用，如果有交互作用，则不适合使用随机区组设计。

（二）单因素随机区组实验如何设计？

单因素随机区组设计的基本模式见表5-5。

表5-5　单因素随机区组设计的基本模式

区组	实验处理					区组平均
	X_1	X_2	X_3	…	X_k	
1	O_{11}	O_{12}	O_{13}	…	O_{1k}	O_1
2	O_{21}	O_{22}	O_{23}	…	O_{2k}	O_2
3	O_{31}	O_{32}	O_{33}	…	O_{3k}	O_3
	…	…	…	…	…	…
n	O_{n1}	O_{n2}	O_{n3}	…	O_{nk}	O_n
实验处理平均	$O_{.1}$	$O_{.2}$	$O_{.3}$	…	$O_{.k}$	$O_{..}$

例如，如前述的靶心颜色对射箭准确性的影响的实验中，颜色有红色、黄色、蓝色3种处理水平，将运动员按照平时训练成绩分为4类：优秀、良好、合格、较差，并在每类中随机选取6名运动员作为1个区组，共有24名运动员；再将每个区组内的6名运动员随机分为3个处理水平，每组2人。实验时，一个区组内的每个小组随机仅在一个颜色条件下进行射击，每个人有一个射击成绩。

（三）拉丁方实验设计

1. 拉丁方设计

拉丁方设计（Latin Square Design）又称为平衡对抗设计或轮换设计，是指一个含有n行、n列，把n个字母分配给方格的管理方案，其中每个字母在每行中出现一次，在每列中出现一次。拉丁方实验设计是扩展了随机区组实验设计的原则，可以分离出两个无关变量的效应，一个无关变量的水平在横行分配，另一个在纵列分配，自变量的水平则分配给方格每个单元。

拉丁方格的标准块，如图5-3所示。

A	B
B	A

2×2

A	B	C
B	C	A
C	A	B

3×3

A	B	C	D
B	C	D	A
C	D	A	B
D	A	B	C

4×4

A	B	C	D	E
B	C	D	E	A
C	D	E	A	B
D	E	A	B	C
E	A	B	C	D

5×5

图5-3 拉丁方格的标准方格

2. 拉丁方设计需要满足的条件

拉丁方设计需满足3个前提条件：第一，研究中有一个带有n≥2个水平的自变量，还有两个带有n≥2个水平的无关变量；第二，研究者需事先假定处理水平与无关变量水平之间没有交互作用；第三，随机分配处理水平给n^2个方格单元，每个处理水平仅在每行、每列出现一次。

3. 拉丁方设计特点

拉丁方实验设计的优点是精确性高，因为这样设计可以使研究者分离出两个无关变量的影响，因而减少实验误差；缺点是实验的灵活性差，因为需要横行单位组数、直列单位组数、实验处理数和实验处理的重复数必须相等。同时，难以保证自变量与无关变量不存在交互作用，因此，拉丁方设计在多因素实验中并不经常使用。

例如，为探讨情绪记忆对内隐信息提取的影响，郑希付等人（2012）将积极、消极、中性3类情绪记忆词对按拉丁方设计平衡呈现给15名大学生被试。从而保证3类情绪的每一种先后顺序都存在，控制了顺序对实验结果的影响。

三、什么是被试内实验设计？

（一）被试内实验设计有什么特点？

1. 被试内设计

被试内设计（Within-group Design）也称为重复测量设计，是每名被试都要参加所有条件，即自变量所有水平的实验，其本质特征是它只使用一个被试组，让被试接受所有的处理，并对其在各种处理条件下的行为进行观测。

如本章开始研究摘要所介绍的“3种拉伸方法、不同延迟时间对20米加速跑成绩的影响”一文，采用的就是两因素被试内设计，自变量有2个即拉伸方法和延迟时间，因变量是20米加速跑成绩，每一个自变量都有3个水平，15名研究参与者需要进行3种拉伸方法、3种延迟时间下20米跑步测试，每个参与者均要测试9次，每个人有9个成绩。

图5-4　被试内实验设计的结构

2. 被试内设计的优缺点

被试内设计是对被试差异控制最为严格的实验设计，最大的优点就是能够彻底分离由被试间个体差异所引起的误差，这是被试间设计为最突出的问题。因此，同被试间设计相比，被试内设计是一种更好的选择。同时，被试内设计所需要的被试相对较少，在研究参与者难以寻找的情况下，这种设计尤为实用。

被试内设计的局限是被试的中途退出对实验影响会比较大，可能会加大志愿者偏差。同时，实验中可能存在序列效应、练习效应和疲劳效应。可以采用抵消平衡的方法来处理时间关联损害和顺序效应，即在被试内设计中让被试以各种不同的可能顺序接受处理，并使得采用每一种可能顺序的被试数相同。目的是通过打乱与处理时间或顺序有关的任何系统性效应，消除潜在的混淆变量（Gravettter，F.J，2005）。

（二）单因素被试内实验如何设计？

1. 单因素被试内两水平设计

被试内最简单的应用是单因素两水平设计，只包含一个自变量，为被试内变量，并且只有2个水平。例如，“两种仰泳出发的起跳和入水角度与距离的关系”（刘鄂，2008），采用单因素被试内两水平设计，自变量是仰泳出发姿势，包括2个水平，8名被试均参加两种起跳姿势的测量。

专栏5-4 仰泳出发姿势哪一个更好?

出发技术是游泳比赛技术的重要组成部分。韩国和日本游泳运动员近年来采用了一种新式出发技术，而欧美运动员很少使用。新式和旧式出发技术的选择有什么依据吗?

选择北京体育大学运动训练游泳专项不同主项的男运动员8名，利用摄像机和照相机拍摄新旧两种不同的仰泳出发动作。拍摄起止时间分别为运动员身体拉起，呈蹲姿和入水后。计时起始点为发令员发出出发信号，运动员入水后只做1次反蝶泳腿，运动员头部到达7.5米处停止计时。根据录像每人选取3次效果最好的仰泳出发，运用录像分析，测量并统计起跳角度、入水角度和入水距离等数据。在访谈著名生物力学专家和运动训练游泳专项老师的基础上，利用office软件对新旧两种出发的实验数据进行对比分析。

实验结果显示，起跳角度与入水角度和距离存在正比关系；身高越高新旧出发7.5米的时间差越小；新出发的入水距离较近，但游过7.5米所用时间较短；两种起跳角差异明显，旧出发的起跳角大于新出发起跳角，旧出发的入水角大于新出发的入水角度；6名运动员旧出发式游7.5米平均用时多于新式出发；影响两种仰泳出发起跳角和入水角与距离的因素主要是出发预备动作的不同。新式出发姿势不适合身材普遍高大的欧美运动员，而适合身材普遍较低的亚洲运动员。

引自刘鹗. 两种仰泳出发的起跳和入水角度与距离的关系.学位论文.北京体育大学，2008.该文获得2008届北京体育大学优秀本科毕业论文一等奖

2. 单因素被试内多水平设计

研究中只包含一个自变量，该因素为被试内变量，水平数≥3。单因素被试内多水平设计采用的统计方式是重复测量方差分析。

本章小结

1. 实验的基本要素包括自变量、因变量、控制、因果关系。

2. 根据自变量数量，可以将实验分为单因素实验设计和多因素实验设计；根据实验控制的严格程度可以将实验分为真实验设计和准实验设计；根据实验被试分组可以将实验分为被试内设计、被试间设计和单被试设计；根据实验地点不同可以将实验分为实验室实验设计和现场实验设计。

3. 实验研究的原则主要包括多重条件原则、随机化原则、避免混淆因素原则、统计检验原则和使用全部数据原则。

4. 进行实验设计的基本程序是提出假设、实验变量的选择、确定实验设计、选择被试、

选择材料和仪器、确定实验程序、数据的采集和分析。

5. 实验中常见的无关变量有环境变量、被试变量、主试变量和程序变量。控制无关变量的方法主要有消除法、恒定法、平衡法、随机化法、匹配法、统计控制法。

6. 实验的内部效度是研究中自变量与因变量之间因果关系的确切程度。实验的外部效度是指研究发现能够普遍推广到样本来自的总体以及其他同类现象中去的程度，即实验结果的普遍代表性和适用性。

7. 被试间实验设计是指要求每个被试（组）只接受一个自变量水平的处理，对另一被试（组）进行另一种自变量水平处理的实验设计，其本质特征是对独立的被试组进行比较。

8. 被试内设计是每名被试都要参加所有条件即自变量的所有水平的实验，其本质特征是它只使用一个被试组，让被试接受所有的处理，并对其在各种处理条件下的行为进行观测。

文献导读

[1] 莫雷，温忠麟，陈彩琦. 心理学研究方法[M]. 广州：广州高等教育出版社，2007.

[2] 祁国杰，游永豪，温爱玲. 实验设计在体育科学中应用的现状与评价[J]. 北京体育大学学报，2011，31（3）：81-86.

[3] 舒华，张亚旭. 心理学研究方法：实验设计和数据分析[M]. 北京：人民教育出版社，2008.

[4] 王福兴，申继亮，田宏杰，周宗奎. 专家与新手教师对静态课堂教学场景的知觉差异[J]. 心理发展与教育，2010（6）：612-617.

[5] 殷恒婵，陈雁飞，张磊，殷俊益，陈爱国. 运动干预对小学生身心健康影响的实验研究[J]. 体育科学，2012，32（2）：14-27.

思考与练习

1. 为什么体育科学研究方法倾向于实证研究中的实验研究取向？

2. 精读一篇《体育科学》上采用实验法的研究报告，并撰写读书笔记。

3. 查阅本校本专业最近一届本科毕业论文中采用实验研究方法的论文原文并进行分析，撰写调查报告，需要报告如下内容：

（1）实验研究方法所占论文总数比例。

（2）采用具体实验研究设计分类。

（3）实验设计中存在的问题及改进方案。

第六章　调查研究

关键术语

问卷　量表　开放式问卷　封闭式问卷　自陈式问卷　回收率
专家调查法　社会赞许偏差　顺从偏差　特尔斐法　无结构式访谈
半结构式访谈　结构式访谈　比赛技术统计

学生疑问

问卷和量表是一回事吗?
怎么编问卷? 问卷题目从哪来? 网络上“百度”下来的问卷能够直接使用吗?
访谈就是聊天吗? 找谁去访谈? 访谈的结果怎么处理呢?
比赛技术统计究竟算哪种研究方法呢?

学习目标

通过本章的学习，你将能够:

1.了解问卷法、访谈法、比赛技术统计所适用的议题以及各自的优势与局限。
2.掌握优质题目的编写原则，并根据研究主题设计一份调查问卷。
3.了解访谈调查法的类型、过程及资料处理方法。
4.学习比赛技术统计基本过程和方法。

研究摘要

邱芬，姚家新.我国专业教练胜任特性模型、评价量表的建立及测评研究.体育科学，2009，29（4）：19-26.

问题：一个国家能够培养出多少世界冠军，首先在于他们拥有多少具有世界水平的教练，教练是发展竞技体育的关键人才。那么，究竟哪些人更适合做教练呢？具有何种品质的人能够更好地胜任这份工作？胜任特性是很好的研究视角，它是能将某一工作中表现优异者与表现平平的人区别开来的潜在的、深层次特性，能够显著区分优秀绩效与一般绩效的个人特性。专业教练的胜任特性模型是怎样的一个结构呢？

方法：研究采用访谈法和问卷调查法两种方式。首先，对34名高级和国家级教练进行行为事件访谈，编码分析后建立胜任特性模型；然后，以构建的胜任特性模型为基础，依照量表编制程序，编制【教练胜任特性量表】并检验其测量学属性；最后，采用【教练胜任特性量表】和【运动员满意度量表】对288名教练和366名运动员分别进行测试，考察教练胜任特征，并探讨教练胜任特性及运动员对教练执教水平满意度之间的关系。

结果：教练胜任模型包含9个维度，即知识获取、创新、团队合作、沟通、权威、关注细节、洞察力、解决问题、分析思考。以模型为结构建立教练胜任特征评价量表，并检验量表的信、效度，各分量表的克隆巴赫α系数在0.632~0.883之间，总体α系数为0.924，结构公式模型检验也达到可以接受的标准。不同级别、不同项目教练的胜任特征存在水平差异和不同特点，教练的胜任特征与运动员对教练执教行为满意度之间存在密切关系。

第一节 问卷法

调查研究（Survey Research）是一项相当古老的研究技术，《史记·五帝本纪》记载，原始社会末期的尧、舜、禹都曾深入民间考察民情。中国古代形成制度的调查研究，首推西周的“采风”制度。所谓采风，就是周王朝通过天子巡守、专人调查和逐级上报等多种方式来了解民风、民情、民意。历代最高统治者亲自到各地巡视，如清朝乾隆皇帝深居宫城，为了体察民情，曾六下江南微服私访，这也是一种重要的社会调研方式。调查研究是社会科学在实证主义影响下发展起来的研究方式，也是目前最广为应用的社会科学研究技术。

调查研究是一种研究方式，包括问卷法、访谈法、测量法、纸笔测验法、心理测验法、观察法、个案法、专家调查法等多种收集资料方法，体育科学研究中比较常用的有问卷法、访谈法、观察法和专家调查法。

一、什么是问卷法?

目前，社会科学研究中应用最为广泛的资料收集技术就是问卷法，也是体育学术论文和学位论文中使用频次最高的量化研究方法。

（一）问卷和量表一样吗?

1. 问　卷

问卷（Questionnaire）是社会研究中用来收集资料的一种工具，是通过书面形式，以严格设计的问题或题目，向被调查者收集研究资料和经验事实的一种工具，用以测量人们的行为、态度和社会特征。在量化研究中，问卷是使用最普遍且必不可少的资料收集工具。

2. 量　表

量表（Scale）是一种测量工具，用于精确度量一个比较抽象或综合性较强的概念，特别是度量态度和观念的不同程度或差异（袁方，1997）。朱智贤主编的《心理学大辞典》将量表解释为一个具有单位和参照点的连续体，将被测量的事物置于该连续体的适当位置，看它离开参照点多少单位的计数便得到一个测值。

3. 问卷与量表的区别

问卷和量表都是人们用来收集资料的技术手段，也是测量人们行为、态度和社会特征的工具。由于这种相似性，实际工作中常常将二者混淆，将并没有经过严格测量学意义上编制过程的问卷称为量表。问卷和量表在很多方面还是有着显著差异的。

（1）在编制上的差异。第一，量表需要在明确理论基础上编制，而问卷则更多围绕主题设计。例如，人格量表和智力量表之所以有多种，是因为每一个量表都是依据不同人格或智力理论编制而成的。因此，编制一个最适合于研究问题的量表需要理论的建构和指导；而问卷则不需要明确的理论基础，只需符合所要调查的主题即可。第二，量表是对变量或概念属性强度的复合测量，即全部陈述或项目都是按照一定的结构顺序安排，以反映测量的变量或概念具有各种不同程度，如完全同意、同意、中立、不同意、完全不同意，而问卷则没有这种结构顺序安排。第三，量表的各个分量表必须要有明确定义，问卷则不必要如此。

（2）标准化上的差异。量表编制必须满足标准化要求，需要经过测量学标准化程序，包括严格的信度和效度检验，并有常模参照才能成为量表；而问卷则不必有如此标准化过程。

（3）计分方式上的差异。如果量表有若干分量表，那么计分方式是以分量表为单位，结果分析时也是按照维度而不是题项进行比较；问卷则以个体为单位。量表的计算单位是分数，问卷的计算单位是次数。

（4）统计方式上的差异。量表适合于特定统计分析与检验，包括平均数、标准差、积差相关、t检验、方差分析、回归分析等；问卷以定类、定序问题居多，在统计方式上会受到更多的限制。

专栏6-1　人格如何测量？

大五人格量表（NEQ）来源于Costa，P. T.，& McCrae，R. R.（1992）. Revised NEO personality Inventory（NEO PI-R） and NEO Five-Factor Inventory professional manual. Odessa，FL：Psychological Assessment Resources. 中文简本：Psychological Assessment Resource，Inc.

大五人格特质模型将人格分为5个方面，包括神经质、外向性、开放性、随和性和意识性，分别由5个分测验测量。神经质得分越高，情绪越冲动、敏感、焦虑；外向性得分越高，越合群、热情、积极；开放性得分越高，越易幻想、爱行动，有审美情趣；随和性得分越高，越谦虚，很温和，容易信任他人；意识性得分越高，越守秩序，很负责任，能自我约束。

评分方法

本量表包括神经质、外向性、开放性、随和性、意识性5个维度。每个维度的计分如下：

神经质包括的题目有：1，6，11，16，21，31，36，41，46，51，56。其中1，16，31，46为反向题目。

外向性包括的题目有：2，7，12，17，22，27，32，37，42，47，52，57。其中12，27，42，57为反向题目。

开放性包括的题目有：3，8，13，18，23，28，33，38，43，48，53，58。其中3，8，18，23，33，38，48为反向题目。

随和性包括的题目有：4，9，14，19，24，29，34，39，44，49，54，59。其中9，14，24，29，39，44，54，59为反向题目。

意识性包括的题目有：5，10，15，20，25，30，35，40，45，50，55，60。其中15，30，45，55为反向题目。

反向题目的处理方法是：用4减去该题的得分，得到翻转后的得分；然后再进行计算。

评分标准

把各个维度的题目求平均数，得到各个维度的原始分，然后带入下面的公式计算标准分。

神经质标准分 = 70 + 10 *（神经质原始分 - 1.37）/.54

外向性标准分 = 70 + 10 *（外向性原始分 - 2.64）/.50

开放性标准分 = 70 + 10 *（开放性原始分 - 2.29）/.44

随和性标准分 = 70 + 10 *（随和性原始分 - 2.33）/.36

意识性标准分 = 70 + 10 *（意识性原始分 - 2.91）/.55

NEO问卷修订本（S式，简本，部分题目）

请仔细阅读下列各句，并在右边适当的数字上画圈，以表示您对每一个句子同意或不同意的程度。

0=完全不同意，1=不同意，2=不知道，3=同意，4=完全同意。

	完全不同意	不同意	不知道	同意	完全同意
1我不是一个容易忧虑的人。	0	1	2	3	4
2我喜欢很多人在我身边。	0	1	2	3	4
3我不喜欢将时间浪费在白日梦中。	0	1	2	3	4
4我的确喜欢我所遇见的大部分人。	0	1	2	3	4
5我将我的东西保持得干净整洁。	0	1	2	3	4
6我经常感到自己不如别人。	0	1	2	3	4

研究中需要标准化测量量表，到哪里去寻找这些量表成为学生的疑问。通常情况下有如下几个途径：第一，公开出版物。心理学、行为医学、教育学等学科已公开出版的评定量表手册，如《心理卫生评定量表手册》（汪向东，王希林，马弘，1999）、《体育科学常用心理量表评定手册》（张力为，毛志雄，2010）等等。第二，专业网站。有些专业学术网站会有量表。第三，作者本人。可以通过邮件、电话、信件等方式与量表制作者本人联系。第四，学位论文。学位论文引用量表，在其文后会附有量表原文及计分方。第五，互联网。

专栏6-2 到哪里去找量表？

张力为，毛志雄.体育科学常用心理量表评定手册（第二版）.北京：北京体育大学出版社，2010.

专题	测验	内容
一、动机	1	成就倾向个体差异问卷
	2	竞技动机量表
	3	期待取胜量表
	4	社会取向——个人取向运动成就动机量表
	5	射击运动员目标取向测验
	6	运动成就动机量表
	7	运动成就目标问卷
	8	运动成就责任测量量表
	9	运动动机量表
	10	运动中任务定向和自我定向问卷
二、意志	11	高级运动员意识量表
	12	武术散打运动员意志品质评价量表
	13	运动员意志品质量表
三、情绪	14	BFS心境量表
	15	锻炼诱导情绪问卷
	16	简式POMS（心静状态量表）
	17	竞赛状态焦虑量表
	18	赛前情绪量表—T
	19	运动竞赛焦虑量表
	20	运动认知特质焦虑量表
四、人格	21	80.8神经类型测试量表
	22	WT运动员性格测量表（WTCAIA）
五、态度	23	残疾人运动员心理健康量表
	24	锻炼态度量表
	25	体育情境兴趣量表（PESIS）
	26	体育生活方式问卷
	27	训练比赛满意感量表
	28	运动领域完美主义量表
	29	运动行为量表
	30	运动员兴奋剂态度量表
	31	运动员训练比赛满意度量表
	32	主观锻炼体验量表

六、自信自尊	33	集体自尊量表
	34	青少年理想身体自我量表
	35	少年儿童身体自尊量表
	36	身体10问测验
	37	身体自我描述问卷
	38	身体自尊量表BES
	39	身体自尊量表PSPP
	40	特质运动员自信心量表
	41	运动员心理因素调查问卷
	42	运动员自信来源量表
	43	运动员自信心量表
七、心理技能	44	动作表象问卷—修订本
	45	竞赛失败应对量表
	46	篮球运动员比赛应对方式量表
	47	网球运动表现评价量表
	48	运动表现策略量表
	49	运动表象问卷
	50	运动队人际沟通问卷
	51	运动心理技能量表
	52	运动员COPE量表
	53	运动员应对技能问卷
	54	运动员应激量表
	55	中国运动员应激应对量表
八、训练状态	56	运动员心理疲劳问卷
	57	运动员训练状态监测量表
九、认知能力	58	反应认知方式测验
十、管理能力	59	教练领导方式量表
	60	群体环境问卷

（二）问卷有哪些结构?

1. 封面信

封面信是给被调查者的一封信，使其了解调查的目的与意义，从而愿意接受调查。在封面信中，调查者需要说明如下内容。

（1）调查者身份，即“我是谁”。例如，“我是北京体育大学教育学院2012级学生”，也可以将身份在落款中陈述，如“我国优秀运动员素养教育课程体系构建与实施课题组”。除了说明身份、单位以外，根据需要，还可以附上调查者的通信地址、电子邮箱、电话号码、联系人姓名等，这样做既可以增加被调查者的信任感，也便于被调查者与调查者联系。

（2）调查目的，即“为什么调查”。例如，“为了了解同学们对学校各方面工作的意见与建议，以便使学校各管理部门能更好地改进工作，服务学生，学校特此开展此项调查”。

（3）调查内容，即“调查什么”。用简明扼要的语言概括调查内容，如“我们希望了解运动员对文化学习的态度和行为”。如果研究者为了避免社会赞许偏差影响调查真实性，不期望受访者提前知晓调查主题或内容，可用比较含糊笼统的词语陈述，不必完全说明。

（4）保密措施。多数人面对陌生人的调查会有戒备心理，为了打消被调查者顾虑，需要在封面信中特别说明问卷是匿名调查，不会公开被调查者的个人资料。例如，“该问卷内容答案无所谓对错之分，采用匿名保密措施，不会对同学造成任何不良影响。请你按照真实情况回答。你的宝贵意见将有助于我们更好地为学生服务”。

封面信不宜过长，但用词要真诚恳切，礼貌尊敬，切忌指导命令式语气，如“请你务必认真配合”等，最后还要对受访者表示感谢。

运动员文化学习状况调查表

亲爱的运动员朋友：

您好！

我是北京体育大学二年级硕士研究生，正在进行运动员文化学习状况的研究。为了了解我国青少年运动员文化学习态度和行为，特编制此问卷进行调查。本次调查为匿名，请您放心填答。请您根据自己的实际情况真实填写，您的回答将代表众多与您一样的运动员朋友。

谢谢您的支持与合作！

赵红

2012年7月8日

2. 指导语

指导语又称为填表说明，用来告诉被调查者如何填答问卷、注意事项，以及一些重要概念的解释。指导语有卷首指导语和卷中指导语。卷首指导语是将指导语放在正式问题之前，例如，“本问卷所有题目均为单项选择，请根据您的实际情况在合适的答案号码前画‘√’”。卷中指导语则是在某个题目旁边注明，如“可多选”。

3. 问题和答案

问卷的主体是问题和答案，也是问卷设计的主要内容。问卷中的问题可分为开放式问题和封闭式问题，通常一份问卷中只会有一种形式，但也有可能出现两种形式。

4. 编　码

为了便于对调查结果进行统计处理，研究者常常将被调查者的文字回答转换成数字，以便输入计算机进行定量分析。这种将文字回答转化为数字的过程叫做编码，即赋予每一个问题及答案一个数字作为它的代码。例如：

（1）您的性别：①男 ②女

（2）您的职称：①助教 ②讲师 ③副教授 ④教授

（三）问卷法有哪些优势和不足？

1. 问卷法的优点

（1）节省时间、经费和人力。成本较低是问卷调查法明显的优势之一，它可以在比较短的时间里获得较大样本，投入的人力、物力和财力相对比较少。正是由于问卷法的经济特征，使得许多缺乏研究经费支持的学生将它作为学位论文的主要研究方法。

（2）便于资料分析、定量统计。问卷内容整齐划一，同一份问卷的问题都是相同的。如果是封闭式问卷，问答方式也是标准化，便于结果统计和不同群体之间进行比较。

（3）具有较大的间接性。问卷调查一般都是间接进行，主试和被试的交互作用小，减少了由于主试提问方式、个性特征、态度能力等因素对被试的影响，有助于提高测量信度。

（4）具有很好的匿名性。问卷法大部分是匿名填答，有助于保护被调查者个人隐私，避免了面对面问答的尴尬，降低被调查者心理上的压力，使之能够更加真实地回答问题，有助于提高调查结果的客观性和真实性。

2. 问卷法的局限

（1）由于问卷是文字表达方式，需要调查对象具备相应的阅读能力，这对被调查者的文化水平有一定的要求。例如，针对0～10岁儿童这个群体，由于他们的阅读理解能力有限，问卷法就会有很大的局限，通常情况下不建议对此年龄段的儿童使用问卷调查法，而更多采用行为观察法。

（2）深入程度不够。问卷调查法通常是对现象和特征的表面状态描述，很难收集其现象背后深层次的社会背景和内在资料。因此，问卷法更适合于现状描述类调查，难以对复杂问题进行深入分析和探索，更难以确定因果关系。

（3）需要被调查者高度配合。问卷的回收和质量依赖于被调查者的配合程度，如果被调查者对调查没有兴趣、态度不积极、责任心不强、时间紧迫、回答不认真或能力有限，则难以保证问卷的可靠性。

（4）环境因素难以控制。问卷调查特别是邮寄问卷方式，调查者不在现场，无法控制被调查者填答时的环境，可能会造成结果的偏差。

（四）问卷法适用于哪些议题？

1. 问卷法可能调查的主题

每种研究方法都有自己特定的适用议题，问卷法适合于调查个体或群体行为、态度、动机、知识、特征等主题内容，详见表6-1。

表6-1　问卷法适宜调查的主题

主题	示例
行为	你多久去一次健身房锻炼？你一般在哪里运动？你一天中何时去锻炼？
态度/意见	你喜欢乒乓球吗？你认为举国体制有什么弊端？
需要/动机	你为什么参加跆拳道业余培训班？你认为竞技体育最大的乐趣是什么？
知识	你认为什么是心理健康？请说出健康的标准？
特征	你多大年龄？你有什么宗教信仰？你的运动等级是什么？

2. 问卷法适用的议题

（1）描述总体情况。调查问卷是反映群体总体情况的有力工具。最典型的调查就是我国每隔十年进行的人口普查，反映的是人口和社会发展的总体状况，包括人口总数、各阶段人口结构、性别比例、民族分布、家庭数量、教育程度、婚姻状况、宗教信仰等人口统计学指标。虞重干等（2008）采用访谈法、实地调查法和问卷法对我国优秀运动员文化教育现状进行了现状调查，问卷发放对象有3类：31个省（自治区、直辖市）体育局领导、有关教学单位领导206份、在训运动员1003份，调查对象分布于境内31个省（自治区、直辖市）、188个各级教学机构、42个运动项目。调查结果显示，运动员文化教育尽管有了显著进步，但依然存在教育理念有待提升、经费投入不足、运动员文化学习时间过少、学训矛盾至今无法解决等问题。

（2）不同群体之间比较。如果采用相同测量工具对不同群体进行调查，问卷法还可以进行跨地区、跨样本、跨时间、跨文化比较，以发现同一研究主题随时间发展而出现的动态变化或不同群体之间的差异。我国已经进行的6次人口普查，能够清晰显示建国后60多年我国人口数量、结构和质量的动态变化趋势。章建成等（2012）对重庆（西南）、西安（西北）、上海和芜湖（华东）、北京和天津（华北）、武汉（华中）和沈阳（东北）8个城市（6个地区）28648名青少年课外体育锻炼现状进行了大规模调查，发现中国青少年课间及午休活动方式选择、“1 h”日锻炼计划、家庭作业耗时、校内外课余时间支配、周末及节假日活动安排、锻炼方法的适用性、体质测试的严整性、赛事举办频次、场地器材满足度、班主任及文化课教师的支持度等均存在明显的地区及年级差异；经济因素、政策因素、认识与方法、习惯养成、外部条件及课业压力是妨碍青少年课外体育锻炼参与行为的 6 个制约因素，它们带有鲜明的性别、年级、地缘位置、学校特色及地区差异性，其中，上海（华东） 6 个因素的制约力最弱，沈阳（东北）制约力最强。

（3）探索变量关系。行为科学研究中，问卷调查更多用于探索变量之间的关系，包括相关关系和因果关系。例如，“刻板印象”在体育锻炼行为动机冲突解释模型中具有不完全中介效应的作用。中介效应值占解释模型总效应值的30%，对预测模型的变异解释率为2%（吕慧青，王进，2011）。

（五）问卷有哪些类型？

1. 开放型问卷

开放型问卷是只提出问题，但不为被调查者提供备择答案，由被调查者根据自己的情况自由回答，这类问题被称为开放式问题（Open-ended Question）。例如，“你最喜欢的体育运动是什么”“你为什么不去健身房做锻炼”。

开放型问卷的优点：第一，由于回答不受限制，允许各种可能的答案，便于获得较为全面的信息；第二，能详细回答问题并加以详细说明，避免调查者理解上的偏差；第三，会发现出人意料的结果，拓宽研究者的思路，所得资料更加丰富生动；第四，被调查者有机会表达自己的观点，能够提高他们的主动性和创造性。

开放型问卷的缺点：第一，答案千差万别，给资料整理特别是编码带来困难，进行定量统计和比较分析时难度较大；第二，对被调查者表达能力和文化水平要求较高，不善于表达特别是文字表达的人，回答将受到影响；第三，回答需要逐字记录，回答、思考时间较多，会给被调查者带来困难。

开放型问卷适合于小样本研究和深层次探究，同时也常用于封闭式问卷题目的初步获取。例如，在编制封闭式问卷中关于锻炼动机的题项之前，先用开放式问题“你为什么参加体育锻炼”进行调查，将收到的所有回答进行归类整理，作为封闭式问卷中的备择答案。

2. 封闭型问卷

封闭型问卷是每个问题都事先罗列多个备择答案，被调查者根据自己的情况在其中进行选择，即平常所说的选择题，这类问题被称为封闭式问题（Closed-ended Question）。例如，你为什么参加体育锻炼?

①强身健体 ②休闲娱乐 ③结交朋友 ④打发时间 ⑤减肥塑身 ⑥防病治病

封闭型问卷的优点：第一，由于回答简单，更容易也更快地被被调查者完成，问卷的回收率较高；第二，答案整齐划一，答案容易编码并统计，便于不同群体之间的比较；第三，答案统一，几乎没有和问题不相关或混乱的答案；第四，可以进行重复研究；第五，由于花费时间、精力较少，被调查者比较容易配合，更能够保证问卷结果的可靠性。

封闭型问卷的缺点：第一，由于事先限定了答案，被调查者可能因为他们希望的答案未被列入选项而无所适从或被迫选择其他答案，使得回答的真实性和准确性受到一定程度的影响；第二，会暗示被调查者不会再有其他观点，影响被调查者的创造性；第三，对问题原本没有看法的人也可以从答案随意做出选择；第四，可能会出现笔误或标记错误。

封闭型问卷的特点是使其更适合做大样本、不同群体间比较的研究，在大规模正式调查中，主要采用的是封闭型问卷。

开放型问卷与封闭型问卷的比较，见表6-2。

表6-2　开放型问卷与封闭型问卷的比较

问卷类型	优点	局限	适用议题
开放型问卷	（1）获得信息全面 （2）避免理解偏差 （3）拓宽研究者思路 （4）有利于被调查者主动性	（1）不利于定量统计 （2）需要文化基础 （3）费时	（1）小样本调查 （2）深层次探讨
封闭型问卷	（1）有利于回收率 （2）省时、省力 （3）便于结果统计 （4）便于重复研究 （5）便于群体间比较	（1）真实性、准确性受影响 （2）深入性不足 （3）容易出现笔误 （4）容易诱导回答	（1）大样本调查 （2）不同群体间比较

二、如何编制问卷？

问卷作为研究中资料收集的方法，对资料真实准确性有着至关重要的影响，关系到调查结果和研究结论的可靠程度。

（一）问卷设计中需要考虑哪些基本因素？

1. 调查目的

调查目的是问卷设计的中心，决定着问卷的具体内容和形式。如果调查目的是总体情况描述或对某一现象特征描述，那么问卷中问题的设置只需要尽可能全面详细地收集相关方面的客观事实即可，问卷编制是以主题或问题为中心，编制过程并不需要严格标准化程序。如果调查目的是要对客观现象进行解释，即对变量之间的相关关系或因果关系作出分析，则需要以理论为基础并要提出研究假设。这种问卷编制是以理论和假设为中心，问卷编制过程是遵循量表编制要求，对其标准化要求较高。

2. 被调查者

由于问卷是提供给被调查者填答的，因此，问卷设计的出发点应从被调查者需求的角度来思考。为被调查者着想，需要注意以下几个方面的问题：

（1）问卷长短要适宜。问卷太长，会造成被调查者劳累、烦躁，也会降低问卷信度。一般情况下，回答一份调查问卷时间不宜超过20分钟。被调查者由于时间紧迫，通常不愿意写太多文字信息，封闭式的选择题会更受欢迎，问卷中应尽量减少开放式问题。

（2）被调查者担心隐私暴露，特别是面对诸如政治态度、同行评价、婚姻情感、经济收入等敏感度较高问题时更会如此。为了打消被调查者的顾虑，除了在封面信中要特别强调调查的匿名性、保密承诺以外，还要在相关题目设置上巧妙设计，尽量避免给被调查者带来心理压力。

（3）要考虑被调查者年龄、受教育程度、阅读能力、理解能力、表达能力、记忆能力等因素对调查准确性的影响。例如，儿童阅读能力和表达能力有限，问卷题目设置上要尽量口语化，字数要少，句子要短，避免开放式问题出现。

（4）尽量避免需要被调查者进行难度较大的回忆或计算，如“请问您十年前的收入是多少”“您去年一年的体育消费是多少钱”等。

3. 调查内容

调查内容与问卷设计关系密切，当调查内容是一个被调查者不太熟悉或比较学术的主题时，则需要在指导语中加以详细阐述。例如，调查主题内容是“运动员问题行为”，“问题行为”是心理学专业术语，对于非心理学专业人员而言比较生疏，研究者需要在指导语中特别注明“问题行为”的含义，还可以举具体事例加以说明。

4. 资料处理方式

不同资料处理方式对问卷类型要求不同，如果是手工统计资料，那么问卷内容就不能太多，样本量也不能太大，题目可考虑开放式类型。如果是利用统计软件进行量化分析，则需要采用封闭型问卷。

5. 发放方式

如果是自填问卷，则需要指导语明确，对问卷填答方式说明清楚，且题目设置要便于填写。如果是访问问卷，则可以相对复杂一些；问卷是集中发放，封面信和指导语可以简单，施测者可以现场详细解释说明；如果是邮寄方式或网络方式，则需要将封面信和指导语详细撰写，以获得被调查者的信任。

6. 偏差控制

问卷调查中会出现一些来自被调查者的回答偏差，如社会赞许偏差、顺从偏差、两极偏差，这些偏差会导致结果不准确，需要在问卷设计中加以控制。

（二）编制问卷的基本步骤是什么?

问卷设计是一个严谨的科学过程，和整体研究设计一样，需要有理论技术支持和缜密思维保障。问卷调查法是学位论文最常使用的具体研究方法，也是出现问题最多的研究方法，有些论文最终没有通过评审，原因之一就是研究的测量工具——问卷设计出现严重错误。问卷编制中比较常见的问题之一是学生闭门造车，想到一个问题就编写一个题目，这样拼凑出问卷，缺乏整体设计和严格检验。

问卷编制的基本步骤如下：

1. 确定主题

设计一份调查问卷，第一步工作并不是马上直接动手编制问题，而是先要对所欲调查的主题了解清楚，包括对文献进行系统回顾梳理，并在经验观察的基础上提出研究假设。对研究中的主要概念给予操作化定义，提出主要的调查项目以及测量指标。

2. 确定维度

在理论准备基础上初步为调查主题确定维度，即调查主题应该包括哪些方面的内容。例如，研究想要对某地的学校体育工作进行现状调查，首先需要明确学校体育工作包括哪些维度内容，然后根据维度再去编制相应的题目。学校体育主要包括体育课、课余体育锻炼、课余体育训练3个方面，体育课又包括课程目标、课程内容、课程教学、课程实施和课程评价；课余体育训练包括训练和竞赛两方面。如果问卷编制中遗漏了重要的结构维度，则会导致对学校体育工作的评价不全面。

3. 收集题项

题项的收集有多种途径，包括开放式调查、团体座谈、已有的研究、现有的问卷、专家经验、个人观察等等，可以通过这些方式，收集符合调查主题的题目制作成条目池。收集题项过程在问卷设计中十分重要，影响着问卷整体设计的合理性，必须要认真对待。一定要通过多种途径获得尽可能全面而具体的表述方式和问题答案，以满足概念的穷尽性，切忌闭门造车式的自编问卷。

4. 根据理论维度编制初始问卷

整理所有收集来的题项，并根据理论维度进行分类。对于初学者来说，主要有卡片法和框图法两种（风笑天，2009）。

（1）卡片法

第一步是根据探索性工作所得到的印象和认识，把每个问题写在一张卡片上。

第二步是根据卡片上的问题的主要内容，将卡片分成若干堆，即把询问相同事物的问题卡片放在一起。

第三步是在每一堆中，按合适的询问顺序将卡片前后排序。

第四步是根据问卷整体的逻辑结构排出各堆的前后顺序，使卡片连成一个整体。

第五步是从问答者阅读和填答问题是否方便、是否形成心理压力等角度，反复检查问题前后顺序及连贯性，对不当之处逐一调整和补充。

最后把调整好的问题卡片依次写到纸上，形成问卷初稿。

（2）框图法

第一步是根据研究假设和所需资料的内容，在纸上画出整个问卷的各个部分及前后顺序的框图。

第二步是具体地写出每一部分中的问题及答案，并安排好这些问题相互间的顺序。

第三步根据回答者阅读和填写问卷是否方便等方面，对所有问题进行检查、调整和补充。

最后将调整后的结果打印成问卷初稿。

5. 专家评议、修改问卷

初始问卷形成后，需要找专业人员或专家进行评议，包括问卷结构维度确定是否合理，题项是否与维度相符合，题项陈述方式是否清晰明确。并在专家意见基础上对问卷进行修改，形成修改后问卷。

6. 效度检验

对修改后的问卷进行效度检验，最常见的效度检验方式有专家效度检验和结构效度检验。结构效度检验是通过验证性因素分析对问卷效度进行统计检验，考虑到本科学生尚未学习结构方程模型这种统计技术，故在此只讲述应用更为广泛的专家效度检验。

专家效度检验可以通过多种方式进行，包括座谈讨论、个别咨询、邮寄问卷等。需要制作专家效度检验表，请专家们讨论并提出具体修改意见。请专家进行检验时，不仅需要提供问卷，还需要详细说明自己的研究主题、研究假设、概念的操作化及测量指标等，让专家尽可能多地对研究有整体理解。专家效度检验包括问卷结构维度确定是否合理，是否有所删减和增加；题项是否与维度相符合，是否还要增加题项；题项陈述方式是否清晰明确等。

在专家效度检验基础上再次修改问卷，如果效度检验中发现问卷问题较多，专家意见较大，则在修改后需要第二次效度检验；如果问卷修改不是很多，则可以形成试测问卷。

7. 小样本试测

问卷设计好后，不要直接用来正式测试，必须要对问卷进行试测和修改。可从调查总体中随机选择一个较小的样本，对这个小样本群体实施调查，从问卷回收分析中发现问题并修改。客观判断的方法是通过回收率、有效回收率、填写正确率、填答完全率来判断问卷质量。如果这些数据都比较低，则说明问卷存在比较严重的问题，需要再次修改。主观判断的方法是在被调查者填答完毕后请其对问卷做出评判，询问有哪些问题不理解，哪些方面需要修改，然后根据被调查者的回答修改问卷。

8. 修改定稿并印制

根据试测结果最后修改问卷，形成最终问卷定稿，然后去印制，用于正式调查。

（三）问卷题目从哪里来？

问卷题目的来源有很多，主要有现有测验、开放式调查、团体座谈、个人观察、专家经验等。

1. 现有测验

从现有的标准化测量量表或调查问卷中选用合适的题目是题项获取最方便、最直接的方式。研究者在文献回顾时，应该对研究主题已有的测量工具有所了解，可以在编制问卷时，借鉴已有的测验或问卷题目。需要注意的是要与自己的研究目的、研究内容相符合，同时还要注意版权问题。

2. 开放式调查

开放式问卷的功能之一就是为封闭式问卷提供题项。例如，倪一苇（2012）对青少年运动员问题行为结构研究中，首先对120名青少年运动员进行开放式调查，共回收309条词语，对其进行词句归类和频次统计，将其作为问卷条目池，并在此基础上形成调查初始问卷。（表6-3）

开放式调查

您好，首先感谢您参与这次调查。

请您回忆一下，在12～18岁期间，存在哪些行为妨碍您的社会适应？也就是说存在哪些行为妨碍您平时正常的训练、生活和学习，给您自己或他人（身边的队友、教练、朋友等）造成不良影响或者麻烦。

1、＿＿＿＿＿＿＿＿＿＿＿＿＿＿＿＿

2、＿＿＿＿＿＿＿＿＿＿＿＿＿＿＿＿

3、＿＿＿＿＿＿＿＿＿＿＿＿＿＿＿＿

4、＿＿＿＿＿＿＿＿＿＿＿＿＿＿＿＿

5、＿＿＿＿＿＿＿＿＿＿＿＿＿＿＿＿

表6-3　问题行为的开放式问卷结果（n=120）

词句归类	频数，比例（%）	词句归类	频数，比例（%）
不爱学习（迟到、旷课、上课打闹、讲话、传纸条，不爱背书）	53，17.15	考前紧张	4，1.29
晚上很晚睡觉（打电话、打游戏等），白天没精神	23，7.44	内心脆弱、自卑	4，1.29
性格急躁、冲动、易惹事	23，7.44	沟通不良	4，1.29
上课爱睡觉（训练等原因导致）	16，5.18	早恋	4，1.29
暴力行为（打架等）	12，3.88	不自信	3，0.97
不写作业或抄袭	11，3.56	易受周围人的影响	3，0.97
不遵守纪律	11，3.56	粗心	3，0.97
想问题不全面、做事草率	10，3.24	自大	3，0.97
不服从老师、家长的管理	10，3.24	胆大，易出风头，好争斗	3，0.97
懒惰、散漫	10，3.24	拉帮结派	3，0.97
文化程度偏低，理解能力差	7，2.27	不文明（说话带脏字、不干净）	3，0.97
考试易作弊	6，1.94	未成年去网吧	3，0.97
文化成绩差	6，1.94	不打扫卫生	3，0.97
好动	6，1.94	自觉性差	3，0.97
爱闹、贪玩	6，1.94	容易沾上社会不良风气	2，0.65
喝酒	6，1.94	经常上网、玩游戏	2，0.65
反抗性强、逆反心理强	6，1.94	学习方面不自信	2，0.65
感到教练不公平对待	5，1.62	过于自私的思考方式和做法	2，0.65
不复习，不去考试	5，1.62	偏科	2，0.65
口无遮拦	5，1.62	集体观念差	2，0.65
抽烟	5，1.62	心口不一	2，0.65
夜不归宿	5，1.62	喜欢被关注、渴望关爱	2，0.65

3. 团体座谈

通过团体座谈，被调查者在相关问题上发表自己的观点，通过集体讨论可以相互启发。

4. 个人观察

个人在生活、教学、训练、比赛之中进行有意识的观察，发现有哪些内容可以作为题目进入问卷之中。

5. 专家经验

编制问卷时可以向相关领域的专家请教，他们的经验是重要的题项来源。例如，如果编制“优秀中学体育教师评价问卷”，可以请高校体育教育学方面的专家和中学体育教师共同讨论，形成调查条目的内容和范围。

（四）题目和答案有哪些类型？

问卷的题目和答案有多种类型，在同一份问卷中，有的是多种题目类型混合使用，有的是只有一种类型，具体使用方法的选择要依据调查目的和调查内容进行设计。

1. 填空式

填空题在大多数问卷中是用于收集数值性资料，如年龄、收入、消费等。

例1：您每天花费在网络上的时间是________分钟

例2：您每天睡眠的时间是_______小时

例3：您一周锻炼的时间是_______小时

例4：您参加工作的年限是_______年

2. 选择式

选择题在结构上包括题干和选项两部分，题干就是问题，选项就是研究者拟定的备择答案。选择题因为其适用范围广而成为问卷题型中最为常见的形式，包括单项选择和多项选择。

（1）单项选择式，若干答案中只能选择一个。

例1：被称为“奥林匹克之父”的是（请您在正确答案后的方框中打√）。

贺龙 □　　勒巴龙·皮埃尔·德·顾拜旦 □

李宁 □　　萨马兰奇、雅克罗格 □

例2：中国奥运健儿打破金牌“零”的记录是哪一年（请您在正确答案后的方框中打√）。

1992年□　1996年 □　2000年 □　1984年 □

（2）多项选择式，若干答案中可以选择两个及以上。

例1：您喜欢的体育运动是（请您在合适答案后的方框中打√）。

散步 □　跑步 □　篮球 □　足球 □　羽毛球 □　乒乓球 □

排球 □　舞蹈 □　跳绳 □　轮滑 □　自行车 □　游泳 □

其他（请写明）

例2：您通过5年的运动训练后您认为您的5项身体素质（速度、力量、柔韧、灵敏、耐力）变化情况是怎样的（请您在合适答案后的方框中打√）。

速度素质明显增强了 □ 力量素质明显增强了 □

柔韧素质明显增强了 □ 灵敏素质明显增强了 □

耐力素质明显增强了 □ 其他（请如实填写）：

3. 是非式

是非题只有两种可能的反应，其中一种是肯定的，另一种是否定的。

例1：您是中共党员吗？ 是 □ 不是 □

例2：您是自驾车上班吗？ 是 □ 不是 □

4. 排序式

排序式是需要给选项按照某种标准进行顺序排列。

例1：请您对您日常生活消费做一个排序（请将序号顺序填写在横线上）。

①体育；②娱乐；③餐饮；④享受；⑤医药；⑥生活用品

____

例2：请根据您喜欢的技能主导类的运动项群做个排序（请将序号顺序填写在横线上）。

①表现难美性；②表现准确性；③隔网对抗性；④同场对抗性；⑤格斗对抗性

____

5. 矩阵式

矩阵式是将同一类型的若干个问题集中在一起，构成一个问题的表达方式。

例1：请您对本次举办活动进行满意程度选择（请您在每一行适当的方框内打√）。

	很满意	比较满意	不太满意	不满意	没感觉
(1)场地设置	□	□	□	□	□
(2)服务质量	□	□	□	□	□
(3)安全隐患	□	□	□	□	□
(4)观看比赛效果	□	□	□	□	□
(5)裁判员水平	□	□	□	□	□
(6)比赛环境	□	□	□	□	□

…………

6. 李克特量表

李克特量表（Likert Scale）是属评分加总式量表最常用的一种，属同一构念的这些项目是用加总方式来计分，单独或个别项目是无意义的。它是由美国社会心理学家李克特于1932年在原有的总加量表基础上改进而成的。该量表通常使用5个回应等级，也有用7级、9级，由一组陈述组成，每一组陈述有“非常同意”“同意”“不一定”“不同意”“非常不同意”5种回答，分别记为5、4、3、2、1，每个被调查者的态度总分就是他对各道题的回答所得分数的加总，这一总分可说明他的态度强弱或她在这一量表上的不同状态。

例1：请仔细阅读下列各句，并在右边适当的数字上画圈，以表示您对每一个句子同意或不同意的程度。

1=完全不同意，2=不同意，3=不知道，4=同意，5=完全同意。

	完全不同意	不太同意	不知道	比较同意	完全同意
1我不是一个容易忧虑的人	1	2	3	4	5
2我喜欢很多人在我身边	1	2	3	4	5

7. 言语频率量表

言语频率量表的格式与李克特量表非常相似，只是用行为频率来回答问题。

	从没有	很少	有时	经常	总是
1. 我们的队员能互相帮忙，以促进彼此的篮球水平	1	2	3	4	5
2. 我们的队员会彼此帮忙以解决训练时所发生的困难	1	2	3	4	5
3. 我们的队员都能接受彼此的个性	1	2	3	4	5
4. 我乐于接受教练所制定的团队目标	1	2	3	4	5

8. 线性数值量表

当需要在一个维度上判断项目，并且在一个相等间距的量表上排列项目时，简单的、线性的、数值的量表是最直接的方法。

身体吸引力量表	完全不同意……完全同意
1与同伴相比，我的身体更有魅力	0 1 2 3 4 5 6
2我太胖了	0 1 2 3 4 5 6
3我的身材与同伴相比，缺乏吸引力	0 1 2 3 4 5 6
4我的身体偏胖	0 1 2 3 4 5 6
5我身上的脂肪太多了	0 1 2 3 4 5 6
6我的身材不错	0 1 2 3 4 5 6

（五）怎样编写优质题目？

在编写问卷题目时，需要注意如下几个方面。

1. 避免混淆、模糊不清

判断调查题目优劣的关键原则之一是避免混淆，问卷中的问题应该是概念清晰，语义明确，尽量避免模棱两可的情况。例如，“你在体育上的消费有多少”，这体育消费是指月消费还是年消费？又如，“你定期运动吗”，这定期是多长时间，是每天一次，还是每周一次？这种混淆造成了不同被调查者对题目理解上的歧义，从而也会有不同的答案。

2. 避免专业术语、俚语、网络用语和简写

问卷中的语言应尽量使用清楚明白、通俗易懂、人人都能明白的文字，避免过于专业的术语行话和抽象概念。例如，“您会跳托马斯全旋吗”“你如何看待运动员的同伴侵害现象”；除非调查的是某一特殊群体，否则应避免使用俚语，如“您对北京膀爷有何看法”；互联网普及之后，网络用语在年轻人中十分流行，但对于不经常上网的人群而言，网络用语则常常不解其意，如酱紫（这样子）、斑竹（版主）、潜水（只看不说）等；避免使用简写，如“您对我国加入WTO有何看法”。

3. 避免双重含义

双重含义是指在一句话中包含了两个或两个以上的事情，问卷中一句话中最好只说明一个概念，不要使用两个或两个以上概念，这样会令被调查者无法回答。例如，

你喜欢乒乓球和羽毛球吗?

①喜欢　②不喜欢

这里面实际上有4个答案，即两个都喜欢、两个都不喜欢、喜欢乒乓球不喜欢羽毛球、喜欢羽毛球不喜欢乒乓球，而下面只有两个选项。改正的办法是要么将问题改为“你喜欢乒乓球吗”或“你喜欢羽毛球吗”，要么将答案改为4个。

一句话中有双重含义的问题在问卷设计中比较普遍，应该说是问卷设计中的常见误区，例如，“参与锻炼的动机是防病治病”，防病和治病就是两个概念。

4. 避免情绪化、诱导式语言

合格的问卷应该是态度中立、客观，问卷中的答案设置也不应有某种倾向性，否则，难以达到准确测量被调查者行为和态度的目的。例如，“你没有使用兴奋剂，对吧”，这会诱导否定回答。又如，研究对员工工作满意度调查，问卷采用李克特5级量表方式，“非常满意、比较满意、满意、不太满意、很不满意”，有3个满意，2个不满意，这样的备选答案带有满意倾向的诱导，应该将中间项“满意”更改为“一般”，使得两边等级平衡。

5. 避免询问超出被调查者能力的问题

问卷设计时要考虑被调查者能力，包括记忆能力、理解能力、阅读能力等，题目应尽量避免询问超出其能力的问题。例如，“你一年在体育上的花费有多少”，让人准确记忆过去一年在某个领域的开销是件不现实的事情，可以将这类题目更改为“上个月，你在体育上有多少花费”，让其回忆最近一个月的事情比回忆一年要容易也准确得多。同时，还要避免询问超出被调查者知识范围的问题，如：“您认为我国运动员体教结合模式有何利弊”，运动员教育模式对于大多数普通公民甚至运动员而言是陌生领域，他们并不具备运动员教育方面的专业知识，对自己不熟悉的领域和事物难以做出客观正确的判断。

6. 避免询问有关未来的问题

未来具有不确定性，应避免询问人们假定的行为，最好调查其现在的态度和行为。例如，“你有钱后会去锻炼身体吗”，他现在回答会，并不代表着将来有钱时一定会去运动，这只是种理想的假设。

7. 避免无效选项

有些问题的设置毫无意义，是属于无效选项。例如，

根据您所执教的项目，您在选拔队员时对心理素质的要求：

A：（精力充沛）（活泼好动）（冷静沉着）（文静）

B：（情绪稳定）（易兴奋激动）（情绪多变）（情绪变化小强度小）

E：外向表情丰富，内向，乐观，热情，内向，胆小

F：果断，犹豫不决，坚韧，孤僻

这个题目的问题有两个，第一，概念含混不清，精力充沛和活泼好动难以区别；第二，正常情况下，教练不会选择胆小、孤僻的运动员，这两个选项即成为无效选项。

8. 避免直接询问敏感性问题

对于敏感性问题，如政治倾向、评价领导、同行评价、吸毒、性取向、性行为、兴奋剂态度等，尽量避免直接提问。如果一定要询问，可采用委婉的间接方式。

（六）如何控制偏差？

1. 社会赞许偏差

在一些人格特别是态度测量过程中，有时会不可避免的涉及一些敏感话题，如兴奋剂使用、同伴欺负、种族歧视、性关系问题等，这些问题存在着符合社会一般道德规范、法律规范的答案，如使用兴奋剂违反体育道德的行为。而被试的真实想法，有些与这些社会规范一致，有些不一致。但在答题时，被试由于种种原因，可能不按照自己的真实想法回答，而是按照社会规范回答，以便使自己的行为更加符合社会期望的行为标准，这就是所谓社会赞许反应（Social Desirability Response，SDR）。

评价社会赞许反应有许多种方法，下面简单介绍两种。

第一，Edwards社会赞许量表（Social Desirability Scale. Edwards，1957），样题见表6-4。该量表简称ESD，包括39个测题，具有极高或极低的赞许评定值。

表6-4 【Edwards社会赞许量表】样题

答案	测题	标准答案
是 否	1.在日常生活中，大部分时候我是高兴的	（是）
是 否	2.通常，我的手脚相当暖和	（是）
是 否	3.没有人会特别留意你的死活	（否）
是 否	4.我有时觉得自己好像要瓦解了	（否）

第二，Marlowe–Crowne社会赞许量表（Marlowe–Crowne Social Desirability Scale. Crowne & Marlowe，1960），该量表简称MCSD，由33个是非题组成，测题描述的行为有两类，一是被社会赞许但不常发生的行为，二是不被社会赞许但常发生的行为。（表6–5）

表6–5 【Marlowe–Crowne社会赞许量表】样题

答案	测题
是 否	2.别人有困难时，我会毫不犹豫地尽力帮助他们
是 否	4.我从没有强烈地厌恶过任何人
是 否	15.我欺骗过别人
是 否	28.有时，我很嫉妒别人的幸运

控制社会赞许偏差对调查结果影响的方式主要有两种：第一，用社会赞许量表将被调查者中社会赞许需求程度高的被试剔除，以保证调查结果的真实性。如毛志雄（2001）在对“中国部分项目运动员对兴奋剂的态度和意向”进行研究时，采用了MCSD的简表控制社会赞许性。具体做法是，被试只要在MCSD简表上的得分超过7分（最高分13分），其所有数据均不再进入兴奋剂态度的结构公式模型分析过程，以保证结构公式模型的有效性。以此做法，共删除了678人中499人的数据。第二，采用降压法，匿名填写是降低被调查者社会压力的最好方式，同时可以通过单独填写问卷、将问卷密封等措施消除被调查者的顾虑（张力为，2002）。

2. 顺从偏差

顺从式做答是一种对任何观点都趋向同意而非不同意的倾向，为了避免顺从偏差造成的影响，可选择反向计分方式加以控制。例如，上文专栏6–1中所列举的大五人格测验中，每一个维度都有大约一半的题目是反向计分。

三、问卷如何发放与回收？

（一）问卷发放有几种形式？

问卷发放有两种基本类型，一是自填问卷法，即调查者将问卷发给（或邮寄）被调查者，由被调查者自己阅读和填答，然后再由调查者收回的方法；二是结构访问法，是指调查者依据问卷，向被调查者逐一提问，并根据被调查者的回答在问卷上选择合适答案的方法。通常情况下是以自填式回答为主，当调查对象为老人、儿童、视力障碍者、阅读困难人群时，会考虑采用结构访谈法。

自填问卷法有4种发送方式，即个别发送法、集中填答法、邮寄填答法、网络调查法。

1. 个别发送法

研究者将印制好的问卷按照所抽取的样本，将问卷逐个送到被调查者手中，同时当面对调查目的和要求讲解清楚，请他们填答，并约定收取问卷的时间、地点和方式。个别发送法是自填式问卷法4种方式中回收效果最好的一种方法，是调查研究中最常用也是最值得推广的问卷发放方法。

2. 集中填答法

将被调查者集中起来，统一发放问卷，由调查者讲解调查目的和填写要求，然后请被调查者当场填答问卷，再当场回收问卷。集中填答法比个别发送法更加节省时间和人力，也具有比较高的问卷回收率和质量。局限是将被调查者集中起来难度比较大，同时，集体施测容易使被调查者产生压力，不利于其表达个人真实观点。

3. 邮寄填答法

研究者把印制好的问卷装入信封，通过邮局邮寄的方式交给被调查者，待被调查者填答后再将问卷寄回调查者。在寄给被调查者问卷时，一般应该同时附上已写好回邮地址和收信人、且贴好足够邮资的信封，以便于被调查者将填答好的问卷顺利寄回。这种方法虽然方便、省时、省力，但是最大的问题是回收率难以保证，影响样本代表性。

4. 网络调查法

伴随着计算机技术和互联网迅速发展，网络调查成为越来越多人采用的资料收集方式，特别是对于年轻人这一群体。网络调查法（Internet Survey）也称为在线调查，是指研究者利用互联网向特定对象发送和回收问卷的一种方式。这种方法的优点是经济、方便、快捷，缺点是难以保证问卷回收率和调查质量。

（二）如何提高回收率？

1. 回收率

调查回收率（Response Rate）也称为调查的应答率或回答率，是调查者实际调查的样本数与计划调查的样本数之比。有效回收率是指通过对问卷的审核，剔除不合格问卷之后所剩下的问卷数，是有效问卷数占样本总个案数的百分比。

$$回收率=\frac{实际完成调查的个案数}{计划完成的样本总个案数}\times 100\%$$

$$有效回收率=\frac{实际完成调查的有效个案数}{计划完成的样本总个案数}\times 100\%$$

2. 回收率的标准

回收率是受访者样本代表性的一项指标（艾尔·巴比，2005），是影响样本代表性的重要因素。目前，学界对于回收率究竟多少才是可接受的还没有统一认识，理论上讲只能是越高越好。但如果太高了，可能也会有隐藏着的一些问题，如调查者为了获取更高的回收率而改变或替换更方便回收问卷的调查对象，以降低调查资料质量的代价换取较高的回收率。在实际调查中，样本的完整与资料的质量应该是同等重要且要被关注的两个问题。

3. 如何提高有效回收率

提高回收率的常用方法有：第一，选择能够引发被调查者兴趣和回答意愿的主题，激发他们填答动机，当被调查者感觉对调查内容有兴趣，或者对自己有更多现实利益之时，更愿意回答问卷；第二，调查者的身份需慎重选择，最好选择权威机构或非盈利组织，增加被调查者对调查活动的信任；第三，提高问卷的设计质量，包括封面信撰写、纸张颜色、版面设计、问卷内容等，都成为影响被调查者参与回答的因素；第四，如果是邮寄发送法一定要在信封里放入已经写好调查者收信地址、粘贴好邮票的信封，方便被调查者将填好的问卷直接放入信封并邮寄；第五，可以适当给予被调查者一点回馈，以提高回收率；第六，调查者亲自发放和回收问卷，将有助于提高有效问卷的回收率。

第二节 访谈调查法

调查研究有两种收集资料的方式，一种是书面的问卷调查法，另一种是口头的访谈调查法，这两种收集资料的方法各有其相对应的优点与局限，可以说优势互补。在体育科学研究中，访谈法是研究者最经常采用的方法之一，并常常与问卷法同时使用。

一、访谈有哪些类型?

（一）什么是访谈法?

1. 访谈法

访谈（Interview）是一种通过口头交谈收集资料的方法，被调查者不需要亲自阅读并填答问卷，而是由研究者向被调查者口头提问，并记录被调查者的回答。面对面谈话是最典型的访谈方式，有时也会通过电话或网络的方式进行。

2. 访谈与日常谈话的区别

尽管形式上同样都是口头交谈，但访谈和日常生活中的谈话有非常大的差别，根本原因在于目的性和规则上的差异。访谈是带有一种特定目的和一定规则的研究性谈话，而日常谈话的目的性没有访谈这么强，更多的是情感或合作的交流，形式上也比较松散。Spradley（1979）将访谈与日常谈话做了以下区别。（表6-6）

表6-6　访谈与日常谈话的差异

	访谈	日常谈话
目的性	强，双方清楚目的，直言不讳	弱，避免直接说明目的
开始方式	友好招呼，握手，但不会有身体接触	友好招呼伴随有身体上接触，如握手、拍肩、拥抱等，表示亲密程度
重复性	经常要求被访谈者就一个问题多些深入，以便更清晰地了解事情的具体细节	有意避免重复话语
提问方式	访谈者向被访谈者提问	互相提问
情感交流	只要求访谈者向被访谈者表示兴趣与热情	双方都会表示希望继续交流的兴趣，如彼此微笑、点头等
鼓励性语言	访谈者会频繁使用，鼓励被访谈者尽可能多地说，被访谈者通常不会如此	双方都会使用鼓励性语言以使对方感到自己所说的话很有意思
言语轮换	不平等，访谈者更多提问	平等，以同等频率询问问题
细节说明	要求被访谈者更详细地说明细节，越具体、越明确越好	使用大量的简略语和参照物，不必详细介绍细节
沉默	不会长时间沉默，访谈者会想办法让被访者说话	允许比较长时间的沉默
结束语	不需要借口结束谈话，直接说明时间到了	使用一个“借口”作为结束语，如“我要开会了”

3. 访谈法的特点

（1）访谈法的优点：第一，适用更多的研究议题。可以用于定性研究，可也用于定量研究；可以了解表面现状，也可以探讨内在原因；可以检验假说和理论，也可用于提出假说和理论。第二，研究更深入。访谈法不仅可以了解某一研究主题的表面状态和特征，还能够探究内在原因和解决策略。第三，方法灵活。访谈者可根据现场情况灵活选择询问哪些问题，如何询问。第四，拥有更高的回收率。第五，能够获得更多、更详细的资料。第六，受文化水平影响较小。访谈不需要被访者阅读和填写问卷，所受被访谈者文化水平和能力影响更小。

（2）访谈法的局限：第一，主试和被试交互作用显著，特别是访谈者个人的能力、素质、态度、品貌、个人魅力等因素都会对访谈结果产生重要的影响。因此，挑选和培训优秀访谈员是确保访谈调查研究质量的关键一步。第二，成本较高，需要更多人力、物力和时间的投入。第三，记录困难，访谈调查是访谈双方进行的语言交流，如果被访者不同意现场录音，对访谈员笔录速度的要求就很高。而一般没有进行专门速记训练的访谈员，无法完整地将谈话内容都记录下来，追记和补记往往会遗漏很多信息。第四，由于访谈内容繁多，范围广泛，收集数据为大量文字，资料整理难度较大，量化统计难以进行。第五，访谈不具有匿名性，面对敏感问题，被访谈者心理压力较大，不愿意进行深入详细对话，难以获得更真实的结果。

（二）访谈法适用于哪些议题?

在实际研究中，访谈法常常被作为资料收集的一种替代方式来弥补其他方法的局限，通常访谈法更适用于小样本群体深入分析某一现象特征、原因探讨及对策分析。访谈法能够弥补观察法只见外显行为无法准确探究内心世界的缺憾，也可以解决问卷调查缺乏灵活性、深入性的问题。

在量化研究中，访谈法常常与问卷法配合使用，除了对调查对象的特征现状进行描述，还能够深入分析讨论发生机制与原因。例如，通过问卷调查可以描述中学生课余体育锻炼行为特征，再采用访谈调查能够了解阻碍中学生参与课余体育锻炼的影响因素和干预对策。在质化研究中，访谈法是最重要的收集资料的方式，通过了解被访谈者的思想、态度、价值观、成长经历，可以更好的理解他们的行为，能够获得一个比较广阔的、整体性的视野来观察研究的现象，从多重角度对事件的过程进行比较深入、细致的描述（陈向明，2002）。

专栏6-3 运动员和教练需要怎样的临场心理支持？

姒刚彦，李庆珠，郑金枝，刘靖东. 运动心理学临场支持服务实证研究. 体育科学，2009，29（4）：27-34.

通过对教练和运动员对运动心理学临场支持服务看法的深入挖掘，从运动员和教练的角度出发，找出被他们所普遍接受的运动心理学临场支持服务的内容、特点以及条件等。

严格按照访谈法的程序，研究者访谈了10名高水平教练和37名高水平运动员，具体如下：首先，研究者与受访者取得联系，当受访者表示有兴趣参加本研究后，研究者以面谈或电话的方式给他们详细地解释研究目的，并说明需要他们完成的事项：（1）参加一个半结构式访谈；（2）对访谈所记录的内容给予反馈。一旦受访者同意参加，研究者将提供给他们一份访谈提纲和一份知情同意书，请其了解访谈内容及签署知情同意书。其次，通过面谈、电话或电子邮件的方式约定访谈时间。

研究的访谈提纲是在已有研究文献的基础上，结合3位运动心理学家的服务经验精心设计编制而成，教练和运动员各一份。访谈提纲以运动员和教练所经历过的及期望得到的运动心理学临场支持服务为主要内容，问题的形式主要包括开放型和半开放型。

在访谈过程中，所有受访者的访谈由3位研究小组成员完成。在正式实施访谈之前，3位研究者对访谈的步骤及程序达成共识。在正式的访谈实施过程中，3位研究者都严格地按照统一的访谈提纲进行，尽可能地避免由于访谈执行者的不同而对访谈结果造成的影响。所有受访者均在预先约定好的时间内接受面对面的单独访谈。访谈开始之前，研究者向运动员和教练简要说明访谈的目的，强调访谈结果将会得到严格保密。实际访谈时间介于60~90 min之间。因为有提纲作为指导，所以对每名受访者的回答都做了非常详细的记录。在整个访谈结束后，将访谈记录返回给受访者，请其确认访谈结果是否符合其本意，所有受访者均表示无异议。

在数据分析过程中，对由半开放型问题获得的数据主要采用描述性统计方法进行分析，如百分比和频次。对由开放型问题所获得的数据采用内容分析法进行分析，主要遵循CÉt和Salmela（1994）所建议的步骤进行：第1步，进行资料整理；第2步，将访谈数据分解为意义单元；第3步，将这些被命名的意义单元根据其所表达的意义进行归类并命名；第4步，如有可能，对上一步中所归类别进行再次归类，形成更高一级的类别，并对新的类别进行命名。研究小组通过讨论、协商达成对这些种类的命名的最终共识；第5步，确保意义单元与其所属种类的关系的一致与协调。研究效度的控制贯穿研究过程始终。对于数据的描述型效度，主要是通过详细记录访谈信息，确保所获得信息的句子及意义的通畅；在数据分析过程中，研究小组始终保持对分析结果的一致性，对有异议的结果进行讨论并最终达成共识。

通过对访谈数据的分析，本研究得到了被教练和运动员所共同提到的贯穿于整个运动心理学临场支持服务过程的4个主要方面，即临场支持服务的前提条件、临场支持服务的准备、临场支持的实施以及对服务的评估。

（三）访谈有哪些类型?

访谈按照不同标准有不同类型，根据访谈结构的控制程度，可分为结构式访谈、半结构式访谈、无结构式访谈；根据是否面对面访谈，可分为直接访谈和间接访谈；根据谈话途径，分为当面访谈、电话访谈和网络访谈；根据人数，可分为个人访谈和集体访谈。

1. 结构式访谈

结构式访谈又称为标准式访谈，它是一种对访谈过程高度控制的访问。这种访谈的访问对象必须按照统一标准和方法选取，一般采用概率抽样。访问过程也是高度标准化，即对所有被访问者提出的问题、提问的次序和方式，以及对被访者回答记录方式等都是完全统一的。

结构式访谈的优点：第一，访问结果方便量化，可作统计分析，这是结构式访谈最大的优点，它是统计调查的一种。第二，回收率高，应答率也高。第三，结构式访谈的应用范围也更广泛，可以自由选择调查内容，也能问一些比较复杂的问题，并可选择性地对某些特定问题作深入调查，因而大大扩展了应用范围。

2. 半结构式访谈

半结构式访谈也称为深度访谈，是实际研究中应用最广泛的访谈类型，是研究者对访谈的结构具有一定的控制和导向作用，同时也允许被访者积极参与的一种访谈方法。通常是研究者事先准备好一个粗略访谈提纲，但这个访谈提纲只是作为一种提示，具体的问题要根据实际谈话情境随机应变。访谈者在提问的同时鼓励被访者提出自己的问题，并且根据访谈具体情况对访谈的程序和内容进行灵活调整。这种访谈最为关键的是在访问过程中善于发现“事件”，详细了解事件的细节和过程，使得这个事件能够成为一个生动的“故事”。学术研究中的质化方法最常用的收集资料方式就是半结构式访谈，电视中常有的访谈类节目，如“实话实说”“艺术人生”“面对面”“对话”等，采用的也是半结构式访谈。

专栏6-4　杨澜的追问——什么才是成功?

2001年，中国著名节目主持人杨澜创办并主持了国内第一个高端访谈电视节目《杨澜访谈录》，至今已有12年。邀请到来自全球近600位政治、经济、文化领域的翘楚，发出了总计一万多个提问，不仅聆听他们对世界热点问题的独到见解，更以个人的经历、感受和智慧为中心，抽丝剥茧地讲述人的故事，以成败得失、人生百味体现生命的智慧和感悟。《杨澜访谈录》以“记录一个人和他（她）的时代”为追求，使得这既是一档颇受欢迎的电视节目，也是一个以访谈为方法的历史研究。

2010年，在杨澜入行20年、《杨澜访谈录》10周年之际，她出版了新书《一问一世界》。在这本书的开篇，杨澜以“世有疑惑，必须发问”作为代序，回顾了她以提问为生的访谈生涯，也发出了自己的人生追问：

我们生活在一个渴望成功的时代，我也想成功，我也想证明自己。我跑遍了世界各地去寻找那些成功的人，然后去询问他们有没有什么成功的秘诀。我采访了500多位精英人士，对成功的定义有了质疑。到底什么算成功？更成功又怎样？我们的社会是不是患上了“成功综合症”？为了“成功”，我们常常忘记了自己的初衷和内心真正的渴望；为了“成功”，我们急急忙忙的赶路，经常撞着了这个碰到那个，我们是不是想过把他们扶起来，说声对不起？为了“成功”，我们忽略了路边的风景，忽略了身边的人，我们能不能停下脚步给他们一个微笑，给他们一个拥抱？我曾经接到过一个短信：“真正的成功，不是赚了多少钱或者做了多高的官，而是有一天，你除去这一切身份的时候，还有人愿意在你身边对你微笑。”

3. 无结构式访谈

无结构式访谈也称为非引导性访谈，是一种比较隐蔽的收集资料的方法。这种访谈从表面上看就是没有主题的聊天，实际上是访谈者有意识鼓励被访者自由发表观点，不做任何引导性问话，目的是了解被访者自己认为重要的问题，以及他对问题的认识、解释，这样可以避免因为访谈者的引导而导致偏误的发生。

二、如何进行访谈？

（一）怎样选择访谈对象？

由于访谈法注重的是对访谈对象获得比较深入细致的解释性理解，因此访谈对象的数量比较小，不可能也没必要采取概率抽样的方式。使用最多的是非概率抽样中的立意抽样，即按照研究的目的抽取能够为研究问题提供最大信息量的访谈对象。

陈向明（2000）在介绍质化研究采用立意抽样获取访谈对象的具体策略，根据样本的特性进行抽样时主要有8种方式：

（1）极端或偏差个案抽样。研究者选择研究现象中非常极端的、被一般人认为是“不正常”的情况进行调查，可以从一个极端案例中学到经验教训用来为一般情况服务。

（2）强度抽样。抽取具有较高信息密度和强度的个案，目的是寻找那些可以为研究问题提供非常密集、丰富信息的个案，但这些个案并不一定是非常极端或不同寻常。

（3）最大差异抽样。被抽中样本所产生的研究结果将最大限度覆盖研究现象中各种不同情况，目的是了解在差异分布状况下事物的某一个特点具体有何种同质或异质表现。

（4）同质型抽样。选择一组内部成分比较相似的个案，目的是对研究现象中某一类比较相同的个案进行深入探讨，因而可以集中对这些个案内部的某些现象进行深入分析。

（5）典型个案抽样。选择的是研究现象中那些具有一定“代表性”的个案，目的是了解研究现象的一般情况。

（6）分层目的型抽样。将研究现象按照一定的标准进行分层，然后在不同的层面上进行目的性抽样。目的是在不同层次中进行比较，进而达到对总体异质性的了解。

（7）关键个案抽样。选择那些对事情产生决定性影响的个案，目的是将从这些个案中获得的结果逻辑的推论至其他个案。

（8）效标抽样。事先为抽样设定一个标准或一些基本条件，然后选择所有符合这个标准或这些条件的个案进行研究。

我们在实际访谈调查设计时，无论是量化研究还是质化研究，在选择访谈对象时，都需要根据自己的研究目的、内容和所欲调查的总体情况，采用上述任意一种抽样方式，选择确定访谈对象。例如，研究课题为运动员职业认同，考虑到运动等级和性别或许对其职业认同有影响，因而采用分层目的性抽样方式，将运动员按照最佳运动成绩分为顶级、优秀、高水平和普通4层，每一层中按照配额抽样方式，选择男运动员2名，女运动员2名作为访谈对象。这样对不同运动水平和性别的运动员职业认同比较，从而对运动员总体职业认同进行研究。

（二）访谈前需要做哪些准备工作?

1. 确定访谈对象

通常采用非概率抽样中的立意抽样方式获得访谈对象。确定访谈对象之后，要尽可能地充分了解被访者，包括性别、年龄、文化程度、职业、成长经历、专业背景、身体状况、家庭环境等。这将有助于根据他的特征设计问题，并顺利进入访谈，并取得满意的访谈成果。

2. 与被访谈者沟通

确定访谈对象之后要与被访者联系沟通，需要确定几件事情：第一，约定访问时间和地点，一般来说，以被访者方便为确定时间和地点的首要原则；第二，研究者介绍研究课题及需要了解的问题；第三，征询对方可供自己访谈占用的时间和次数；第四，说明保密原则和访谈注意事项；第五，询问能否录音，并签订访谈协议。

<u>访谈协议</u>

感谢您参与今天的访谈，本次访谈仅用于心理学相关的科学研究，所有访谈内容将会被录音，如果访谈中涉及您不愿提及的人名、单位，您可以用某些符号代替，所有访谈资料将被保密。

本协议一式两份，研究者严格遵守心理学工作者的职业道德规范，如果没有征得您的同意，任何资料不予以公开。

如果您同意接受访谈，并保证所提供信息的真实性，请签署姓名。

受访者：__________　　访谈者：__________

时　间：__________　　地　点：__________

3. 准备访谈提纲

访谈前准备工作中最为重要的内容是根据研究主题和访谈目的，以及被访者的不同背景，准备不同的访谈提纲，并将其具体化为一系列访谈问题。

4. 准备访谈工具

准备的访谈工具包括笔、纸、调查问卷、照相机、录音笔、计算机、个人证件、介绍信等。

（三）访谈中有哪些注意事项？

1. 进入访谈

访谈者需要衣着得体、举止稳重大方。首先要自我介绍并主动出示个人证件，以打消被访者的顾虑。避免见面马上切入正题，可适当随意聊天，拉近彼此之间的距离，使得现场气氛更加轻松、愉快和融洽。

2. 提　问

访谈者要围绕访谈提纲提出问题，提问时要注意保持中立态度，尽量避免倾向性和诱导式提问。要控制好访谈方向，始终围绕访谈提纲中的重要问题，如果被访者跑题，不要生硬的打断，需要将其引导回讨论的主题上。当访谈者需要了解更加详细的情况，或者被访者的回答模糊不清时，需要对被访者进行追问，或者说要求更详细的回答。追问过程中，访谈者的态度必须要保持中立，可以通过复述问题、复述回答、停顿等方法进行中立式追问。要根据访问对象不同采用不同的语言和语气。

3. 倾　听

在访谈中倾听比提问更重要，访谈者需要学习倾听的技巧，只有当访谈者表现出愿意倾听的姿态来，才能激发被访谈者倾诉的愿望，也能够讲出更多、更细致的内容。倾听过程中不要轻易打断和插话，这不仅仅是没有礼貌，同时也会打断被访者的思维，干扰他的情绪。

4. 回　应

访谈者不仅需要认真倾听，同时还要有适当的回应或反应，目的在于与被访者建立一种互动的关系。回应有语言的，如重复对方的回答或表示理解和同情；也有非语言的，如点头、微笑、皱眉、“嗯”等语气词，鼓励对方说下去。

5. 表情与动作

在访谈过程中，访谈者更多的是通过表情和动作与被访者进行沟通，传递信息，表示理解与认同。访谈者需要通过表情始终表达有礼貌、谦和、真诚、耐心的态度，切忌面无表情或默然烦躁。要配合被访者描述情境和情绪心境的变化调整自己的表情和动作，与被访者所谈内容相呼应。切忌在访谈中表现出冷漠孤高、轻视怠慢、心不在焉的情绪。

6. 结束访谈

通常访谈时间不宜过长，以1～2小时为宜，要把握好结束谈话的时机，并表示感谢。

7. 访谈记录

如果被访谈者同意录音，则可免去边访谈边记录的忙碌，专心于倾听与提问。如果不能进行录音录像，则需要现场进行记录。现场记录不仅需要记录被访者的回答，还要特别记录被访者在访谈过程中的情绪、表情、停顿，即不仅要记录听到的，还要记录看到的。

三、什么是专家调查法

（一）专家调查法有什么特点?

1. 专家调查法

专家调查法又称为特尔斐（Delphi）法，是调查者采用匿名问卷或通信形式多轮次向专家进行咨询调查，依靠专家的知识和经验，对问题做出判断、评估和预测的方法。本质上是建立在诸多专家的专业知识、经验和主观判断能力的基础上，因而特别适用于缺少信息资料和历史数据，而又较多地受到社会的、政治的、人为的因素影响的信息分析与预测课题。

特尔斐是希腊历史遗迹，为阿波罗神殿所在地。在古希腊神话中，太阳神阿波罗常在此宣布神谕，因此特尔斐有聪明智慧之意。20世纪60年代，美国兰德公司首先将特尔斐法应用于技术预测上，后来推广应用于各个领域的预测，并出现多种改进方法，如军事预测、人口预测、医疗保健预测、经营和需求预测、教育预测等。

2. 专家调查的特点

（1）匿名性。匿名是特尔斐法极其重要的特点。采用这种方法时，所有专家组成员不直接见面，只是通过书面问卷或信件在完全匿名的情况下交流，以消除权威的影响。后来改进的特尔菲法允许专家开会进行专题讨论。

（2）反复性。该方法的另一个重要特征是在有控制的条件下进行多轮次反馈征询，通常需要经过3～4轮的信息反馈。在每次反馈中，调查组和专家组都可以进行深入研究，使得最终结果基本能够反映专家的想法和对信息的认识，所以结果较为客观、可信。

（3）多向性。调查对象分布于不同的专业领域，在同一个问题上能了解到各方面专家的不同意见。

（4）统计性。对每一轮的调查结果，研究者要采用一定的统计方法进行处理，对预测意见作定量分析。通常是报告1个中位数和2个四分点，其中一半落在2个四分点之内，一半落在2个四分点之外。

（5）集中性。用统计方法集中所有专家的意见，把每个专家的个人判断尽可能地反映在最后归纳的集体意见中。每种观点都包括在这样的统计中，避免了专家调查法只反映多数人观点的缺点。

（二）专家调查法的基本程序是什么？

1. 确定主题

首先需要明确调查主题和任务，同时需要搜集围绕调查主题的相关资料。专家调查法的预测目标通常是在实践中涌现出来的大家普遍关心且意见分歧较大的课题。此阶段主要任务是选择和规划预测课题、明确预测项目，为后期调查问卷或提纲设计做准备。

2. 设计调查表

调查表是获取专家意见的工具，是进行信息分析与预测的基础。调查表设计的质量，直接关系到预测的效果。

3. 选择专家

选择专家是专家调查法的关键，必须注意以下几个问题：

（1）从统计概念出发，在本领域内连续工作10年以上的人员就是专家。在选择专家时，不要将专家与权威混为一谈。

（2）专家人数多少可根据课题大小和问题所涉及领域宽窄而定，通常不超过20人。

（3）专家分布领域要宽泛，这样能从不同的专业视角全面审视问题。

4. 实施多轮次调查

使用专家调查法进行预测评估，通常需要经过4轮次征询，也可根据实际情况进行调整，直至专家意见一致即可。

第一轮调查，发给专家的调查表不带有任何限制条件，只提出要预测的问题。专家可以采用各种形式回答有关提问，提出应预测的事件。组织者要对回收的调查表进行汇总整理，归并相同事件、剔除次要的、分散的事件，并用准确的术语制定出事件一览表。该表可在第二轮调查时作为调查表反馈给专家。

第二轮调查，请专家对第一轮提出的各种事件发生的时间、空间、规模大小等做出具体预测，并说明理由。组织者要对这一轮回收的调查表进行汇总整理，统计出专家总体意见的概率分布。

第三轮调查，将第二轮统计结果连同据此修订了的调查表再发给专家，请专家再次做出具体预测，并充分陈述理由。组织者同样要对这一轮回收的调查表进行汇总整理、统计分析与预测，以备作第四轮的反馈材料。

第四轮调查，将第三轮统计结果连同据此修订了的调查表再发给专家，请专家再次做出具体预测，并在必要时作出详细、充分的论证。在第四轮调查结束后，组织者依然要将回收的调查表进行汇总整理、统计分析与预测，并寻找出收敛程度较高的专家意见。

上述四轮调查不是简单的重复，而是一种螺旋式上升的过程。每循环和反馈一次，专家都吸收了新的信息，并对预测对象有了更深刻、更全面的认识，预测结果的精确性也逐轮提高。

5. 确定结果

专家意见收敛后，组织者应将最终的统计分析与预测结果进行进一步加工，形成正式预测报告，并通过适当的信息传递渠道将其提交给用户。

第三节　比赛技术统计

研究方法与其他事物一样，兼具共性与个性、一般与特殊，不同专业之间，由于学科性质、科学哲学理念、理论知识特点差异而导致研究方法上存在不同。既有一些方法是不同学科之间都普遍采用的，如文献法、实验法、问卷法，也有一些是某一学科“独特的”或者说是“更具学科特色的”研究方法，如教育学中的教师行动研究、人类学中的民族志、历史学中的考据等等。从这个视角去分析，比赛技术统计应该算是体育科学中比较独特的研究方法。

一、体育科学有自己“独特”的研究方法吗?

竞技体育是体育的重要组成部分，是以体育竞赛为主要特点，以创造优异运动成绩、夺取比赛胜利为主要目标的活动，竞赛性是其显著特征。因而，比赛技术统计就成为体育科学颇具特色的研究方法。

（一）什么是比赛技术统计?

比赛技术统计是运用具体数据反映体育比赛的技术、战术各方面、各环节及其作为体系的各组成部分之间数量关系和特征的一种认识活动，是对比赛活动进行系统调查的一种研究方法。其特点是用大量的具体数据来反映比赛活动中的技战术的现状、变化及其规律，目的是把握比赛中技战术活动的总体数量特征，即技战术在量上的多少，其组成部分之间的数量关系及可能产生互变的数量界限，从而达到对比赛技战术之本质的认识（高峰，2002）。

例如，“CBA联赛近5年冠军球队主要技术指标与比赛得分情况的统计分析”（秦勇，林闯，2012）一文中，运用比赛技术统计和灰色关联分析等方法，对2005—2010年5届CBA联赛各届冠军球队241场比赛技术统计指标与比赛得分进行量化研究，并建立指标的灰关联序列与回归模型。研究表明，影响冠军球队得分的各指标因素的主次关系依次是罚球命中率、犯规、防守篮板、助攻、失误、进攻篮板、抢断、盖帽、三分命中率、投篮命中率；影响比赛得分较为显著的指标为罚球命中率、投篮命中率、三分命中率、进攻篮板、防守篮板、抢断、失误、犯规。

（二）比赛技术统计究竟属于哪一种研究方法?

应该说，比赛技术统计是体育科学特有的研究方法，从比赛资料收集的不同来源，可以归入不同的研究方法。（1）如果资料来源于研究者亲自到比赛或训练现场观看、记录、整理并分析，那么，这种方式应该属于实地观察法。现在很多运动队科研工作人员就是随时跟在比赛、训练现场，随时记录统计，并将结果及时反馈给运动员和教练，以便帮助教练指导运动员调整技战术安排。（2）如果资料来源于其他研究者或研究机构通过实地调查所得到的原始数据，或许是官方网站发布的比赛数据，或许是引用以前文献中的资料，将其再次进行加工分析，这种方式属于二次分析。（3）如果资料来源于比赛录像视频，一边看录像一边进行分析整理，这应该属于内容分析法，有些研究将其称为录像观察法，但严格意义上说，影像资料属于文献之一，对于文献资料的量化统计方式应属于内容分析。

目前，本科毕业论文所做的比赛技战术分析，学生为了方便，常常采用对比赛录像视频进行内容分析，但是我们并不鼓励用此方式，而是更加推荐现场观察、记录的方式。原因有两个：第一，现场观看比赛会对赛场有整体了解，视野比较开阔，能进行多观测点观察。而录像视频则受制于摄像机的位置与角度，观察角度比较单一，比赛重要信息可能会遗漏。第二，有些运动项目的技术分析需要时间、距离测算，如游泳，比赛视频难以准确呈现距离，而在比赛现场则可以测算某一段距离所使用的时间。

（三）比赛技术统计有哪些优势和局限?

1.比赛技术统计的作用

在训练、比赛中合理运用技术统计有以下的作用：第一，掌握运动员竞技状态，为教练指导训练提供科学依据；第二，了解对手的技战术特征，为制定合理的战术方案提供科学依据；第三，临场比赛信息反馈，为教练调整临场战术提供科学依据；第四，了解和预测技战术发展趋势（虞丽娟，张辉，戴金彪等，2007）。

2.比赛技术统计的优点

高峰（2002）在总结比赛技术统计的特点时，对其优势有如下阐述。

比赛技术统计的优点包括：第一，是客观性和真实性的高度结合。比赛技术统计是在自然的、没有人为干扰的且表现更为真实的环境下进行观察和记录，其真实性和客观性都很强。第二，能够深刻揭示比赛胜负的影响因素。用具体的数据来反映比赛中技战术运用情况和变化趋势，比单纯的主观判断要更准确。第三，所提供的反馈信息十分有效、及时。第四，能更精确地了解对手的技战术运用情况和特点。竞技比赛是对抗性的，是需要知己知彼方能百战百胜。通过对对手的比赛技战术分析，能够准确了解对手的特点和布阵，有利于在比赛中克敌制胜。

3.比赛技术统计的局限

比赛技术统计的局限包括：第一，对统计结果的专业分析依赖于一定数目的统计数据，需要一定的样本量才能寻找出变化规律；第二，统计指标的正确判断往往取决于统计员的专业水平，因此，专项的技术统计工作需要由本专项的专业人员来担任；第三，采集数据的过程对统计员的观察方位或画面视角要求较高。第四，比赛统计比较费时、费力。

二、比赛技术统计有哪些类型?

比赛技术统计类型有3种划分方式：第一，根据统计内容，分为常规技术统计和专题技术统计；第二，根据统计环境，分为临场技术统计和录像技术统计；第三，根据数据应用，分为数据描述和数据挖掘。

（一）什么是常规技术统计?

常规技术统计是一种数据描述性质的呈现，只是单纯呈现比赛各项得分，但并没有针对各项比赛得分的深入探讨，具有统计指标的可靠性、稳定性和认同的一致性特点。

例如，2013年乒乓球联赛男子团体第1阶段第1轮，上海队对广东队比赛统计，和2012—2013赛季中国篮球CBA总决赛第三场，广东东莞队对山东黄金队比赛统计，详见图6-1、图6-2。

2013乒超联赛 男子团体 第1阶段 第1轮

主场：上海金迈驰俱乐部 比分：3:1 客场：广东陈静俱乐部

	比赛队员	第1局	第2局	第3局	第4局	第5局	比分
第1盘	许昕 VS 刘吉康	11:6	8:11	11:3	7:11	2:7	2:3
第2盘	尚坤 VS 尹航	8:11	8:11	11:4	11:7	7:4	3:2
第3盘	许昕 / 张洋 VS 尹航 / 胡彬	11:7	7:11	7:4			2:1
第4盘	尚坤 VS 刘吉康	12:10	5:11	11:6	9:11	8:6	3:2
第5盘	张洋 VS 胡彬						

图6-1 2013年乒乓球联赛男子团体上海队对广东队比赛统计

（引自2013年中国乒乓球俱乐部超级联赛官网）

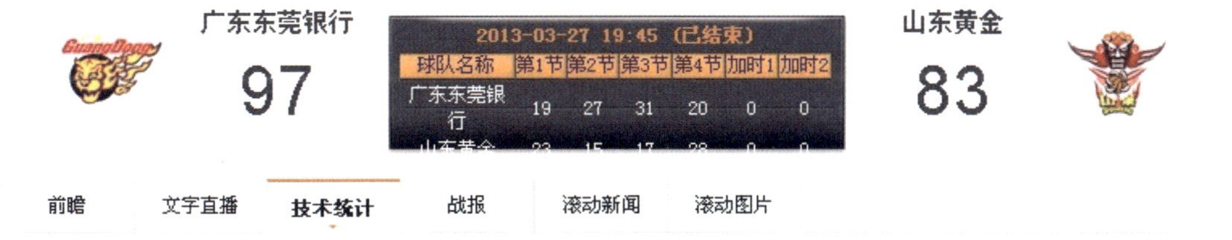

广东东莞银行	号码	二分	三分	罚球	篮板(总)	助攻	抢断	盖帽	失误	犯规	快攻	扣篮	补篮	得分
*朱芳雨	8	4/7	4/10	3/4	0-0(3)	1	1	0	2	2	0	0	0	23
*王仕鹏	7	1/2	4/11	4/6	0-0(4)	3	3	0	2	4	0	0	0	18
*易建联	9	2/7	0/1	9/11	0-0(10)	2	1	0	1	3	0	0	0	13
*迪奥古	2	4/5	0/1	3/3	0-0(5)	2	0	1	1	5	0	0	0	11
*刘晓宇	10	0/1	0/0	0/0	0-0(0)	0	0	0	0	2	0	0	0	0
周鹏	11	3/4	3/3	3/4	0-0(3)	1	0	0	0	3	0	0	0	18
多纳德·斯隆	23	4/10	0/0	1/2	0-0(4)	8	1	0	1	2	0	0	0	9
陈江华	6	1/2	1/3	0/0	0-0(1)	4	1	0	1	2	0	0	0	5
任骏飞	20	0/0	0/0	0/0	0-0(1)	0	0	1	2	2	0	0	0	0
合计	-	19/38	12/29	23/30	0-0(31)	21	7	2	10	25	0	0	0	97

山东黄金	号码	二分	三分	罚球	篮板(总)	助攻	抢断	盖帽	失误	犯规	快攻	扣篮	补篮	得分
*杰特	3	8/12	1/6	6/10	0-0(8)	4	1	0	2	2	0	0	0	25
*赛义德·阿巴斯	33	7/11	0/2	1/4	0-0(8)	0	0	0	2	3	0	0	0	15
*丁彦雨航	23	4/6	1/3	3/4	0-0(5)	1	2	0	2	4	0	0	0	14
*李敬宇	8	4/7	1/5	0/0	0-0(1)	1	2	0	2	4	0	0	0	11
*吴轲	15	0/3	1/1	2/4	0-0(7)	2	1	0	1	4	0	0	0	5
杰克逊·弗罗曼	5	3/8	0/0	1/1	0-0(7)	2	0	0	3	4	0	0	0	7
陶汉林	20	3/6	0/0	0/0	0-0(3)	1	0	0	1	2	0	0	0	6
王汝恒	24	0/0	0/0	0/0	0-0(0)	0	0	0	1	1	0	0	0	0
曹振华	11	0/1	0/0	0/0	0-0(0)	0	0	0	0	0	0	0	0	0
许家晗	21	0/3	0/0	0/0	0-0(2)	1	0	0	1	2	0	0	0	0
合计	-	29/57	4/17	13/23	0-0(41)	12	6	0	15	26	0	0	0	83

图6-2　2012—2013赛季CBA总决赛第三战广东对山东得分统计图

（引自易网CBA体育报道：北京时间3月27日，2012—2013赛季CBA总决赛第三战）

（二）什么是专题技术统计？

专题技术统计是在常规技术统计基础上，为了深入研究某一问题而设计的特殊统计。例如，表6-7是辽宁宏运足球队在2011赛季射门、进球统计表。

表6-7 辽宁宏运足球队射门、进球情况统计表

		罚球区内	罚球区外	上半时	下半时	脚射	头射	直接射	间接射	任意球	点球	角球
射门	主场	107	56	80	83	113	50	113	50	12	5	1
	客场	77	54	54	77	110	31	84	47	6	2	5
	共计	184	110	134	160	213	81	197	97	18	7	6
	联赛排位	3	12	5	4	7	2	3	12	13	3	14
进球	主场	21	1	10	12	16	6	17	5	1	4	1
	客场	15	1	8	8	13	3	11	5	1	1	0
	共计	36	2	18	20	29	9	28	10	2	5	1
	联赛排位	4	12	4	5	5	7	5	6	9	2	11
射门成功率	共计	19.57	1.82	13.43	12.5	13.62	11.11	14.21	10.31	11.11	71.42	16.67
	联赛排位	10	13	7	11	4	12	7	5	8	10	8

引自张辉，程公，2012，76页

专栏6-5 数据挖掘在体育领域中的应用

徐赟，张辉.数据挖掘在体育领域中的应用.武汉体育学院学报，2012，46（11）：27-30.

数据挖掘（Data Mining）是一个由多学科交叉融合形成的学科领域，包括数据库系统、统计学、机器学习、人工智能、可视化、信息科学等，集成了众多学科的成熟方法和工具。其主要的方法有统计学、关联规则、决策树、神经网络、粗糙集、Web挖掘等。

竞技体育中，各项目的技战术分析会产生大量数据，传统的比赛分析方法一般以人工进行比赛观察、数理统计结合科研人员经验为主，难以得出科学结论，因此具有一定的局限性。随着计算机技术的发展，减少人工投入及技战术分析的细化等需求推动了技战术采集与分析系统产生，如由同济大学和上海体育学院联合开发的乒乓球、网球、足球和击剑等项目的技战术采集与分析系统，帮助教练积累了大量的技战术数据，以便进一步进行技战术分析。目前数据挖掘在技战术诊断分析中的应用主要集中在运动员自身技战术特征分析，对战不同对手的优势、劣势技战术组合分析，互克现象技战术分析，得失分的连续击球的最大致胜技战术序列，各项技战术指标对比赛获胜的权重影响，球类比赛数学模拟诊断等。

王杰等利用粗糙集理论中基于属性重要性的改进算法，将乒乓球主要技术、战术与落点相结合作为比赛诊断指标，运用属性重要性公式计算各项技术的得分率和使用率权重，从而反映出运动员的技战术特征。赵养清等利用序列模式挖掘的AprioriAll算法，根据乒乓球比赛规则按时间顺序排列的技战术序列数据，得出了可以反映运动员得失分的连续击球技战术状态的最大致胜技战术序列。肖毅等采用人工神经网络的BP算法，选取与比赛获胜关系较为密切的15项技战术指标作为神经网络诊断模型的输入数据，经过学习得到乒乓球比赛获胜概率，通过该模型可计算运动员各项技战术指标的比赛获胜影响权重值，为运动员的训练提供了科学性参考。张辉等运用技术、战术转移概率矩阵对一场球类比赛状态进行了概括性描述，并在此基础上通过马尔可夫链计算比赛获胜概率进一步确定了各种比赛状态（技术或战术）的竞技效率值，从而掌握了各种比赛状态（技术或战术）对整场比赛获胜概率的影响效果。王铁生等在对11项足球攻防技术指标进行主成分分析的基础上，确定球队技战术能力评

价的综合指标，引入自组织特征映射神经网络模型，得到了能客观反映各球队技战术综合实力的分类方法。

纵观上述实例，各项目的技战术分析中引入数据挖掘技术，对我国运动员训练、比赛都有着极其重要的指导性意义。同时，基于数据挖掘技术进行技战术诊断与分析，引入智能分析、决策支持、专家系统等理论、方法和技术手段，所研发的技战术智能决策系统，已在不同项目的实际运用中获得了较好的收益。

三、如何做比赛技术统计?

（一）如何设计比赛技术统计的指标?

在比赛技术统计研究中，根据各个运动项目特征而设计科学合理的观测指标十分重要，只有事先设定了清晰明确的观察指标，研究者才能根据指标有目的的选择观看并及时记录。

设计比赛技术统计的指标有以下几个原则。

1.目的性

竞技体育是以取胜为明确目标的活动，强调目标性和有效性，即比赛技术统计指标是根据研究目的设计的，需要解决实际问题。只有明确问题解决的目标，才能选择合适的指标进行观察和记录。例如，研究需要解决排球发球的技术问题，那么观测指标就是发球。

2.专项性

每一个竞技运动专项都有其项目特征，其观察指标亦有差异，因此，技术统计的指标必须要和该项目的技术体系相结合，必须在了解该项目特点和技术特征的基础上，才能制定科学的比赛技术统计指标体系。

下面以隔网对抗的乒乓球、羽毛球、网球的技术特征为例，在专项技术特征基础上设计专门的比赛技术统计观察指标。

（1）乒乓球技术体系与基础观察指标

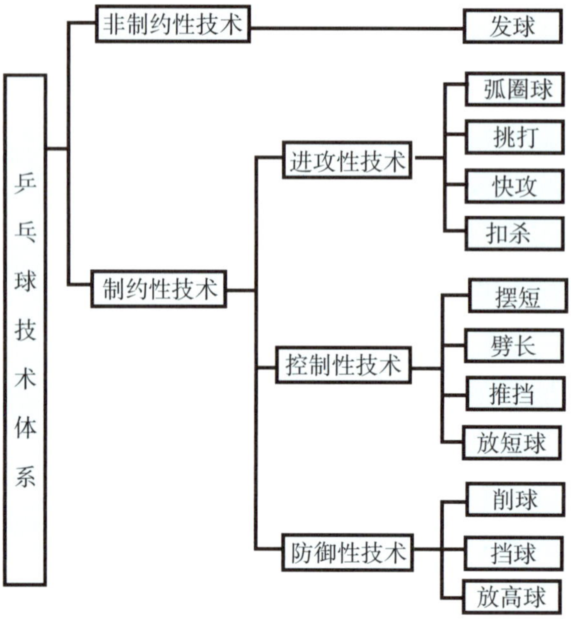

图6-3　乒乓球技术体系

（引自张辉，戴金彪，史芙英，刘雅玲，王继红，2007，67页）

表6-8　乒乓球比赛基础观察指标

观察指标	具体内容
击球技术	发球、弧圈球、快攻、扣杀、劈长、摆短、挡球、削球、放短球、放高球
击球位置	正手位、反手位、侧身位、反侧身位
击球落点	正手短球、正手半出台球、正手长球、中路短球、中路半出台球、中路长球、反手短球、反手半出台球、反手长球
比赛行为	发球、接发球、进攻、相持、防守、控制

引自虞丽娟，张辉，戴金彪，杨再淮，孟范生，史芙英，2007，50页

（2）羽毛球技术体系与基础观察指标

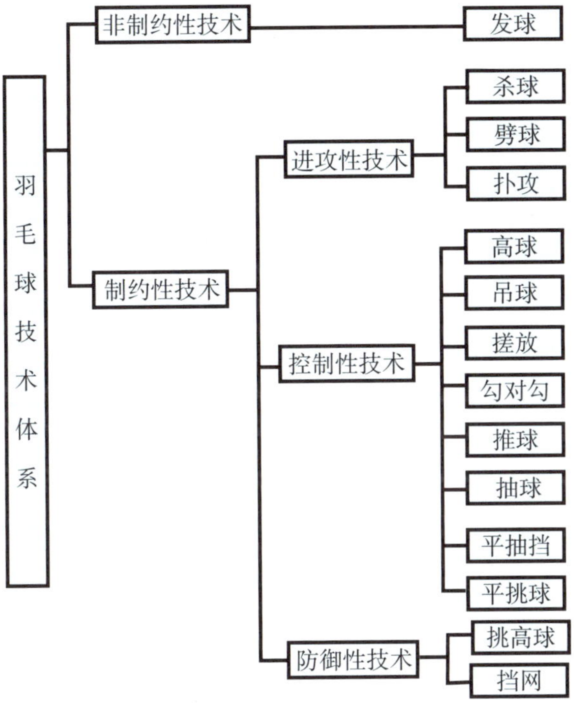

图6-4　羽毛球技术体系

（引自张辉，戴金彪，史芙英，刘雅玲，王继红，2007，66页）

表6-9　羽毛球比赛基础观察指标

观察指标	具体内容
击球技术	发球、高球、吊球、扣杀、劈杀、搓球、推球、勾对角球、挑球、扑球、平抽球、平挡球
击球位置	正手、反手、头顶、中路、后场、中场、前场、网前
击球线路	直线、斜线、中路
比赛行为	发球、接发球、进攻、相持、防守、控制、过渡

引自虞丽娟，张辉，戴金彪，杨再淮，孟范生，史芙英，2007，51页

（3）网球技术体系与基础观察指标

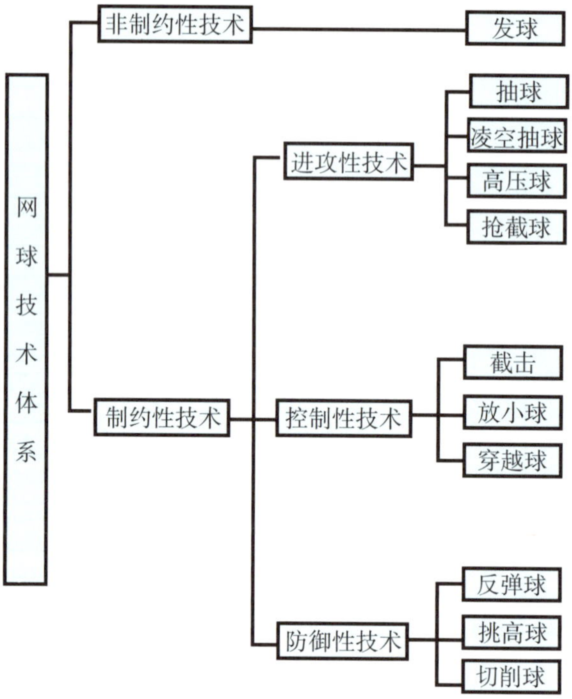

图6-5 网球技术体系

（引自张辉，戴金彪，史芙英，刘雅玲，王继红，2007，67页）

表6-10 网球比赛基础观察指标

观察指标	具体内容
击球技术	发球、抽球、凌空抽球、截击、挑高球、高压球、切削球、放小球、抢截球、穿越球、反弹球
击球位置	右区位、中路右区位、中路左区位、左区位、侧身位、反侧身位
击球落点	右区前场、右区中前场、右区中后场、右区后场、中路右区前场、中路右区中前场、中路右区中后场、中路右区后场、中路右区前场、中路左区前场、中路左区中前场、中路左区中后场、中路左后场、左区前场、左区中前场、左区中后场、左区后场
比赛行为	发球、接发球、进攻、相持、被动

引自虞丽娟，张辉，戴金彪，杨再淮，孟范生，史芙英，2007，51页

3. 唯一性

观察内容指标具有唯一性，即同一个技术或战术行为同时用一个指标中的两项内容描述，各次记录相互独立。

4. 整体性

技术统计指标应该是一系列指标相结合而形成的有机整体，比赛中所出现的情况都要考虑到，要做到指标完全，具有较好的整体性。

5. 可操作性

在实际观察中，每一个指标都是可以被观察到的，是可以被记录的。

（二）如何对某专项比赛进行技术统计？

由于不同专项的项目特征、指标体系不同，具体比赛技术统计也有差异。下面以乒乓球技术统计为例，介绍比赛技术统计的应用方法。

1. 三段统计法

三段统计法是在计数统计的基础上，运用得分率、使用率等数据，研究各种打法特点及单、双打的制胜模式。从运动员比赛能力的整体出发，将20多项常用技术依比赛情况分为三段：发球和抢攻、接发球和接球后抢攻、相持（即第五板以后）。每段的技术指标都是使用率和得分率。统计各段所含技术的得失分，对运动员技术进行诊断评估。必要时还要附加主要技战术效果统计，以使诊断更加全面。专家根据多年积累的资料及比赛胜负情况，制定了“三段指标评估标准”，并依此对运动员的比赛实力作出评估。

表6-11　三段指标评估标准

		发球抢攻段（%）	接发球抢攻段（%）	相持段（%）
得分率	优秀	70	50	55
	良好	65	40	50
	及格	60	30	45
使用率		25～30	15～25	45～50

以刘诗雯对冯天薇的比赛技战术分析为例，说明三段统计法在乒乓球比赛技战术统计中的应用。

表6-12　刘诗雯对冯天薇比赛技术统计

三段指标	得分	失分	得分率（%）	使用率（%）	评估
发抢段	14	9	60.87	22.12	及格
接抢段	7	18	28.0	24.04	不及格
相持段	27	29	48.21	53.85	及格

如表6-12所示，刘诗雯发抢段的得分率60.87%，使用率为22.12%。对照评估标准只达到及格水平。这其中发球直接得5分，失1分；发球抢攻得8分，失5分；发球后正手摆短得1分，反手控球失1分；发球被攻失2分；总共得14分，总共失9分。这说明刘诗雯在发抢段主动优势不明显，且失误率较高，尤其是反手失误较多。而刘诗雯的发球还是占有一定优势的，利用正手发出不同旋转和不同落点的球，在一定程度上牵制了对手，为得分创造了条件。

刘诗雯接抢段的得分率为28%，使用率为24.04%。对照评估标准为不及格。其中接发球得2分，失3分；接发球被攻失9分；接发球抢攻得1分；接球后抢攻得1分；接球后控制得3

分，失6分；总共得7分，总共失18分。这说明刘诗雯在接抢段基本处于被动，尤其是接发球被攻。接球后大部分用反手控制，出现较多失误。但较高的使用率说明了刘诗雯通过抢先上手，试图主动进攻的战术思想。

在相持段，刘诗雯的得分率为48.21%，使用率为53.85%，对照评估标准只达到及格水平。而较高的使用率又体现了刘诗雯通过积极上手，试图占据主动的战术思想。这其中主动相持得12分，失6分；相互转换得12分，失10分；被动防御得3分，失13分；总共得27分，总共失29分。这说明刘诗雯在相持段主动优势不明显，表现得比较被动，失误较多，稳定性不高。结合录像可知刘诗雯在此阶段大部分应用反手的相持，正手的应用比例相对较少，对相持球的路线和落点变化把握不够好，失误较多，没有发挥出主动牵制对手的作用。

2. 数字编码技术统计法

数字编码技术在电子领域应用广泛，但在体育比赛的信息分析中应用非常少，只在个别运动项目上开发出应用软件，如排球比赛数据的商品化分析软件。蒋家珍等人研发的《乒乓球比赛技战术分析系统》，采用操作性强的编码技术及系统化的解码技术，完成乒乓球比赛技战术的统计与分析。

该系统通过数字编码、解码，达到了以下要求：第一，输出结果能得到每一拍击球的击球位置、技术、线路、落点等重要信息，同时能得到双方选手的每一拍的技术对应情况；第二，从信息输入与输出方面，要求能快速地输入与其相关的比赛信息、及时向教练、运动员进行信息反馈与决策指导的效果。

数字编码系统主要包括5大模块：编码模块、信息采集与输入模块、信息转换模块、数据分析模块与信息输出模块。

（1）编码模块。本模块主要将乒乓球比赛中的重要信息转换成相应的编码，将场上队员、击球位置、击球技术、击球路线、击球落点、击球质量等信息依照统一的形式进行编码，以便准确、快捷地进行信息输入。

（2）信息采集与输入模块。本模块为信息采集员建立比赛与系统的对接窗口，当信息采集员面对比赛现场（或比赛录像）时，能按照编码规则及时地输入所需要的比赛信息。

（3）信息转换模块。本模块能将信息采集员输入的信息代码快速解码，将代码转化为相应的信息，并以数据的形式贮存在系统中。

（4）数据分析模块。本模块能将比赛数据进行统计与分析，进行各项击球技术的出现频次计算、双方击球的相关性分析、队员技战术应用的动态规律等。

（5）信息输出模块。本模块能将数据分析模块取得的结果进行综合分析，从而输出决策性结论与建议，及时为教练及运动员下一步的场上技战术应用提供即时建议。

专栏6-6《乒乓球单打比赛数据分析系统》的应用

1. 场区的划分

乒乓球比赛场地以球网为界将全场隔为面积相等的两个半场。在本系统的区域划分中，将乒乓球场区细分为18个技战术统计区，每个半场分为9个区，具体划分方法如下：以运动员在场地上面朝球网站位为参照，在纵向方向上将场区划分为台内、近台、中远台，在横向方向上将场区划分为左、中、右，二者交叉组合可将半个场区分为9个区，如表6-13所示。

表6-13 《乒乓球单打比赛数据分析系统》场上9个区的划分

代码	场区	代码	场区	代码	场区
1	台内左区	2	台内中区	3	台内右区
4	近台左区	5	近台中区	6	近台右区
7	远台左区	8	远台中区	9	远台右区

台内、近台、中远台的划分依据是：（1）台内球：从球网到球台的最边缘；（2）近台球：从球台边缘向外3米处；（3）中远台：球台3米之外。

左区、中区、右区的划分依据是：在运动员面对球网时以场地上左、中、右各1/3的宽度为左区、中区和右区。

2. 场上运动员的编码

本系统用数字代表相应的场上运动员，在单打比赛中，先发球一方代码为1，接发球方代码为2。由于场上运动员有左右手握拍之分，而且两种握拍方式对技战术分析的影响很大，因而将握拍方式作为运动员重要的基础信息输出系统。右手握拍的选手代码为R，左手握拍的选手代码为L。

3.《乒乓球单打比赛数据分析系统》技术分类与界定

乒乓球比赛中技术复杂多变、划分较为细腻，通常可划分为前场技术、中场技术及后场技术。《乒乓球单打比赛数据分析系统》的技术分类与界定主要依据：（1）传统的技术界定方法；（2）教练与运动员对信息的需求状况；（3）技战术统计的快捷化与实用化。

由于采用了数字编码技术，因而不仅其技术统计的速度与准确性显著提高，而且分析手段更为全面与合理，可以从不同的角度对运动员的专项技战术特点进行针对性的分析。以李晓霞、刘诗雯、丁宁3名优秀乒乓球女单选手先上手分析为例。

先上手比率=一场或多场比赛中某选手先上手次数/该选手的击球总回合数（双方的发球总次数）×100%

如表6-14所示，刘诗雯先上手比率最高，为47.79%；李晓霞其次，为46.94%；丁宁先上手比率最低，为46.68%。总体来讲，3人先上手的比率相差不大，而且与其他10名选手先上手比率的均值也比较接近。这说明刘诗雯、丁宁、李晓霞在先上手比率方面并没有表现出与其他选手较大的差异，他们3人之间也没有显著差异。

表6-14　3名选手在比赛中先上手比率

队员	先上手次数	击球总回合数	先上手比率（%）
李晓霞	468	997	46.94
刘诗雯	507	1061	47.79
丁宁	604	1294	46.68

表6-14反映的只是每名选手先上手的比率，并不能从中看出每名选手先上手的效果，即先手上是更有利于得分还是可能导致失分，也不能看出先上手与其他因素的结合情况。因此，要做进一步更为全面的分析，必须进行双因素分析及多因素分析。

本章小结

1. 问卷和量表在编制、标准化、计分方式、统计方式上有着显著的差异。

2. 问卷的结构由封面信、指导语、问题、答案和编码构成。问卷的类型主要有开放型问卷和封闭型问卷。

3. 问卷的优点主要体现在节省时间、经费和人力，便于资料分析、定量统计，具有较大的间接性和很好的匿名性。问卷的局限主要体现在对被调查者的文化水平有一定要求，需要被调查者高度配合，研究的深入程度不够，难以控制环境等因素的影响。

4. 问卷主要适用于描述总体情况、不同群体间比较、探索变量关系等议题。

5. 问卷题目的来源主要有现有测验、开放式调查、团体座谈、个人观察、专家经验等。

6. 在编制问卷中，需要注意避免混淆、模糊不清，避免专业术语、俚语、网络用语和简写，避免双重含义、情绪化、诱导式语言，避免询问超出被调查者能力的问题，避免询问有关未来的问题，避免无效选项，避免直接询问敏感性问题。

7. 问卷的发放主要分为自填问卷法和结构访问法。自填问卷法主要有个别发送法、集中填答法、邮寄填答法、网络调查法4种方法。

8. 访谈法的优点是适用更多的研究议题，研究更深入，方法灵活，更高的回收率，获得更多更详细的资料，受文化水平影响较小。访谈法的局限主要体现在主试和被试交互作用显著，成本较高，记录困难，资料整理难度大，难以进行量化统计，不具有匿名性。

9. 访谈法分为结构式访谈、半结构式访谈和无结构式访谈。

10. 专家调查法又称为特尔斐法，是调查者采用匿名问卷或通信形式多轮次向专家进行咨询调查，依靠专家的知识和经验，对问题做出判断、评估和预测的方法。具有匿名性、反复性、多向性、统计性和集中性几个特点。

11. 比赛技术统计是运用具体数据反映体育比赛的技术、战术各方面、各环节及其作为体系的各组成部分之间数量关系和特征的一种认识活动，是对比赛活动进行系统调查的一种研究方法。

12. 比赛技术统计分为常规技术统计和专题技术统计两种类型。

13. 比赛技术统计的指标设计有目的性、专项性、唯一性、整体性和可操作性几个原则。

文献导读

[1] 陈向明. 质的研究方法与社会科学研究[M]. 北京：教育科学出版社，2000.

[2] 方千华. 体育社会科学研究的问卷调查方法检视[J]. 天津体育学院学报，2008（3）：204-206，246.

[3] 福勒著. 调查研究方法[M]. 孙振东，龙藜，陈荟，译. 重庆：重庆大学出版社，2009.

[4] 茅洁，单曙光. 篮球技术统计软件的研制[J]. 武汉体育学院学报，2012（2）：70-73，87.

[5] 毛文武，虞丽娟，凌培亮，王杰，梁成军. 基于多媒体视频的高水平乒乓球运动员技术能力评估[J]. 东华大学学报（自然科学版），2011（4）：452-456.

[6] 虞丽娟，张辉，戴金彪，杨再淮，孟范生，史芙英. 隔网对抗项目比赛技战术分析的理论与方法[J]. 上海体育学院学报，2007（3）：48-53.

[7] 虞丽娟，张辉，凌培亮. 隔网对抗项目技战术分析的系统研究[J]. 体育科学，2008（10）：41-48.

[8] 张辉，戴金彪，史芙英，刘雅玲，王继红. 隔网对抗（持拍类）项目技战术特征[J]. 上海体育学院学报，2007（4）：65-69.

[9] 张力为. 体育问卷调查的常见误区[J]. 北京体育大学学报，2006（12）：1586-1589，1585 .

[10] 张力为，毛志雄. 体育科学常用心理量表评定手册（第2版）[M]. 北京：北京体育大学出版社，2010.

思考与练习

1. 查阅本校本专业最近一届本科毕业论文原文，选择10篇采用问卷调查法的论文，试分析问卷编制中存在哪些问题？并尝试将其中一份调查问卷进行修改。

2. 选择一个自己感兴趣的研究主题，编制调查问卷，并进行实际调查和数据分析，撰写不少于2000字的调查报告。

3. 从核心期刊上找出2～3篇本专项比赛技术统计论文，讨论其指标体系上存在的问题，并尝试进行修改。

第七章 报告与交流

关键术语

研究报告　格式规范　国家标准　题名　署名　摘要　关键词　引言　结果　讨论　结论　参考文献　附录　APA格式　顺序编码制　著者出版年制　答辩

学生疑问

本科生也能发表学术论文?
学士学位论文需要写多少字? 有统一要求吗? 为什么研究报告要有格式规范?
毕业论文需要答辩吗? 怎么答辩? 是要将论文念一遍吗?

学习目标

通过本章的学习，你将能够:

1. 了解体育科学研究报告的基本结构与写作要求。
2. 掌握研究报告的撰写格式要求（学士学位论文格式、期刊论文格式、APA格式）。
3. 了解学术期刊论文的投稿方式。
4. 了解学士学位论文答辩的程序与注意事项。

研究摘要

张凯．体育科学论文规范的误区．北京体育大学学报，2006，47（12）：1591-1595，1585．

问题：研究报告的撰写，既是对研究过程的总结，更是研究者本人学术造诣、思维能力、写作功底等综合水平的彰显。一篇研究报告的格式是否规范，看似细节小事，实则是作者科学研究基本素养的体现。

方法：从清华优秀博硕士论文数据库和全国学位论文数据库（万方）全文下载来自两所体育院校2004年通过的190篇硕士论文，按照我国国家标准《科学技术报告、学位论文和学术论文的编写格式》（GB7713-87），采用内容分析法，对190篇硕士论文进行文本分析。

结果：190篇论文中，无一篇不存在撰写格式上的错误，其错误表现形式不一；有175篇论文应用表格方式呈现数据，但按照科技论文表格形式“三线表”要求，正确使用的仅为36篇（18.94%）；参考文献引用著录格式完全正确的仅为18篇（9.47%）。论文撰写方面问题表现为：第一，论文组织结构混乱，层次不清；第二，题名、摘要、结论等需要对全文进行高度概括的部分文字欠缺精炼；第三，图表、数据呈现、参考文献著录格式不符合科学技术论文规范要求；第四，没有形成提出研究假设、分析研究局限的传统；第五，描述性研究较多，对数据缺乏综合分析和深入探讨。作者建议应加强体育硕士研究生3方面的教育：一是专业理论基础，二是科学研究基本素养，三是逻辑思维与文字表达能力。

第一节 研究报告的撰写格式

大多数科学研究成果最终会以研究报告的形式呈现，它或许是在研究会议上的口头报告，或许是发表于学术期刊上的书面报告。正如国家的安全稳定需要法律、运动竞赛的公平公正需要规则一样，研究报告也需要撰写格式的规范来保证其学术的严谨性。2001年美国心理学会颁布《美国心理学会出版手册》（Publication Manual of American Psychological Association）第五版，APA格式已经成为美国社会与行为科学期刊论文撰写采用的标准格式，其中的规范大到论文框架结构，小到标点、空格使用都十分详尽严格。1987年中国颁布国家标准《科学技术报告、学位论文和学术论文的编写格式》（Presentation of Scientific and Technical Reports，Dissertations and Scientific Papers）（GB7713-87），并于2005年颁布新版《文后参考文献著录规则》。目的是为了统一科学技术报告、学位论文和学术论文的撰写和编辑格式，便于信息系统的收集、存储、处理、加工、检索、利用、交流和传播。

一、研究报告撰写的格式要求有哪些?

（一）学位论文的结构有哪些?

学位论文（Dissertation）是表明作者从事科学研究取得创造性结果或有了新见解，并以此为内容撰写而成，作为提出申请授予相应学位时评审用的学术论文。学士论文应能表明作者确已较好地掌握了本门学科的基础理论、专门知识和基本技能，并具有从事科学研究工作或担负专门技术工作的初步能力（GB7713-87），通常论文长度在8000～15000字之间。

学位论文的结构包括3部分：（1）前置部分——封面、封二、题名页、题名、作者姓名和单位、摘要、关键词、目次页、插图与附表清单（必要时）、符号表（必要时）；（2）主体部分——引言、正文、结论、致谢、参考文献；（3）附录部分（必要时）。（图7-1）

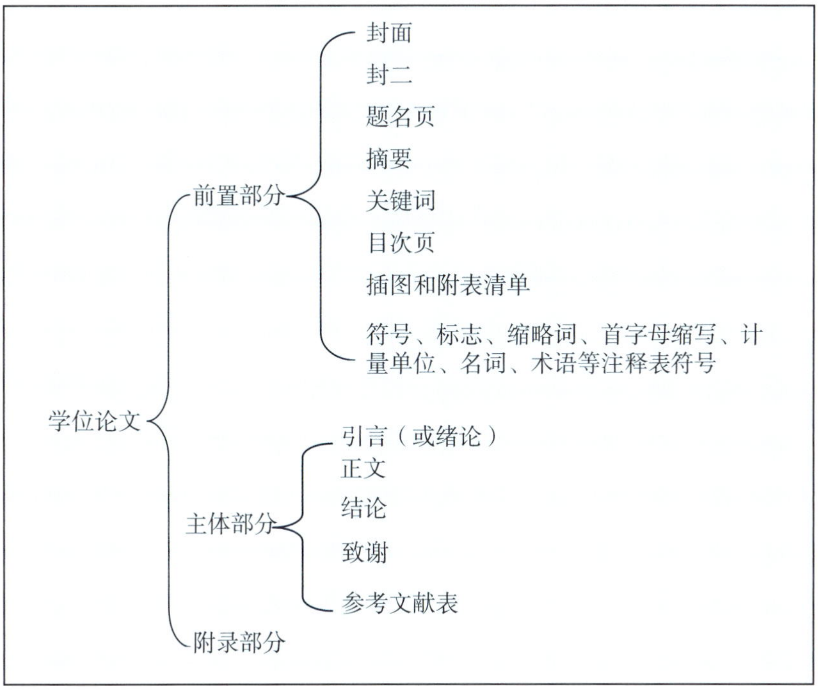

图7-1　学位论文的主要内容

（二）体育科技类论文的格式要求有哪些?

1. 题　名

题名又称标题或题目，是揭示论文主题和内容的精炼表述，是文献检索的最重要部分。论文题名非常关键，一个好的题名有3个作用：一是使读者对论文研究核心内容一目了然；二是能吸引读者注意，引发其继续阅读的兴趣；三是有助于二次文献机构、数据库系统的检索和收录。

题名的撰写要求：

（1）题名应概括性地总结论文的主要观点，明确研究的核心内容。例如，少年和成年业余长跑运动员急性耐力运动后心脏自主神经恢复观察研究（黄传业，田野，聂金雷，2012），这一题目明确了作者研究的群体（少年和成年业余长跑运动员）、研究内容（急性耐力运动后心脏自主神经恢复）、研究方法（观察），使读者迅速把握该论文的研究主题。

（2）相关性研究的题名，最好清晰表明变量以及变量之间的关系。例如，北京市青少年身体锻炼与自尊、人格的关系（于拓，毛志雄，2013）。解释性研究，最好在题名中清楚陈述自变量、因变量和机体变量。例如，不同运动负荷对小鼠学习记忆能力及脑组织血管内皮物质的影响（周慧，林宇，2012）。

（3）题名要精炼。中文题名一般不宜超过20个汉字，避免使用诸如“浅谈”“浅析”“试论”之类缺乏研究自信的谦辞。避免多余词缀，如“……的研究与分析”“……的比较分析”“关于……的调查分析”等。

（4）题名应尽量使用陈述句式，避免使用疑问句。

（5）英文题名有3种规范格式，可以根据学校（或期刊）不同要求任意选用。第一，所有字母全部大写，如SEMANTIC PROCESSING OF PHONETIC RADICALS IN READING CHINESE CHARACTERS；第二，第一个词的首字母大写，其余全部小写（专有名词除外），如Semantic processing of phonetic radicals in reading Chinese characters；第三，实词首字母大写，虚词小写，如：Semantic Processing of Phonetic Radicals in Reading Chinese Characters。

2. 署　名

署名不仅是对作者辛勤劳动和荣誉的尊重，也是表示文责自负的承诺，同时便于读者与作者的联系。作者姓名和作者单位均是文献检索的重要线索。作者姓名应包括对研究做出实质性贡献的人，并以贡献大小排序。作者单位应采用全称和正式名称，不得用简称，如“北京体育大学教育学院，北京 100084”。作者属于不同单位时，应分别列出。英文名应大写姓的所有字母并拼写出名的全称，如WANG Jing-An（王京安），OU-YANG Jin-Ning（欧阳金宁）。

3. 摘　要

摘要是对整篇论文的高度概括和浓缩，它的功能是帮助读者快速了解论文的主要内容和研究成果，同时也为文献检索提供方便。摘要一般包括研究目的、研究方法、研究结果和研究结论4个要素，说明研究的目的、使用的具体方法、被试情况、基本步骤、主要结果和结论。摘要具有独立性和自明性，即读者不阅读全文也能获得论文的主要信息。

一般在撰写摘要时需要注意以下几个问题。

（1）摘要应该突出研究报告中最重要的内容，与论文无关的内容不要出现。

（2）摘要一般包括研究目的、研究方法、研究结果和研究结论4个要素，说明研究的目的、使用的具体方法、被试情况、基本步骤、主要结果和结论。

（3）摘要作为论文的高度概括，文字应简练而具体，行文内容简短扼要，篇幅通常为200～300字，使用规范化名词术语，联系研究主题。

（4）摘要中不陈述研究过程、示例，不使用图表和公式，不用引文，通常不分段落。

（5）摘要写作使用第三人称，而不用第一人称。例如，应使用“本研究假设”“研究结果发现”“本研究提示”等类词语，而不应使用“我认为”“我们的结果发现”等类词语。

（6）摘要应自成一体，独立成篇。

（7）英文摘要一般写在中文摘要后面，包括题名、作者及工作单位、内容摘要、关键词，写作要求与中文摘要一致。

不同研究类型的论文摘要撰写内容和方式有所差异，下面列举实验研究摘要、调查研究摘要、文献研究摘要各一篇，供读者参考。

实验研究摘要示例：

沙川华，张涛，李龙. 膝关节交叉韧带生物材料力学特征实验研究. 体育科学，2013，33（1）：72-77，83.

摘要：目的：通过对膝关节交叉韧带进行生物材料力学的实验研究，为分析其损伤机理、防治、修复、人工材料置换等提供依据。方法：取膝关节无病变年龄在25～35岁之间的成年男性左右膝关节前交叉韧带（ACL）与后交叉韧带（PCL），共计24条。将ACL分为前内束（AMB）与后外束（PLB），PCL分为前外束（ALB）与后内束（PMB），并进行冰冻切片，制作标准试件后，使用上海大学力学实验中心"生物材料力学性能测试系统"完成"一维拉伸试验"与"应力松弛试验"。实验数据经统计学处理，进行：1）左、右ACL与PCL相同各部分之间比较；2）ACL各部分之间比较；3）PCL各部分之间比较；4）ACL各部分与PCL各部分之间比较。结果：1）左、右膝关节ACL、PCL各部分之间比较均没有显著性差异；2）1s应力松弛率PMB最大，其次为PLB、ALB、AMB；100s应力松弛率PMB最大，其次为PLB、AMB、ALB，比较结果均呈高度显著性差异（$P<0.01$）；3）在被拉伸至2%时，AMB显著性大于PLB（$P<0.05$）；在被拉伸至4%时，ALB显著性大于AMB（$P<0.05$）；ALB高度显著性大于PLB（$P<0.01$）；在被拉伸至6%和8%时，ALB显著性大于AMB（$P<0.05$）；4）ACL与PCL各部分的拉伸刚度、弹性模量、破坏应力3项指标没有显著性差异（$P>0.05$）；5）PLB与PMB破坏应变显著性大于AMB与ALB（$P<0.05$）。结论：1）人类膝关节ACL与PCL生物材料力学特征没有侧别差异；2）PMB与PLB的粘性较大，屈曲性较强，具有较好调整负荷的能力，是运动损伤不易发生的材料学原因之一；3）AMB在被拉伸的初始阶段对载荷反应较强，ALB随着材料的被拉伸长度的增加，对负荷的反应呈现逐渐增强的现象；4）由于ACL与PCL来源相同、组织结构相似，故其材料力学特征相同，在生理受力范围内，其抗拉伸能力差异不大。

调查研究摘要示例：

于拓，毛志雄.北京市青少年身体锻炼与自尊、人格的关系. 体育科学，2013，33（3）：49-55.

摘要：采用《Rosenberg自尊量表》和《卡特尔人格因素问卷》，对北京市中、小学青少年的身体锻炼与自尊、人格的关系进行研究。共测量北京市中、小学生403人（男186，女217），小学生共138人（男62，女76，年龄12.23±0.982岁），初中生共157人（男64，女93，年龄14.58±0.663岁），高中生共108人（男60，女48，年龄17.78±0.828岁）。结果发现：1）小学生的整体自尊水平，锻炼组显著高于非锻炼组，而初中、高中阶段受试者的自尊水平在锻炼组与非锻炼组之间未见显著差异；2）不同年龄阶段青少年的锻炼组与非锻炼组之间，在人格维度上存在一致与差异，锻炼组青少年的人格特征更积极。结论：1）身体锻炼可能是影响小学生的自尊发展的重要因素；2）身体锻炼可能对青少年的人格因素有积极效应；3）青少年自身的心理发展特点影响身体锻炼对自尊、人格效益的效果。

文献研究摘要示例：

刘显，张志勇.体育人文社会学博士论文问题与反思——理论基础探微.体育科学，2012，32（8）：81-90.

摘要：以1999-2011年189篇体育人文博士学位论文为样本，参考论文写作的国家标准，对论文进行统计分析，发现问题，寻求对策，以期对提高论文的理论水平有所帮助。研究发现，体育人文博士学位论文理论选择问题包括对理论的重视不足；多学科理论选取无原则。理论的使用问题是学科隶属不清，理论引述不合理，忽视基本理论假设，不重视理论概念的界定，缺乏理论框架。理论的总结问题包括理论回归不足；欠缺理论升华能力。解决此类问题要以科学理论的本质与结构为标准，选取理论时坚持经典性、规范性、系统性和简单性原则，并分别从理论名称与学科归属、基本理论假设、概念与命题、理论的合理性、理论的不足5个方面建构博士论文的理论基础。

4. 关键词

关键词是论文的文献检索标志，是表达文献主题概念的自然语言词汇，其重要功能是帮助读者通过关键词检索到该篇文章，这关系到该文被检索的频率和该研究成果的利用率。关键词一般是从论文题目、摘要和正文中抽选出来的、能够代表论文的主题内容，适用于情报检索系统。GB7713-87规定：每篇报告、论文应选取3~8个词作为关键词，按词条的外延层次排列（外延大的排在前面）。例如，身体自尊是自尊的下位概念，自尊比身体自尊的外延要大，因此在关键词排列中，应该将自尊放在身体自尊的前面。每个关键词之间空一格，或用逗号、分号隔开，最末不用任何符号。关键词应尽量从《汉语主题词表》和各专业主题词表中选用。

专栏7-1 学术论文前置部分示例

郭璐.体育科学实验设计的误区.北京体育大学学报，2006，47（12）：1596-1598，1585.

体育科学实验设计的误区

郭璐

（北京体育大学，北京，100084）

摘要：本文对国内两所体育院校2004届硕士毕业论文中的57篇实验研究进行分析。结果发现，其中27篇论文（47.37%）在实验设计或统计方法应用方面存在错误，主要表现为变量定义错误、实验设计类型前后矛盾及误用统计方法。另有16篇论文（28.07%）则存在尚待改进之处，如采用样本容量非均衡的实验设计及利用多个单因变量分析代替多元统计分析。本文从实验设计本身及实验设计与统计方法配合两方面对体育科学实验设计的误区进行探讨，以期引起体育科学研究者的反思与重视。

关键词：实验设计；统计效力；I型错误；多元统计

Misuse of Experimental Method in Sport Sciences

GUO Lu，Beijing Sport University，Beijing，100084，China

Abstract：This paper analysed 57 experimental studies（47.37%） as the dissertations for Master degree of two sport universities in 2004. The result showed that there were serious errors in experiment design or statistical methods in 27 papers（43.37%），such as the error in variable definitions，the contradiction of the experiment design types and the misapplication of statistical methods. Moreover， other 16 papers（28.07%） also had some shortcomings such as unbalanced sample sizes in two groups and the use of several univariate analyses instead of multivariate analysis. This paper also discussed the errors in cooperation between experiment design and statistical methods. The author suggested that researchers pay more attention to these problems in their future research.

Key words：experiment design; statistical power; type I error; multivariate analysis

5. 引　言

引言又称前言、导言、序言、绪论，通常包括以下两个方面的内容。

第一，研究背景即文献综述。根据时间或主题线索，介绍和评述前人的主要研究成果，包括前人研究已有的结论，存在的争议，研究中的缺陷，尚待解决的问题等。科学研究具有延续性和发展性，所有研究都是在前人积累的基础上开展的。只有对所选课题的相关学科领域已有成果进行系统、全面的总结，才能发现以往研究中存在的问题与局限，选择有价值的研究方向及切入点，并为新课题的确立提供有力的论证和支持，即只有在文献阅读和文献评述的基础上才能有研究问题的提出。这部分应注意掌握最新资料，同时要有述有评，避免综而不述、述而不评。

第二，本研究的目的与意义。这是在概述和评价前人研究成果与实践发展需要的基础上，提出本研究的问题，论述研究的理论意义或实践意义，提出相应的研究假设。

6. 方　法

方法部分主要用于描述研究过程是怎样进行的，其作用：一是便于他人检验和重复，因为可重复性是实证性研究的核心特征之一，详细陈述研究方法就是便于他人按照相同的方法进行重复检验；二是有利于读者进行评价，评价该研究的过程是否严谨，数据资料是否合理可靠。方法部分需要详细说明如下几个内容。

（1）研究方法。需要详细说明研究所采取的主要方法，即是调查法、文献法还是实验法。调查法是问卷调查还是访谈调查，访谈是无结构式访谈还是结构式访谈；文献法是内容分析法还是现有统计资料分析；实验法是单因素实验还是多因素实验。需注意的是，此部分只是陈述研究中所采用的最主要的研究方法，不必将所有研究方法一一罗列出来。

（2）研究参与者或被试。研究者应交待被试的人口统计学资料，一般来说，被试的年龄、性别、种族、职业和数量是必须叙述的内容。如用动物被试，则需说明动物的种属、品系、喂养方式，列出动物的数量、年龄、重量、生理状况等。被试丢失的情况（如未填写性别、中途退出等）应予以说明。选取被试和分配被试的方法，被试是否做过同类实验，也应明确叙述。

（3）抽样方法。详细报告样本抽取所依据的方式和抽样过程。

（4）测量工具。如果是问卷，则需要详细说明问卷来源、编制过程、评分标准、回收率、信度和效度；如果是仪器，需注明生产厂家、生产日期和仪器型号。测试的量具需注明信度和效度情况。如果是研究者自行研制的仪器或量具，应在附录中更加详细地予以介绍。

必要时可附仪器的图片和量表条目等详细内容。

（5）变量。说明研究的主要变量是什么，如何操作定义，指标选择的依据，如自变量、因变量、无关变量等。

（6）资料收集过程。如果是实验研究需要介绍实验过程的每一个步骤，包括指导语、被试分组、实施具体实验处理；实验材料和被试的安排等。如果是调查法则说明问卷发放方式、访谈时间、访谈对象、观察时间、地点、条件和方式等等。

（7）数据处理方法。可以在方法部分交待，也可在结果部分交待。有一个约定俗成的规定，如果采用SPSS、SAS、LISREL、EQS等通用软件包处理数据，仅说明软件包名称和程序名称（如MANOVA）即可，但如果采用非通用软件或自编程序处理数据，则需进行较为详细的说明。

专栏7-2 研究方法部分应该怎么写？

列举两篇全国体育院校优秀学士学位论文，分别采用调查法和实验法，其研究方法部分撰写示例如下。

金潇.农村留守儿童自尊、孤独感与社会适应的关系.北京：北京体育大学，2010.

3 研究方法

3.1 研究参与者

选取河北省保定市定州（市）县下属两个村镇、山西省汶水市吕梁县下属一个村镇、安徽省宿州市灵璧县下属一个村镇年龄在10～15岁共70名儿童进行施测，其中男生35人，女生35人。回收有效问卷68份，有效回收率为97.14%。具体年龄、性别分布情况见表7-1。

表7-1 研究参与者年龄、性别信息

年龄	10		11		12		13		14		15		合计
性别	男	女	男	女	男	女	男	女	男	女	男	女	男 女
数量	6	2	2	9	8	10	5	9	6	4	6	1	68

3.2 研究工具

3.2.1 自尊的测量

采用魏运华于1997年编制的儿童自尊量表（CSES）测量留守儿童的自尊水平，该量表适合年龄为9～15岁的少年儿童，量表包括6个维度，采用五点计分方法。其中8道题为反向计分题目，正向记分题与反向记分题的得分之和为量表的总得分。本研究中该量表的Cronbach α系数为0.802。

3.2.2 孤独感的测量

对留守儿童孤独感的测量采用的是Asher等1984年编制的儿童孤独量表（Children’s Loneliness Scale，CLS），该量表有24个项目，包括16个孤独项目（10条指向孤独，6条指向非孤独）和8个关于个人爱好的插入项目（为使被试在回答时放松一些）。量表包括4个维度，按照五级计分，插入项目不计分，其中非孤独题目为反向计分题目，总分越高，表示孤独感越强。本研究中该量表的Cronbach α系数为0.813。

3.2.3 社会适应的测量

对于社会适应的研究采用胡韬编制的《少年儿童社会适应量表》（2007），该问卷包括人际友好、活动参与、学习自主、生活独立、环境满意、人际协调、社会认同、社会活力8个一阶因素。8个一阶因素可归为社会关系与观念适应、学习与学校适应、生活与活动适应3个二阶因素，共48个项目。在本研究中该问卷的Cronbach α系数为0.801。

3.3 统计工具

采用SPSS19.0 for windows统计软件包对结果进行统计分析。

3.4 施测过程

主试均由心理学专业本科生担任，经培训后均能达到施测要求，如吐字清楚，语速适中，不给被试以任何暗示等。采用团体施测与单独施测相结合的方式进行，团体施测时以班级为单位。

梁轶伟.振动力量训练对排球运动员弹跳力的影响.北京：北京体育大学，2009.

2.2 实验法

2.2.1 实验对象

实验对象为北京体育大学男子排球代表队队员，样本含量14，均无伤病。队员被随机分成两组，每组7人。Ⅰ组为“振动刺激训练组”，即实验组；在传统力量训练中附加振动刺激。Ⅱ组为“传统力量训练组”，即对照组。受试者的一般情况见表7-2。

表7-2 实验对象的一般情况

内容	实验组	对照组	*P*值
年龄/岁	21.71 ± 2.69	22.43 ± 1.72	.565
身高/厘米	193.2 ± 3.20	195.0 ± 3.46	.355
体重/公斤	94.2 ± 7.37	91.5 ± 9.31	.559
训练年限/年	7.43 ± 3.55	8.43 ± 2.23	.540

2.2.2 训练方案

实验中，实验组的训练安排是，下肢先进行一周的徒手适应性训练，采用静力性半蹲和徒手半蹲作为练习方式，之后再采用负重全蹲和负重半蹲；腰腹力量训练采用侧撑、俯撑和背撑的练习方式；上肢力量训练采用俯卧撑和平板卧推的练习方式。具体强度和量见表7-3。

表7-3 实验组振动力量训练方案

训练内容	动作结构	附加负荷/kg	频率/hz	时间/s	间歇时间/s	次数×组数
下肢力量训练	静力性半蹲	0	35	30	30	1×4
	徒手半蹲	0	35	30	30	25×4
	负重全蹲	50～80	35	0	180	（6~3）×2
	负重半蹲	80～110	35	0	180	（6~3）×2
腰腹力量训练	侧撑	0	30	30	30	1×4
	俯撑	0	30	30	30	1×4
	背撑	0	40	45	45	1×4
上肢力量训练	俯卧撑	0	30	45	45	15×4
	平板卧推	40～50	0	0	180	（15~10）×2

对照组的训练安排是，下肢采用负重全蹲和负重半蹲的练习方式；腰腹力量训练采用侧撑、斜板仰卧起坐和斜板背屈起的练习方式；上肢力量训练采用平板卧推的练习方式。具体强度和量见表7-4。

表7-4　对照组传统力量训练方案

训练内容	练习方法	附加负荷/kg	间歇时间/s	次数×组数
下肢力量训练	负重全蹲	70～100	180	（10~4）×2
	负重半蹲	100～130	180	（10~4）×2
腰腹力量训练	侧撑	0	30	30s×4
	斜板仰卧起坐	5～10	90	20×4
	斜板背屈起	5～10	90	20×4
上肢力量训练	平板卧推	40～70	90	（20~5）×2

2.2.3 评定指标的测试

根据《中国青少年排球教学训练大纲》：以助跑一次摸高、连续四次双手摸高、立定三级跳作为评定运动员弹跳力训练水平的检查性测验项目为依据。在运动员实验前和实验后分别进行一次专项弹跳能力测验，采用以上三种专项弹跳能力的评定方法，分别测出运动员实验前和实验后的专项弹跳能力，并利用下肢离心力量训练器和体重测量器，分别测验出运动员实验前和实验后的下肢离心力量和自身体重重量，记录相关数据。并根据每名队员自身的两次数据进行对比分析。

2.2.4 实验控制因素

为了避免实验误差，在实验过程中对两组运动员的训练时间、训练组数和训练内容等变量进行了严格控制。（1）在训练时间的安排上，每周进行两次力量训练，分别是周三和周六早8：00-9：30分，训练时间严格控制在1小时30分钟，训练周期都为三个月。（2）在训练组数的安排上，两组运动员训练组数都为下肢8组，上肢8组，腰腹12组。（3）在下肢训练内容的安排上，周三进行全蹲练习，周六进行半蹲练习，两组训练内容的安排应保持一致，上肢和腰腹练习内容始终如一。

2.2.5 实验相关仪器

在训练中，实验组运动员运用Power Plate振动力量训练器进行力量训练，两组运动员实验前和实验后分别运用被动反复冲击式肌力增强训练器进行离心力量测试。具体型号、产地和功能见表7-5。

表7-5　实验组主要实验仪器简介

仪器名称	型号	产地	功能
Power Plate振动力量训练器	Pro5 Air	美国	用于振动力量训练
	Pro5 HPTM	美国	用于振动力量训练
被动反复冲击式肌力增强训练器	PowermasterCSU-750	台湾	用于下肢力量测试

2.2.6 数理统计法

运用SPSS13.0中独立t检验、配对t检验和协方差分析对受试者实验前、实验后的弹跳能力和下肢离心力量测出的数据进行统计学分析，均在95%置信区间进行检验及数据的处理。

7. 结 果

结果部分需要交代经过数据处理后的统计分析结果，将其以文字、表格或插图的形式表现出来，目的是为了向读者展示研究得到的客观结果。

（1）分层次列标题逐级呈现。在结果表达顺序上，总的原则是先整体再局部，先一般再个别。层次标题是文章的组织结构，用来表示行文顺序和各段落内容的上下衔接，帮助读者掌握论文的概要和各部分的相对重要性。层次标题应该简短明确，同一层次的标题应有逻辑关系，层次标题的序号统一用阿拉伯数字表示，各级号码之间加小圆点，如第一级2 第二级2.1 第三级2.1.1 第四级2.1.1.1。

（2）表格。表格是记录数据或事物分类等的一种有效表达方式，其中，三线表是在科技书刊中采用最为普遍的一种表格形式。三线表通常只有3条线，即顶线、底线和栏目线。其中顶线和底线为粗线，栏目线为细线。三线表包括表序、表题、项目栏、表体和表注。（图7-2）

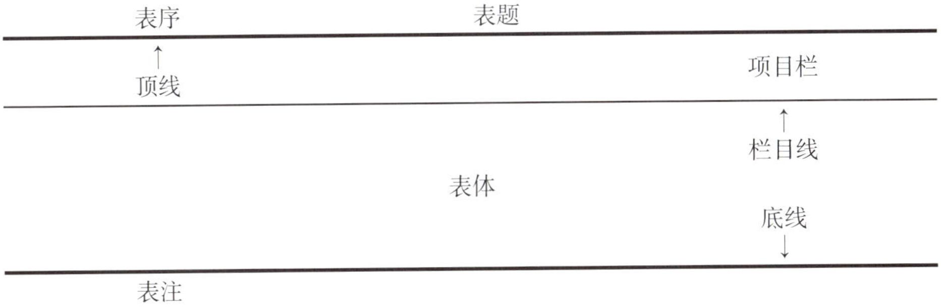

图7-2 三线表的组成要素

表序即表的序号，用阿拉伯数字进行排序，如表1、表2等。表题即表的标题，与表序之间留一个汉字的空格，居中排在顶线的上方。表体是底线以上、栏目线以下的部分。表体内的数字一般不带单位，百分数也不带百分号（%），应把单位符号和百分号等归并在栏目中。表体内“空白”代表未测或无此项，“—”代表未发现，“0”代表实际测量结果为零。表体内的英文字母均需要斜体。表注是对表格中的某些内容的注释和补充。

（3）图。插图能够补充而不是重复文字的描述，具有简明、清楚、容易理解的优势。图由图序、图题、坐标、变量说明、图形和图注组成。图序和图题列于图形或横坐标变量说明之下，图题是对图的内容的概括，应简洁、准确和恰当地说明图的主要内容和变量间的关系。图的横坐标一般为自变量，纵坐标一般为因变量。横坐标的变量说明列于横坐标之下，纵坐标的变量说明列于纵坐标之左，变量说明应列明变量单位。图注是对图的辅助性说明，列于图题之下。如果是引用他人的图，还应在图注中说明图的出处。

需要说明的是，对于同一组数据，通常情况下不需要图和表共同表示，即只能选用一种方式呈现数据。选择的首要标准不是美观，而是哪一种方式表达得更直观、更清晰。

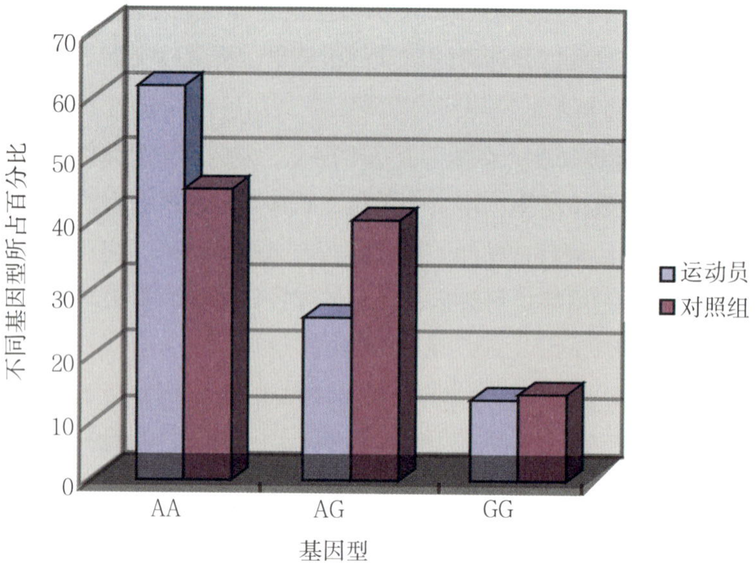

图7-3　图的示例

专栏7-3　图表核查清单

表格的核查清单

- 论文中所有的表格都是必要的吗?
- 表格都是三线表吗? 所有的竖线都删除了吗?
- 所有的表格都有表题吗? 表题的表述简明扼要吗?
- 每列的栏目是否都有名称?
- 所有性质相同的表格在形式上是否一致?
- 小数点前的0是否被省略?
- 所有缩写、特殊符号都在表注中说明了吗?
- 所有水平的P值都正确标注了吗? 星号是否在相对应的数据上标明?
- 注解是否按照一般注解、特殊注解、概率注解的顺序书写?
- 表格的大小是否适合期刊半栏及通栏的宽度?
- 所有的表格都在正文的相应位置处有参照标志吗?

插图的核查清单

- 这个插图有必要吗? 与表格和正文是否重叠?
- 有图序和图题吗? 图题的表述是否简洁?
- 这个插图简洁吗? 还有没有可以删去的无关的细节?
- 坐标轴的标值是否合适?
- 插图中的一般文字是否为6号宋体?
- 类似的插图或者重要性相仿的插图是以同样的坐标系画的吗?
- 所有的术语拼写是否正确?
- 插图中的符号及缩写都在图注中有所说明吗? 这些符号、缩写与标题是否一致? 在其他插图或正文中是否保持一致?
- 所有的插图在正文的相应位置是否被提及?

引自中国心理学会编: 心理学论文写作规范

8.讨　论

讨论部分需要对研究结果进行解释与评价，在体育科学研究报告中，有时候讨论部分与结果部分合并在一起，称为结果与分析。讨论部分包括4个方面的内容。

（1）对研究结果进行解释，说明结果是否支持研究假设以及原因，是否与以往研究结果一致，如果不一致需要分析原因。

（2）与前人研究的比较，说明本研究与前人研究结论的异同，并作出解释。

（3）需要说明研究结果的理论意义和实际意义，从中得到什么理论启示，产生了哪些新的值得探索的问题，在应用时应当注意哪些方面。

（4）实事求是地说明研究中存在的问题和局限，以及对今后继续进行研究的建议。

9.结　论

结论是用简明扼要的语句对研究结果进行高度提炼与概括，一般采用条目的形式将结论逐一呈现。结论不是结果的简单重复，而是对结果的高度理论概括。通常情况下，结论里不出现数据。

10.致　谢

国家标准中规定可以在正文后对下列方面致谢：（1）国家科学基金、资助研究工作的奖学金基金、合同单位、资助或支持的企业、组织或个人；（2）协助完成研究工作和提供便利条件的组织或个人；（3）在研究工作中提出建议和提供帮助的人；（4）给予转载和引用权的资料、图片、文献、研究思想和设想的所有者；（5）其他应感谢的组织或个人。

11.参考文献

参考文献是在撰写论著中所引用的相关资料，各类出版物中，凡是引用他人观点、数据和材料等，都要对它们在文中出现的地方予以标明，并在文末列出参考文献表。这样做主要有4个目的：第一，表明作者对所引用学者劳动的尊重，避免了抄袭、剽窃他人成果的嫌疑；第二，表明自己的研究有所根据，不是主观臆造；第三，方便将本研究成果与别人的成果区别开来；第四，为读者进一步查阅文献起到索引作用。

参考文献的撰写方式，应遵循国家标准格式。我国国家标准《文后参考文献著录规则》（GB7714-87）规定，学术文献参考文献著录采用“顺序编码制”和“著者-出版年制”。顺序编码制是在引文处，对引用的文献，按它们在论著中出现的先后用阿拉伯数字连续排序，并将序号置于方括号（“【】”）内，这是中国科技书刊最为普遍采用的形式，也是体育科学学术论文最常使用的格式。著者-出版年制是正文中各篇文献的标注内容，由著者姓氏与出版年构成，并置于圆括号（“（）”）内；参考文献表按文种集中后按著者字顺和出版年排列的引用文献标注方法，这是国外期刊经常采用的形式。本书采用的是著者-出版年格式。如果文后参考文献有中文和外文，在排列顺序上先是中文文献再是外文文献。若文中出现多次引用同一篇文章，则该引文只需列出一次。（表7-6）

表7-6 文后参考文献著录格式

序号	文献类型	格式及示例
1	学术期刊	[序号]作者．文献题名[J]．刊名，出版年份，卷号（期号）：起–止页码.
		例： [1]于拓，毛志雄．北京市青少年身体锻炼与自尊、人格的关系[J]．体育与科学，2013，33（3）：49–55. [2]RICHERT J，LIPPKE S，ZIEGELMANN J P.Intervention-en-gagement and its role in the effectiveness of stage-matched in-terventions promoting physical exercise[J].Res Sports Med，2011，19（3）：145-161.
2	学术著作	[序号]作者．书名[M]．版次（初版免注）．翻译者．出版地：出版社，出版年：起–止页码.
		例： [1] 于志钧．中国传统武术史－前言［M］．北京：中国人民大学出版社，2006：2. [2] ROOD H J Logic and structured design for computer programmers[M]. 3rd ed. [S.1.]：Brooks/Cole Thomson Learning，2001.
3	论文集	[序号]作者．题名[C]．主编．论文集名．出版地：出版社，出版年：起–止页码.
		例： [1]李明舜．突出女校特色，培养具有女校特质的优秀女性人才[C]北京市教育委员会高教处组织编写．专业建设与特色发展：特色行业院校改革与发展论坛论文集．上海：上海交通大学出版社，2010：60–65. [2] GANZHA V G，MAYR E W，VOROZHTSOV E V. Computer algebra in scientific computing：CASC 2000：proceedings of the Third Workshop on Computer Algebra in Scientific Computing，Samarkand，October 5-9，2000[C]. Berlin：Springer，c2000.
4	学位论文	[序号]作者．题名[D]．保存地：保存单位，年份.
		例： [1]林杉．高中生身体锻炼与学业自我效能感、主观幸福感的关系［D］. 长春：东北师范大学，2011. [2]CALMS R B Infrared spectroscopic studies on solid oxygen[D].Berkeley：Univ. of California. 1965.
5	专利文献	[序号]专利所有者．专利题名[P]．专利国别：专利号，发布日期.
		例： [1] 刘加林．多功能一次性压舌板[P]．中国：92214985.2，1993–04–14.
6	技术标准	[序号]标准代号，标准名称[S]．出版地：出版者，出版年.
		例： [1]GB7713—1987，《科学技术报告、学位论文和学术论文的编写格式》[S]．北京：中国标准出版社，1987.
7	报纸文章	[序号]作者．题名．[N]．报纸名，出版日期（版次）.
		例： [1]卢元镇．为农民健身做点实事[N]．中国体育报，2006–4–5（5）.
8	报告	[序号]作者．文献题名：[R]．报告地：报告会主办单位，年份.
		例： [1]史康成．体育科学的使命与追求[R]．南京：第10届全国运动会科学大会组委会，2004. [2] U S Department of Transportation Federal Highway Administration. Guidelines for bandling excavated acid-producing materials，PB 91-194001[R]. Springfield：U. S. Department of Commerce National Information Service，1990.
9	电子文献	[序号]作者．电子文献题名[文献类型/载体类型]．文献网址或出处，发表或更新日期/引用日期（任选）.
		例： [1] 萧钮. 出版业信息化迈人快车道[EB/OL].（2001–12–19）[2002–04–15] http：//www.creader.com/news/20011219/200112190019.html. [2] TURCOTTE D L. Fractals and chaos in geology and geophysics[M/OL]. New York：Cambridge University Press，1992[1998-09-231. http：//www.seg.org/reviews/mccorm30.html.

12. 附　录

附录是正文的补充部分，必要时才列出。附录部分主要给出在正文中提及的、却又不便长篇列举的资料，包括实验资料、调查资料、问卷、数据资料等。如果有多个附录，则需要有序号，同时有题目，如附录A、附录B等。

（三）学士学位论文撰写格式有哪些常见问题？

研究报告的格式是否规范，看似细节小事，实则是作者科学研究基本素养的体现。学位论文撰写格式既是毕业论文评审的重要指标，也是学生普遍感到茫然、出现问题最多的地方。如果学生缺乏严格的科研方法训练，就会在论文撰写格式上错误百出。

1. 缺失主要论文结构

有些学生不清楚学位论文应该包括哪些方面，导致论文结构混乱甚至缺少某一主要内容，如只有中文摘要和中文关键词，没有英文摘要和英文关键词；没有研究假设和研究局限是非常普遍的现象；以为结果就是结论；缺少致谢或必要的附录等等。

2. 题名欠缺精炼

题名中出现的主要问题是语言欠缺精炼，使用多余词缀，使用“浅析”“试议”这样的谦辞，英文题名大小写错误等。

3. 摘要仅仅是研究结论的简单复制

论文中摘要部分最突出的问题是缺乏对整篇文章进行概括和总结，仅仅是简单重复正文的最后结论，甚至出现没有将文章中结论与建议的序号（5.1.1、5.1.2、5.2.1……）更改删除就直接复制的现象。实证性研究论文摘要中，对研究被试的相关特性，如数量、性别、种类等没有阐述，应用问卷调查方法的没有说明问卷名称，实验方法没有介绍仪器、测验名称等。

摘要另一个突出问题是文字欠缺精确，有的论文在摘要中不仅出现图表，文字表达也有失精确。下列文字是一篇学位论文的部分中文摘要：

> 联系和发展的观点是马克思主义哲学的基本观点。世界是普遍联系和永恒发展的，因此，我党的文化方针是古为今用，洋为中用；百花齐放，百家争鸣。篮球运动作为文化的一个组成部分也应如此。只有交流与互相借鉴才能促进自身的发展。因此，我们必须向世界优秀的、适合我国篮球发展的国家学习……美国一直是世界的篮球超级强国，由于美国长期受个人主义思想影响，强调个人奋斗。其次，由于人种上存在显著性差异，美国运动员有能力单打独斗。所以美国篮球在战术上以个人单打为主，以整体配合为附（辅）。中国长期受孔、孟等儒家文化影响，强调以静为主……

这是一篇关于某一运动项目后备人才培养的论文。在摘要中，作者从哲学命题谈到党政方针，似乎离题较远，太过笼统与宏观，没有利用有限篇幅更多阐述自己的研究过程与结果。另外，作为学术性极强的硕士学位论文，行文应尽量选取规范的专业用语，例文中所使用的“洋为中用”“单打独斗”“人种上的显著性差异”等表述过于口语化，欠缺学术研究的专业性和严谨性。

4. 引用文献质量欠佳

引用文献质量欠佳表现为以下4方面：第一，文献引用数量少，有的论文仅列出3～4篇参考文献。第二，在参考文献中图书比例远大于学术论文，参考文献中图书与期刊论文的比例也可以视为论文质量的评价标准之一。期刊发表的学术论文以其内容新颖、反映最新动态为特征，成为交流学术思想和学术成果的基本文献形式。相比之下，图书出版周期长，知识更新速度相对滞后。第三，缺少最新研究文献。第四，很少引用外文文献。总体而言，中国的科学研究水平目前在世界上尚未处于领先地位，体育科学也是如此。因此，学习、借鉴、引进国外的先进科研成果应当成为提高我国科学研究水平的重要手段。阅读最权威的期刊、最经典的文献、最新近的成果、最优秀的论文，是我们的研究能够站得更高、看得更远的基础。体育专业学士学位论文很少引用外文文献，这是一个比较突出的问题。

5. 缺少层次标题，层次标号混用

科学研究是一项缜密的思维过程，一篇优秀论文具有结构清晰、层次分明的特点。有的论文缺乏逻辑性，其表现之一就是层次不清，缺少层次标题，或标题不明确，标题序号混乱，令读者无法分清其层次结构隶属关系，文章显得逻辑混乱。

6. 研究方法描述过于简单

在学士学位论文甚至是硕博士学位论文中，研究方法的描述过于简单的问题表现得非常突出。许多学生只是将研究方法的名称简单罗列出来，未加以任何具体说明，如“本研究采用文献资料法、专家访谈法、问卷调查法”。问卷调查法中没有介绍问卷设计的具体过程，包括维度如何确定、项目如何筛查、信度、效度检验方式等。大部分的访谈调查法在文后附录中没有提供访谈提纲。例如，“走访多年从事体操教学、学校体育方面的专家、学者、中学体育教师和中学生”。走访了哪些专家、学者，他们的专业背景是什么，访问的中学体育教师和学生的学校、年级、性别情况，就什么问题进行了深入的访谈，等等。实验研究中缺少对仪器设备的说明，一些研究仅仅陈述实验方法和过程，但没有对所使用的测量仪器的上述信息进行介绍。没有详细说明实验程序和步骤。

7. 图表格式和参考文献著录格式不规范

图表中出现的主要问题有：相当多的论文三线表格形式混乱，如有三条线、两条线、一条线，甚至一条线都没有的形式混杂在一起；有的是三线表中随意添加错误辅助线，有的是三线表中出现竖线，有的是自制表格，甚至是将统计结果输出的表格直接复制在正文中。图表缺少序号和标题，且放置位置混乱。有些论文将百分号（%）带入表体内，分析表缺少表注，英文字母未标斜体。

参考文献中常见的问题有：第一，著录项目不全。常见的有出版地不全，缺少起止页码，从网络上引用文章只有网站的名称，翻译的著作遗漏掉译者名字，多位作者时只写第一

作者，其余作者用“等”字替代。第二，著录内容错误。文字错误，英文拼写错误，刊名缩写错误等。第三，著录符号错误。参考文献中各著录项之间的符号是著录符号，不是标点符号，有些引用从标点符号的概念上去理解了。各著录项之间规定的著录符号使用混乱，未按照规范要求书写。第五，把没有阅读过的文献列为参考文献。

二、学术期刊论文撰写格式要求有哪些？

（一）期刊论文格式要求都是一样的吗？

各个学术期刊通常会有自己专门的投稿格式，下面以《体育科学》为例，说明期刊论文的投稿格式要求。

投稿须知

为贯彻国家对学术期刊编排的最新要求，进一步提高本刊质量，请热情支持本刊工作的广大读者、作者注意以下投稿约定：

1.为确保本刊的体育学术质量，本刊将向著名专家学者、学术技术带头人约稿，对约稿一律支付稿酬；对硕士、博士论文的核心内容（请附研究生部证明），对省部级以上获奖项目和基金项目论文（请附证书复印件、文号），本刊予以优先发表。

2.请作者投稿时一次性把作者姓名、单位及其顺序如实确定，接本刊录用通知后不得更改。希勿一稿多投，投稿时请声明同一稿件尚未投寄它刊。为便于联系，欢迎作者自愿在稿件末注明联系电话和E-mail地址。

3.文稿请尽量使用打印稿：大16开（A4）纸，5宋，每行50字。欢迎附寄以word的磁盘。作者也可以通过以电子邮件的形式投稿，本刊E-mail的全址为：tykx@public.bta.net.cn。但为防止打不开，最好同时另寄打印稿。如用手写稿，请用20字/行的稿纸楷体抄写。勿用复写稿、复印稿。

4.因编辑部人力所限，恕不退稿。作者投稿3个月内未接到录用通知，稿件可另投它刊。

5.投稿稿件格式

5.1 第一页

（1）题名。（2）作者名。（3）详细单位名（写至××系或××教研室），省及城市名，邮政编码。（4）摘要—研究目的、研究方法、建议各用一句话表述，着重写出较具体的研究结论。摘要中不得使用“本人”“本作者”“本研究”等第一人称呼。（5）关键词。（6）中图分类号、文献标识码、文章编号。（7）把以上（1）~（5）项内容对应译成英文。（8）页末分列收稿日期，基金项目、第一作者简介。模拟格式（注意各种标点符号及换行、空格要求）如下：

对我国体育政策的探讨

王东方[1]，朱学雷[2]，严万军[2]，石磊[3]，杜鹃[1]

（1. 国家体育总局体育科研所，北京　100061；2.华中师范大学体育系，湖北　武汉　430070；3.天津体育局科研所，天津　200433）

摘要：（小5黑）研究目的：××××××××。研究方法：××××××××。主要结果和结论：×××××××××。

建议：××××。

关键词：（小5黑）管理；政策；中国

中图分类号：×××　文献标识码：A　文章编号：1000—677×

Discussion on the Sports Policy in China

WANG Dong-fang，et al

（National Research Institute of Sports Science，Beijing，100061，China）

Abstract：The××××××××。

Key words：administration; sports policy; China

收稿日期：2001—03—10

基金项目：国家体育总局社科基金资助项目（989 ss0065）。

第一作者简介：王东方（1956~），男（满族），辽宁大连人，国家体育总局体育科研所副研究员，博士，主要从事体育管理研究。

5.2 正文

（1）层次号。一律使用阿拉伯数字，顶行书写，层次号后面空一格。（2）图。图两边不要串写文字。图须有图序号、图题、图例、量和单位。图序号用阿拉伯数字，与图题空一格，写在图下方。每个图均需按规范一式两份，一份放在文稿应在处，一份单放。（3）表格。一律用三线表。放在稿纸应在处，表两边不要串写文字。表序号用阿拉伯数字，与表题空一格，写在表上方。（4）计量单位。使用法定计量单位。请作者特别注意，本刊只使用量值的国际符号，并请注意其大小写，数与符号之间必须间隔1/2字距。常用计量单位国际符号，如a（年）、d（天、日）、h（小时）、min（分钟）、s（秒）、km（千米）、m（米）、cm（厘米）、mm（毫米）、kt（吨）、kg（千克）、L（升）等。均不得使用括号中的中文名称。用法：马拉松成绩1小时29分15秒，应写作1 h29 min15 s；10千米应写作10 km。（5）数字用法。应尽量使用阿拉伯数字，如20世纪、80年代、1998年10月16日、20%、第23届奥运会等。（6）参考文献。内容要注全，标点要正确，末尾用“.”。文献名后用[M]、[J]、[N]、[D]、[C]、[R]、[S]、[P]、[DB]、[CP]、[EB]分别注明属专著、杂志、报纸、学位论文、论文集、报告、标准、专利、数据库、计算机程序、电子公告。模拟格式如下：

参考文献：
[1] 陆洪康. 体育学[M]. 北京：人民体育出版社，1986：59.
[2] 冯唐，等. 论身体健康[J]. 体育科学，1997，17（1）：26~28.
[3] Guiner A. 体育学[M]. 史东升，译. 南京：科学出版社，1996：286~290.

（二）什么是APA格式?

APA是美国心理协会英文全称American Psychological Association的缩写。APA不是一个学会，而是一家拥有54个分部的协会。

“APA格式”通常有两种意思，一是指《APA格式》一书所包含的所有内容；二是指《APA格式》中的文内引用和参考文献单的著录格式。《APA格式》（Publication Manual of the American Psychological Association）（《美国心理协会出版手册》）的雏形是1929年发表的一篇仅仅7页的期刊论文，原本是美国心理协会组织编写的一部关于如何写作和发表行为科学和社会科学论文的指导性和规范性文件，现在已经成为世界上被广泛接受的研究论文撰写格式，主要适用范围有心理学、教育学、社会科学、医疗护理、工商管理。规范学术文献的引用和参考文献的撰写方法，以及表格、插图、注脚和附录的编排方式。今天，美国心理协会（简称APA）的所有学刊、书籍和电子数据库都采用这套写作体例。2009年，出版了《APA格式》第六版。

第二节　研究成果的交流与答辩

一、学术论文如何投稿?

通常情况下，论文完成之后有5个结局：第一，参加学术会议与同行交流；第二，投稿专业学术期刊公开发表；第三，在学术出版社出版；第四，自己保留后续研究或作为实践中的资料；第五，弃之不顾，束之高阁。

辛辛苦苦完成一篇研究报告，作者当然希望能够公开发表与更多同行进行交流。但是投稿的过程却是异常艰辛，特别是对于研究新手而言。几乎每一名学者包括著名专家都曾经历过投稿、退稿、修改、再投稿、再退稿的磨难。

为了提高出版效率，投稿前需要详细了解所投期刊的投稿要求，以免造成不必要的延误。

下面以《心理科学》期刊为例，可以按照它所罗列的投稿指南、稿件质量保证书、论文自我检查报告来一一进行检查。

《心理科学》投稿指南

本刊为中国科学技术协会主管、中国心理学会主办、国内外公开发行的学术性双月刊，是国务院学位办审定的全国中文核心期刊。本刊设有如下栏目：研究报告与论文、综述、学术动态与问题讨论、研究方法等。

1 征稿范围 心理学各领域（包括普通与实验心理、发展与教育心理、应用心理、研究方法、教学研究等）具有创新性的研究报告、论文、综述等。欢迎作者惠赐以纯英文撰写的报告或论文。

2 投稿要求 自2010年4月1日起，本刊实行网络投稿（http：//www.psysci.org），不接受打印稿和邮箱投稿。此前所投稿件仍按传统方式进行审理，审稿通过之稿件按本指南所规定的规范进行修改。

2.1 投稿前请填写自我检查报告（到“下载中心”下载），并把检查结果粘贴到文章的首页。

2.2 研究中使用的材料（如问卷、量表、图片等），需附在正文后（与正文放在一个文件夹中上传）。如果研究中所使用的量表和/或问卷尚未公开发表，须提供原作者使用许可证明的书面材料，挂号邮寄至编辑部。

2.3 由于本刊采用匿名评审，故正文中应删去作者的所有信息，包括作者单位、基金号、文档属性中的作者信息等。有些还需对文章本身透露出来的作者信息做技术处理，如被试单位、参考文献中包含的作者已被录用但尚未刊出的文章等。

2.4 投稿后需签署版权转让协议书和稿件质量保证书（到“下载中心”下载），签署后邮寄至编辑部。

2.5 来稿文责自负，请勿一稿多投。

3 撰稿须知 来稿应能反映该学术领域的最新进展与水平。题文相符，论点明确，论据充分，数据可靠，条理清晰，文字简明。综述性稿件应内容新颖并有自己的观点。具体如下。

3.1 文题 限40字以内（包括副标题）。能够准确反映文章的主要内容。文题一般由关键词组成，避免赘语（如“一个关于…的研究”）。

3.2 摘要 研究报告与论文请附200字以内的中文摘要，内容应包括研究目的、方法、结果、结论（注意，不要把结果与结论混为一谈）等，并附约150～200个单词的英文摘要。为扩大本刊的国际学术影响力，每期由分编委选取比较重要的论文或研究报告撰写约500个单词的长英文摘要。英文摘要的写作注意事项请到“下载中心”下载。

3.3 关键词 摘要后列出3～7个关键词。

3.4 引言（以实验性论文为例） 阐明研究什么问题，为什么要研究这个（些）问题，关于这个（些）问题前人有什么研究，这些研究有什么缺陷、矛盾之处或可延伸之处，本研究如何针对这些缺陷、矛盾或可延伸之处设计自己的实验，为什么要这样设计、操纵这几个变量，实验预期（假设）是什么，为什么这样预期。总之，必须以明晰的语言说明研究的问题与理论框架、前人相关研究、当前实验设计与假设这三者之间的逻辑关联和脉络。

3.5 方法 以明晰的语言说明被试如何选取，实验操纵的变量是什么，材料选取的标准和材料的性质（以及针对材料性质所做的预测），每个条件下的试次数，每个试次下刺激呈现的方式和时间参数，实验序列的安排，对被试的要求等。总之，尽可能细致地描述实验材料和实验步骤，做到让读者可以完全重复该实验。

3.6 结果报告 必须首先说明数据如何进行了预处理，按照什么标准删除数据或被试，删除多少数据点。报告统计结果时，要说明使用何种统计方法，并对统计结果有简短的说明性文字。

3.7 讨论 如实验得到数据较多，需首先总结实验发现，并指出核心结论。讨论应紧扣实验假设、实验发现，并把自己的发现放在理论框架、前人研究的背景之上。讨论的内容与引言中的综述、问题提出有着一一对应的关系。对超出实验发现的推测、猜想，应有明确的说明；对本研究的不足之处或可进一步探讨的地方，也可有明确的论述。

3.8 结论 结论可以单独成节，也可作为讨论的最后一段。结论所包含的内容应是从实验设计与数据中直接推断的论点，不能包含进一步拓展的推测。

3.9 字母符号 请使用法定计量单位、符号和标准化、规范化的名词、术语。常用的统计学符号规定如下：样本总数用N，样本数为n，平均数为M，标准差为SD，t检验为t，F检验为F，卡方检验为χ^2，相关系数为r，显著性为p。以上符号均为斜体。

3.10 标题层次 一级用“1”，二级用“1.1”，三级用“1.1.1”，依此类推。标题仅限三级。

3.11 表和图 凡是用文字已经说明的问题，尽量不用表和图。如已用表或图，则文中不必重复其数据，只需摘其要点即可。表和图不要重复表达同一内容。

3.11.1 表格 要求设计科学，简洁明了。一般使用三线表，不用竖线。一般应把自变量作为列，因变量作为行。

3.11.2 图 需清晰可读。如复制或使用其他来源的图时，需随图附上版权所有者同意使用的书面同意书。请注意将图中的坐标名称、字符、数码标示清楚，并在图下方标出图号及名称。图线名称用汉字。

3.12 参考文献 本刊来稿自2010年4月1日起废止参考文献著录“顺序编码制”，采用APA“著者-出版年制”。详细规定请查阅美国心理协会写作手册（2003）。有关文献的进一步说明，请到本刊网站“下载中心”下载。

3.12.1 正文中的文献引用 正文中的文献引用使用著者-出版年引用法（英文文献著者只写英文姓氏，中文文献著者需写全姓名）。作者可以根据行文需要灵活安排位置，既可作为句子的一个成分，也可放在引用句尾或其他适当位置的括号中。

3.12.2 正文后的文献列表 先列中文文献，后列英文文献。文献按著者姓氏字母顺序排列；著者相同，按出版年排列；著者和出版年都相同，按文题的首字母顺序排列，出版年后加a、b、c…

3.12.3 常见的参考文献格式要求如下：

期 刊：著者姓，名.（出版年份）. 文题，刊名，卷号，起—止页码.

著 作：著者姓，名.（出版年份）. 书名. 出版地：出版者.

论文集：著者姓，名.（出版年份）. 文题. 见（In） 编者名姓（中文写姓名）. 论文集名（卷号，页码范围）. 出版地：出版者.

3.13 编排顺序

最终录用稿按以下顺序编排：（1）中文题目；（2）作者姓名；（3）作者单位名称、所在城市及邮政编码；（4）中文摘要；（5）中文关键词；（6）中图分类号；（7）正文；（8）参考文献；（9）附录；（10）英文题目；（11）汉语拼音的作者姓名；（12）作者单位英文名称；（13）英文摘要；（14）英文关键词。初稿与修改稿均不包括作者的姓名和单位的中英文信息。

3.14 字数要求

3.14.1 研究报告与论文（包括英文摘要）以及综述一般不超过8000字；应用心理和研究方法介绍一般不超过5000字。

3.14.2 需特别注意字数按版面计算（不是电脑统计的字数），总字数 = 每行字数（含标点符号）×每页行数×全文页数。例如，每行40个字，每页40行，全文共4页，字数=40×40×4=6400。

4 稿件评审 采用匿名审稿。初稿由编辑部初步筛选，主要审查来稿写作是否规范，是否符合本刊用稿要求。来稿需送2名专家外审，根据评审结果，有可能会继续送多位专家审稿。审稿周期一般为60天，特殊情况除外。编委会是稿件的终审阶段，所有通过专家审查的稿件都需提交至编委会进行最终审核。

4.1 稿件处理流程 当稿件被编辑部登记后，作者会获得一个稿件编号。作者可以通过“作者查稿”来跟踪稿件。一般的流程是：初审→外审→退修→编委会→发稿→组版。其中，“外审”和“退修”可能会反复出现。

4.2 修改事项 经专家评审及编委会终审，要求作者修改的稿件，须提交带有修改说明的修改稿。修改说明应根据审稿意见逐条详细写出，不同意审稿人意见而没有修改的地方需说明理由。多次修改的稿件应保留历次修改说明。修改稿需注明稿件编号。每次修改稿都不要有作者的有关信息。编委会终审之前的修改稿只需上传电子文档。提交编委会终审的修改稿除上传外，还需寄送打印稿一份。最终录用的稿件上需有作者姓名、单位、基金号、通讯作者联系方式、致谢等。

4.3 文责归属 文责由作者自负。依照《著作权法》有关规定，本刊可对来稿作文字修改、删节和编辑。凡涉及内容的修改，编辑部会与作者联系。

4.4 版面费与稿费 稿件一旦进入审稿流程，即向作者收取审稿费（100元/审）。稿件刊用时，本刊将收取版面费，并酌付稿酬，赠送样刊2册。

4.5 光盘版权和网络版权 稿件一经刊用，作者便自动将光盘版出版权、网络版出版权转让给编辑部，编辑部不再另行通知。编辑部所付稿酬包括光盘版及网络版稿酬。

5 编辑部地址 上海市中山北路3663号华东师范大学内《心理科学》编辑部，邮政编码：200062。

Email：xinlikexue@vip.163.com

网址：http：//www.psysci.org

稿件质量保证书

作者，您好！

首先感谢您对《心理科学》的信任和支持！

请您认真阅读下列注意事项，并签名。我们在收到您的签名后才会将您的论文送审。

1．文后的参考文献每篇都确实阅读过的

著录参考文献可以反映作者的科学态度，并使论文具有真实、广泛的科学依据，同时也反映了该论文的起点和深度。

论文论述的研究成果虽然是作者自己的，但在阐述和论证过程中难免要引用前人的研究成果，包括观点、方法、数据和其他资料。若对引用部分加以标注，这不仅表明了论文作者对他人劳动的尊重，而且也避免了抄袭、剽窃他人成果的嫌疑。

把没有读过的文献列为参考文献，这是作者容易犯的错误之一。作者在著录参考文献时应实事求是。例如，如果作者读到的仅是某个数据库中的一篇摘要，并没有读期刊上发表的整篇论文，那么，所著录的参考文献就是某数据库中的一篇摘要。引用的这种标准程序可以确保参考文献的准确性、完整性，也方便研究者自己和其他读者的进一步查阅和核对。

2. 在引用他人的观点或工作时都已注明文献出处

在论文写作中，如果直接引用其他研究者的原话，应该把原话用引号括起来，并注明出处；对其他研究者的思想的重新阐释，也应注明出处。关键是不要把别人的思想或工作当作自己的，尤其是在研究报告的问题提出和讨论部分以及综述性文章中，当引用或参考他人的思想或工作时，一定要注明出处，在文后的参考文献表中列出来。这不仅是对他人劳动的尊重，也对心理学的健康发展起到了非常重要的作用。如果所有的论文都不注明出处，势必会给整个研究领域带来混乱，读者（包括作者自己）也就无法知道某个研究思想的源头在哪里。

在研究中引用他人的资料时，应注意以下几点：

直接引用少于40个字用引号；

多于40个字应另起一段；

引用要忠实原文，即使原文是错误的；

不要忽略引用中的引用，但在参考文献中不必列出。

3. 没有一稿多投

2009年4月12日，《心理学报》《心理科学》《心理发展与教育》《心理科学进展》《心理学探新》《应用心理学》《心理与行为研究》《心理研究》《中国心理卫生杂志》《中国临床心理学杂志》达成协议。如果发现一稿多投，10家期刊统一拒绝所有作者的来稿，期限为2年。

请您保存好所读文献或记住文献的查阅地方，必要时我们将要求作者提供参考文献的复印件。

本刊已实行公示制度。如果文章属于抄袭（如有一半以上的内容来自某一篇文献，文章的整体框架与某篇文献相同，大段内容都可以从某篇文献中找到），本刊将予以公示。这将严重降低作者（包括导师）的学术诚信度，给作者的学术生涯带来终身的恶劣影响。

我们确实阅读了以上内容，所投稿件没有违背上述规定。

（第一作者签名）（第二作者签名）（第三作者签名）（第四作者签名）（第五作者签名）

年 月 日　　年 月 日　　年 月 日　　年 月 日　　年 月 日

论文自我检查报告

1. 与同类研究相比，本研究的创新之处是什么？（请结合实验结果来说明，尽量言之有物，有根有据，切忌泛泛而谈、空洞无物。）

2. 作者已经投稿或发表的文章中是否采用了与本研究相同的数据或变量？如果是，请把文章寄来审查（注：我们同《心理学报》等其他心理学学术杂志一样，也不赞成作者用同一数据发表多篇变量相同的文章，或将一系列的相关研究拆成多个研究来发表的做法）。

3. 国内期刊是否发表过同类研究？如果是，请列出（包括作者、文题、刊名、卷和页码），同时需说明与已有研究相比，您的研究有何推进之处？

4. 除作者外，是否请过同事或同学对论文进行类似审稿般的挑剔性阅读？

5. “问题提出”或前言部分的文献回顾是否完备？在引用别人观点或工作时是否注明出处？

6. 是否对照过网站上的“投稿指南”逐项检查论文的各个部分？（请仔细核对后再做回答）

7. 文后参考文献与正文中引用的文献是否一一对应？（建议使用文献管理软件，如EndNote、NoteExpress来管理参考文献）

8. 文后参考文献的书写格式是否符合本刊要求？（《心理科学》参考文献的新要求是APA格式，有关参考文献的具体要求可到“下载中心”下载，亦可查阅《美国心理协会写作手册》2003年第5版）

9. 参考文献是否以近5年的文献为主？如果不是，请说明理由。

10. 英文问题与摘要写好后是否请英语好的专业人士把关？（可参照国外期刊上同类文章的用词和写法，注意不要写成中国式英语，同时还要利用Word中的拼写检查功能，检查拼写上的错误）

11. 研究用到的实验材料、量表或问卷，是否附在文件的末尾以供审查？

12. 如果使用了别人的量表或问卷，是否得到了对方的授权许可？许可证明是否挂号寄至编辑部？（如果使用的量表或问卷是公开发表的，则无须对方授权，但需把附有量表或问卷的文章的复印件或电子版寄至编辑部）

13. 作者信息是否删除？包括作者单位、基金号、英文摘要等相关的作者信息。文章本身透露出来的作者信息，如被试的单位、作者已被录用但还未出版的文章作为参考文献等，是否做了技术处理？

如果您的文章属于综述类论文，那么请继续回答以下几个问题：

1. 中文期刊是否发表过类似的综述？

2. 如果已经发表过类似的中文综述，请详细列出文章信息，包括作者姓名、题名、刊名、年卷期和页码等，同时需说明您与别人的不同之处？（请给出实质性的回答，不要泛泛而谈）

3. 本综述的创新性贡献表现在哪里？（不要泛泛而谈，如未来研究要扩大样本、采用多种方法综合考察、整合多种因素、检验国外理论在中国文化背景下的适用性等等），是否对以往研究进行细致深入的分析和评价？

4. 本综述的主题是否鲜明？材料组织是否有自己的思路？（不要把不同的研究堆砌在一起，应该按照自己的思路，用自己的语言把不同的研究衔接起来）

5. 摘要是否有实质性内容？（综述性摘要要写出文章的目的、主题、组织构思及结论）

二、毕业论文答辩应注意哪些问题？

每年4～5月份，各个高校都纷纷进入答辩季，学士、硕士、博士的毕业论文答辩进入毕业生的生活中。

（一）毕业论文答辩有哪些程序？

论文答辩是一种有组织、有准备、有计划、有鉴定的比较正规的审查论文的形式。参加毕业论文答辩的学生，要具备一定的条件：第一，必须是已修完高等学校规定的全部课程的应届毕业生和符合有关规定并经过校方批准同意的上一届学生。第二，学生所学课程必须是全部考试、考查都及格；实行学分制的学校，学生必须获得学校准许毕业的学分。第三，学生所写的毕业论文必须经过导师指导并有指导老师签署同意参加答辩的意见。学校组织3～5人的答辩委员会审查毕业论文，评定论文是否达到学位论文要求，决定能否通过答辩并获取相应学位。

学士学位论文答辩的一般程序如下：

（1）学生在论文答辩会举行之前，将经过指导老师审定并签署过意见的毕业论文一式三份交给答辩委员会，每一份论文应包括论文正文、开题报告、开题任务书、中期检查表。答辩委员会的老师在仔细研读毕业论文的基础上，拟出要提的问题，然后举行答辩会。

（2）答辩会上，通常情况下每名学生有15分钟，其中包括8分钟报告和7分钟答辩，学生可使用PPT辅助报告。

（3）一般情况下，学生按照选题依据、研究方法、研究结果与分析、讨论、结论、致谢、参考文献结构依次报告自己的研究过程与结果。

（4）学生报告结束后，答辩委员会成员提问，学生回答。

（5）学生全部回答完毕后退场，答辩委员会集体根据论文质量和答辩情况，对论文做出评价，商量是否允许其通过答辩，并拟定评语与成绩。

（二）答辩时有哪些注意事项？

1. 答辩前的准备工作

想要顺利通过毕业答辩，需要在答辩前做好细致的准备工作，包括：（1）反复熟悉论文，明确论文的基本观点和结论的基本依据；将论文中涉及的专业基本概念和原理整理出来，弄懂弄通确切涵义和所运用的基本原理的主要内容；仔细审查、反复推敲文章中有无自相矛盾、谬误、片面或模糊不清的地方。（2）根据论文内容及答辩结构，制作精良的PPT，需注意图表文字穿插使用，避免过多与论文内容无关的图片和动画设计。论文报告PPT的制作要做到背景简明大方，排版逻辑清晰，字体颜色明了、大小适中。（3）试讲、模拟答辩，答辩前需要反复试讲，可以找一些同学做观众和评委，模拟答辩现场。（4）提前准备好答辩当天所需的服饰、资料（包括论文、数据资料等）。

2. 答辩时需要注意的事项

答辩时需要注意的事项：（1）毕业论文答辩是一项严肃的教学实践活动，要求学生在思想上要高度重视，行为和言语都要表现出自信、沉稳、严谨、认真。包括按时出席，不迟到早退，可提前半小时到答辩现场将答辩所用的PPT复制在电脑桌面；报告时最好着正装，不能穿背心、短裤、拖鞋上场答辩；报告和答辩时要语言清晰、声音适中、用词准确，避免使用“大概”“也许”“似乎”这样模棱两可的词语；要注意自己的目光，即便不能做到完全脱稿，报告时也需要间或将目光扫到答辩现场，避免从头到尾低头念稿。（2）携带必要的论文答辩资料，包括论文、数据库、主要参考文献，便于在回答评委提问时翻阅查找。（3）携带笔和本，可以在评委提问时记录，一是能够放松心态、缓解紧张焦虑，二是避免遗忘疏漏评委问题，三是便于记录评委给予论文的修改建议。（4）认真聆听，回答简明。当评委提问时要仔细倾听，及时记录，并注视提问教师，回答问题简明扼要，切中问题实质，避免东拉西扯、答非所问。（5）态度不卑不亢，对自己的研究要充满自信。当与评委意见相左时，可以与之展开辩论，但要注意态度谦和，把握语言分寸，避免情绪激动、用词极端，可以用委婉的语言有理有据地回答提问。（6）语速适中，声音清晰，避免越说越快或吐字不清。可以用PPT版本中的排练计时帮助把握时间、调整速度。（7）举止端庄，文明礼貌。

本章小结

1. 学士论文包括三部分内容：前置部分（封面、封二、题名页、题名、作者姓名和单位、摘要、关键词、目次页、插图与附表清单、符号表）；主体部分（引言、正文、结论、致谢、参考文献）；附录部分（必要时）。

2. 体育科技论文关于论文的题名、署名、摘要、关键词、引言、方法、结果、讨论、结论、参考文献、致谢和附录等作出的规范或标准。

3. 学士论文在撰写格式方面的常见问题：缺失主要论文结构，题名欠缺精炼，摘要是论文结论的简单复制，引用文献质量欠佳，缺少层次标题、层次标号混用，研究方法描述过于简单，图表格式和参考文献著录格式不规范。

4. 学术期刊有各自投稿规范，需根据不同期刊的格式要求投稿。

5. APA格式原本是美国心理协会组织编写的一部关于如何写作和发表行为科学和社会科学论文的指导性和规范性文件，现在已经成为世界上被广泛接受的研究论文撰写格式。

6. 答辩是本科生毕业论文工作的重要环节之一。参加毕业论文答辩的学生，要具备一定的条件：第一，必须是已修完高等学校规定的全部课程的应届毕业生和符合有关规定并经过校方批准同意的上一届学生。第二，学生所学课程必须是全部考试、考查都及格；实行学分制的学校，学生必须获得学校准许毕业的学分。第三，学生所写的毕业论文必须经过导师指导并有指导老师签署同意参加答辩的意见。

文献导读

[1] 北京大学，中国科学院文献情报中心. 文后参考文献著录规则[M]. 北京：中国标准出版社，2005.

[2] 古维塔维著. 科技论文写作快速入门[M]. 李华山，译. 北京：北京大学出版社，2008.

[3] 李达，李玉成，李春艳. SCI论文写作解析[M]. 北京：清华大学出版社，2012.

[4] 美国心理协会编. APA格式：国际社会科学学术写作规范手册[M]. 席仲恩，译. 重庆：重庆大学出版社，2011.

[5] 美国现代语言协会编. MLA科研论文写作规范[M]. 上海：上海外语教育出版社，2011.

[6] 肖东发，李武. 学位论文写作与学术规范[M]. 北京：北京大学出版社，2009.

[7] 张凯. 体育科学论文规范的误区[J]. 北京体育大学学报，2006，47（12）：1591–1595+1585.

思考与练习

1. 为什么学术论文的格式要有统一格式？

2. 查阅本校本专业最近一届本科毕业论文原文5篇，对照附录A中本科毕业论文撰写格式要求，检查学位论文中存在的格式错误。

附　录

附录1：北京体育大学本科毕业论文写作规范

校教字（2002）017号，2010年7月第四次修订

一、毕业论文结构

（一）毕业论文的正文结构一般包括：题目、摘要与关键词、英文题目、英文摘要与关键词、前言、研究对象与方法、研究（实验）结果与讨论（分析讨论）、结论（小结）与建议、致谢、参考文献、注释、附件。

（二）毕业论文的装订顺序：毕业论文封面、论文目录、论文正文、开题报告、任务书、中期检查表、评审成绩表。

二、撰写格式要求

（一）封　面

封面采用统一的“北京体育大学本科生毕业论文”封面。

（二）毕业论文目录

要包括三级标题，层次分明，页号清楚。分层标题应简短明确，各层次序号一律用阿拉伯数字连续编号，如“1”“2　1”“3 1 2”。

（三）正　文

1. 摘要和关键词

摘要是对论文内容的准确概括，应尽量反映论文的主要信息，内容包括研究目的、方法、结果和结论。中文摘要篇幅以300字左右为宜，不加注释或者评论的简短陈述。

关键词是反映毕业论文主题内容的名词，选用3～4个，每个关键词之间用分号隔开，最后一个关键词后面不使用句号。关键词排在摘要下方。

2. 英文标题、英文摘要和关键词

（1）英文标题：毕业论文题目以短语形式译成英文标题，一般由10个左右单词组成为宜。

（2）英文摘要（Abstract）：毕业论文应附有英文摘要，不少于500印刷字符为宜，应采

用第三人称表达句，谓语动词应尽量用现在时或者过去时主动语态，并注意转行规则。

（3）关键词（Key words）：英文摘要之后附英文关键词3~4个。每个关键词之间用分号隔开，最后一个关键词后面不使用句号。

3. 前　言

简要说明毕业论文的意义、选题依据、研究目的、研究范围、前人研究情况及其与本论文的关系（文献综述）。

4. 研究方法

方法部分应写明在研究过程中所采用的方法，包括思辨方法和实证方法。

5. 结果与讨论

结果部分主要列出本研究经过资料处理后的统计分析结果或其他结果，包括数据、图表和必要说明。

讨论部分需要对研究结果进行解释和评价，是论文的核心。讨论主要包括：研究结果是否支持研究假设，研究结果的理论意义和实际意义，研究中存在的问题和局限，今后研究的理论性建议和方法学建议。

6. 结　论

结论是论文的主要结果、论点的总体概括，是论文的精华。扼要归纳论文内容，应准确、简明、完整、有条理。不可含糊其词，模棱两可。在写作格式上，每一项内容可以分条标出序号，也可以每一条单独成段，由一句话或者几句话组成，结论以文字表达为主，但应包括必要的数据。需要时，可以在结论后提出建议、设想、改进的意见或待解决的问题。

7. 致　谢

致谢是作者对他认为需要感谢的组织或者个人表示致谢的文字，通常置于文末。与正文相隔一行。

8. 参考文献

（1）参考文献应是作者亲自考察过的、对毕业论文有参考价值的文献。参考文献应具有权威性，要注意引用最新的文献。参考文献的表示格式为凡是引用前人已发表的文献中的观点、数据和材料等，都要对它们在文中出现的地方予以标明［**］，并在文末列出参考文献表。引用论点必须准确无误，不能断章取义。参考文献以文献在整个论文中出现的顺序用［1］、［2］、［3］……形式统一排序、依次列出。

（2）若所参考的文献有多个责任者时，多个责任者之间应以“，”分隔，责任者超过3人时，只著录前3个责任者，其后加“等”字（英文用etal）。主要责任者只列姓名，其后不加“著”“编”“合编”等责任说明文字。外文主要责任者用原著，姓名前后应遵重各国的习惯。作者不明时，此项可省略。

（3）参考文献的序号左顶格，并用数字加方括号表示，如［1］，［2］……，以与正文中的指示序号格式一致。每一参考文献条目的最后均以“　”结束。各类参考文献条目的编排格式及示例如下。

① 连续出版物

［序号］主要责任者　文献题名［J］　刊名，出版年份，卷号（期号）：起止页码

［1］毛峡，丁玉宽　图像的情感特征分析及其和谐感评价［J］　电子学报，2001，29（12A）：1923～1927

［2］Mao Xia，et al　Affective Property of Image and Fractal Dimension［J］　Chaos，Solitons & Fractals U K，2003：V15 905～910

② 专著

［序号］主要责任者　文献题名［M］　出版地：出版者，出版年：起止页码

［3］刘国钧，王连成　图书馆史研究［M］　北京：高等教育出版社，1979：15～18，31

③ 会议论文集

［序号］主要责任者　文献题名［A］//主编　论文集名［C］　出版地：出版者，出版年：起止页码

［4］毛 峡，孙贇　和谐图案的自动生成研究［A］　第一届中国情感计算及智能交互学术会议论文集［C］　北京：中国科学院自动化研究所，2003：277～281

［5］Mao Xia，et al　Analysis of Affective Characteristics and Evaluation of Harmonious Feeling of Image Based on 1/f Fluctuation Theory［A］　International Conference on Industrial & Engineering Applications of Artificial Intelligence & Expert Systems（IEA/AIE）［C］　Australia：Springer Publishing House，2002：17～19

④ 学位论文

［序号］主要责任　文献题名［D］　保存地：保存单位，年份

［6］张和生　地质力学系统理论［D］　太原：太原理工大学，1998

⑤ 报告

［序号］主要责任　文献题名［R］　报告地：报告会主办单位，年份

［7］冯西桥　核反应堆压力容器的LBB分析［R］　北京：清华大学核能技术设计研究院，1997

⑥ 专利文献

［序号］专利所有者　专利题名［P］　专利国别：专利号，发布日期

［8］姜锡洲　一种温热外敷药制备方案［P］　中国专利：881056078，1983-08-12

⑦ 报纸文章

［序号］主要责任者　文献题名［N］　报纸名，出版日期（版次）

［10］毛峡　情感工学破解‘舒服’之迷［N］　光明日报，2000-4-17（B1）

⑧ 电子文献

［序号］主要责任者　电子文献题名［文献类型/载体类型］　电子文献的出版或可获得地址，发表或更新的日期/引用日期（任选）

［11］王明亮　中国学术期刊标准化数据库系统工程的进展［EB/OL］.http：//www.cajcd.cn/pub/wml.txt/9808 10-2.html，1998-08-16/1998-10-04

（4）引用参考文献类型及其标识说明如下：

专著［M］，论文集［C］，报纸文章［N］，期刊文章［J］，学位论文［D］，报告［R］，标准［S］，专利［P］。

对于专著、论文集中的析出文献，其文献类型标识建议采用单字母“A”；对于其他未说明的文章类型，建议采用单字母“Z”。

对于数据库（Database）、计算机程序（Computer program）及电子公告（Electronic bulletin board）等电子文献类型的参考文献，建议将下列字母作为标识：数据库［DB］，计算机程序［CP］，电子公告［EB］。

9. 注　释

采用本学科的学术规范，提倡使用脚注，尾注也可。论文所有引用的中外文资料都要注明出处，中外文注释要注明所用资料的原文版作者名、书名、出版商、出版年月、页码。

10. 附　件

对论文中有关问题作必要的解释和说明。

（四）毕业论文开题报告

1.填写开题报告书：按照毕业论文开题报告的基本内容依次填写清楚。

2.选题依据：说明前人对论文所涉及的问题的研究情况及其与本文的关系；本文研究的意义、目的和范围。

3.研究内容：阐明论文所要研究的主要内容和预期结果，以把握论文研究方向。

4.研究方法：确定资料收集和分析的方式与过程。如果采用实证研究方法，需要做详细说明。

5.论文进展计划：主要说明论文进行的阶段计划和安排。包括搜集文献资料、调查或实验、中期检查、完成论文初稿、接受指导修改论文、完成论文终稿等。

6.指导教师意见：由指导教师填写，主要对学生论文的选题、研究内容、研究方法和论文进展计划提出指导性意见，并署名。

（五）毕业论文任务书

任务书是指导教师向学生下达毕业论文工作任务的一种表格式文书。

1.主要内容：向学生指明论文要解决的主要问题，通常分段按要点论述。表达要一目了然，条理清晰，使学生容易领会。

2.基本要求：依据论文的工作题目，有针对性地提出完成该论文的具体要求。例如，论文综述的要求、参考文献的要求、诚信的要求、研究方法的要求、学术规范的要求、接受指导的要求，对本专业相关能力的训练要求等。

3.重要文献资料：指导教师依据题目和主要内容，填写学生必须阅读的重要文献。例如，重要的专著、期刊、论文。

4.论文进度安排：填写起止时间和各阶段的内容。

（六）毕业论文中期检查

1.填写中期检查表：按照毕业论文中期检查的基本内容依次填写清楚。

2.论文进展情况：简要说明论文进展情况和下一步研究计划和安排。

3.存在的问题：简要说明在完成论文过程中存在的问题，需要指导教师给予哪些指导与帮助。

4.指导意见和建议：指导教师对学生完成论文情况进行中期检查后，填写指导意见和建议，并署名。

（七）毕业论文成绩评审

1. 表头：学生按照毕业论文成绩评审基本内容，依次填写作者所属院（系）、年级、专业、姓名和完成论文日期（年、月、日），毕业论文题目，毕业论文中图、表、参考文献数量。

2. 指导教师评语：指导教师负责填写自己所指导的学生毕业论文评语，并署名。

3.评阅人评语：由各院（系）聘请的毕业论文评阅人填写评语，并署名。

4. 评审组意见：毕业论文评审小组意见由各院（系）聘请的评审小组成员填写（一般在50字以内），并分别给出毕业论文等级和得分两种成绩（等级：优秀，良好，中等，及格，不及格；得分：百分制），最后由评审组组长署名。

5. 审核：由各院系本科论文评审委员会主任审核，并署名，填写审核日期。

三、字体、表、图等要求

（一）字体要求：毕业论文统一使用A4复印纸打印；页边距：上下、左右边距均为25厘米。论文题目采用宋体小2号加粗，一级标题要求宋体4号加粗，二级标题要求宋体小4号加粗，三级标题要求宋体5号加粗，正文要求宋体5号。行间距为固定值18磅。

（二）文字：论文中汉字应采用《简化汉字总表》规定的简化字，并严格执行汉字的规范化。所有文字字面清晰，不得涂改。

（三）表：论文的表序应连续编号。表的结构应简洁，采用三线表，必要时可加辅助线。表中各栏都应注量和相应的单位。表内数字须上下对齐。相邻栏内的数字或者内容相同时，不能用“同上”“同左”和其他类似用词，应重复标注。表内“空白”代表未测或者无此项。

（四）图：图要精选，注意不与文字和表重复。多图图序应连续编号；仅有一图，则在图题前加“附图”字样。

（五）公式：论文中重要的或者后文中须重新提及的公式，一律用阿拉伯数字连续编排序号，序号应加圆括号，排在版心右侧。

（六）数字用法：公历世纪、年代、年、月、日、时刻和各种计数与计量，均用阿拉伯数字。年份不能简写，如1993年不能写成93年。数值的有效数字应全部写出，如“0.500，1.750”不能写作“0.5，2”。用数字作为词素构成定型的词、词组、惯用词、缩略语、清朝以前（含清朝）以及非公历的历史纪年要用汉字。邻近两个数字并列连用所表示的概数，均使用汉字数字。表示概数时，数字间不加顿号，如五六吨、十六七岁等。

附录2：北京体育大学本科毕业论文任务书

院系： 年级： 学号： 日期：

<table>
<tr><td>学生姓名</td><td></td><td>专 业</td><td></td><td>执行任务书的起止日期</td><td></td></tr>
<tr><td>指导教师</td><td></td><td>职 称</td><td></td><td>隶属教研室</td><td></td></tr>
<tr><td rowspan="2">论 文
选 题</td><td>题 目</td><td colspan="4"></td></tr>
<tr><td>来 源</td><td colspan="4">教师科研题（ ）教师自拟题（ ） 学生自拟题（ ）师生共拟题（ ）</td></tr>
<tr><td>主要内容</td><td colspan="5">（表格内文字 宋体 五号，行间距固定值18磅）</td></tr>
<tr><td>基本要求</td><td colspan="5"></td></tr>
<tr><td>重要文献资料</td><td colspan="5"></td></tr>
<tr><td>论文进度安排</td><td colspan="5"></td></tr>
<tr><td colspan="3">指导教师（签名）：

年 月 日</td><td colspan="3">教研室主任（签名）：

年 月 日</td></tr>
</table>

附录3：北京体育大学本科生毕业论文开题报告

学院：　　　　年级：　　　　班级：　　班　　学号：　　　　填表日期：

学生姓名		性别		出生年月		专业	
指导教师		性别		职称		隶属教研室	
论文题目							

选题依据：（包括目的、意义、国内外研究的有关情况）（大约1000字）
研究的主要内容及预期结果

研究对象及研究方法
论文进展计划
指导教师意见 指导教师签名
学院审核意见 学院主管领导签名

附录4：北京体育大学本科生毕业论文中期检查表

学院：　　　　年级：　班级：　　　学号：

学生姓名		性别		出生年月		专　项	
指导教师		性别		职　称		教研室	
论文题目							
论文进展情况和下一步计划							
目前存在的问题，需要的指导与帮助							
指导教师指导意见与建议 指导教师签名 年　月　日							

附录5：北京体育大学本科生毕业论文成绩评审表

<table>
<tr><td>姓名</td><td></td><td>学院</td><td></td><td>年级</td><td></td><td>专业</td><td></td><td>日期</td><td></td></tr>
<tr><td>论文
题目</td><td colspan="9"></td></tr>
<tr><td colspan="10">论文用图（个）、表（份）、参考文献（篇）</td></tr>
<tr><td colspan="10">指导教师评语

指导教师签名</td></tr>
<tr><td colspan="10">评审小组意见

评审组组长签名</td></tr>
</table>

论文得分		等级		学院评审 委员会主任签名		日期	

参考文献

[1] 阿巴斯·塔沙克里，查尔斯·特德莱. 混合方法论：定性方法和定量方法的结合[M]. 唐海华，译. 重庆：重庆大学出版社，2010.

[2] 艾尔·巴比. 社会研究方法（第10版）[M]. 邱泽奇，译. 北京：华夏出版社，2005.

[3] 白晋湘. 湖湘体育文化的形成与历史嬗变[J]. 北京体育大学学报，2013，36（4）：1-6.

[4] 北京大学，中国科学院文献情报中心. 文后参考文献著录规则[M]. 北京：中国标准出版社，2005.

[5] 毕晓婷. 运动性心理疲劳的结构、归因及其调节[D]. 北京：北京体育大学，2009.

[6] 曹建民，郭林，张健，等. 张健超长时间游泳运动时营养安排和血液指标变化的研究[J]. 北京体育大学学报，2001，24（4）：475-476.

[7] 陈开梅，董磊，杨剑. 大学生身体锻炼行为态度与体育价值观的关系[J]. 中国学校卫生，2012，33（3）：277-279.

[8] 陈黎明，安春海. 高校体育教师综合素质结构现状及培养方法[J]. 教育与职业，2013，8：80-81.

[9] 陈佩杰. 运动免疫学研究进展[J]. 体育科学，2000，20（6）：41-46.

[10] 陈善平，闫振龙，谭宏彦. 体育消费需要量表的编制和信效度分析[J]. 体育科学，2010，30（6）：48-52.

[11] 陈向明. 从一个到全体——质的研究结果的推论问题[J]. 教育研究与实验，2000，2：1-8+72.

[12] 陈向明. 质的研究方法与社会科学研究[M]. 北京：教育科学出版社，2000.

[13] 陈小平. 论专项特征——当前我国运动训练存在的主要问题及对策[J]. 体育科学，2007，27（2）：72-78.

[14] 陈小蓉. 体育科学研究原理与方法[M]. 北京：北京体育大学出版社，2004.

[15] 董奇. 心理与教育研究方法[M]. 广州：广东教育出版社，1992.

[16] 费郁红，刘洪霞，夏同玲. 2008 年北京奥运会我国主要报纸的报道框架[J]. 体育学刊，2009，19（10）：38-41.

[17] 费郁红，刘红霞. 北京奥运报道与中国国家形象的建构与传播[J]. 沈阳体育学院学报，2009，28（6）：40-43.

[18] 风笑天. 社会学研究方法：走向规范化与本土化所面临的任务[J]. 华中师范大学学报（人文社会科学版），2005，44（6）：44-48.

[19] 风笑天. 社会学研究方法（第三版）[M]. 北京：中国人民大学出版社，2001.

[20] 郭璐. 体育科学实验设计的误区[J]. 北京体育大学学报，2006，47（12）：1596-1598，1585.

[21] 哈里斯·库帕. 如何做综述性研究[M]. 刘洋，译. 重庆：重庆大学出版社，2010.

[22] 韩冬，张逸文. 女子散打运动员核心力量训练的实验研究[J]. 上海体育学院学报，2013，37（1）：76-80.

[23] 黄传业，田野，聂金雷. 少年和成年业余长跑运动员急性耐力运动后心脏自主神经恢复观察体育科学研究[J]. 体育科学，2012，32（9）：11-16.

[24] 黄汉升. 体育科学研究方法（第二版）[M]. 北京：高等教育出版社，2006.

[25] 黄汉升. 体育科学研究的方法学探索——基于中国体育学300篇博士学位论文的调查与分析[J]. 2009，29（9）：3-17.

[26] 吉尔伯特·萨克斯. 教育和心理的测量与评价原理[M]. 王昌海等，译. 南京：江苏教育出版社，2002.

[27] 蒋钦，李宁. 北京大学与清华大学早期体育发展的历史比较[J]. 沈阳体育学院学报，2012，31（2）：25-30.

[28] 蒋逸民. 社会科学方法论[M]. 重庆：重庆大学出版社，2011.

[29] 金春光，车旭升，姜允哲. 国际体育社会学研究进展与趋势：对《体育社会学杂志》（SSJ）的内容分析[J]. 体育科学，2012，32（3）：74-80，91.

[30] 金潇. 农村留守儿童自尊、孤独感与社会适应的关系[D]. 北京：北京体育大学，2010.

[31] 肯尼斯·S·博登斯，布鲁斯·B.阿伯特. 研究设计与方法（第6版）[M]. 袁军等，译. 上海：上海人民出版社，2008.

[32] 劳伦斯·纽曼. 社会研究方法：定性和定量的取向[M]. 郝大海，译. 北京：中国人民大学出版社，2007.

[33] 劳伦斯·斯滕伯格. 青春期：青少年的心理发展和健康成长[M]. 戴俊毅，译. 上海：上海社会科学院出版社，2007.

[34] 李爱玲. 体育院校大学生信息素养的调查分析[M]. 武汉体育学院学报，2012，46（11）：92-96.

[35] 李常虹，孙琳，张颖健，等. 半乳糖凝集素在脐带间充质干细胞中的表达[J]. 北京大学学报（医学版），2013，45（3）：452-457.

[36] 李立群，殷劲，王佳琦. 2011年上海世锦赛中国女子水球队在决赛中的体能分析[J]. 成都体育学院学报，2012，38（3）：74-77，81.

[37] 李灵. 丧家狗：我读《论语》[M]. 山西：山西人民出版社，2007.

[38] 李晓东，张力为. 国外运动心理学领域自我研究的现状与发展——基于2000—2005年4种运动心理学期刊的文献计量分析[J]. 山东体育学院学报，2007，6（23）：80-83，99.

[39] 李游. 核心力量训练对华东师范大学二级男子篮球运动员跳投命中率影响的实证研究[D]. 上海：华东师范大学，2012.

[40] 黎雨薇. 体育舞蹈标准舞赛服变迁——基于2000—2009年“黑池舞蹈节”职业组决赛的分析[D]. 北

京：北京体育大学，2012.

[41] 梁铁伟.振动力量训练对排球运动员弹跳力的影响[D].北京：北京体育大学，2010.

[42] 刘鄂.两种仰泳出发的起跳和入水角度与距离的关系[D].北京：北京体育大学，2008.

[43] 刘国永.2000—2010年中日学生的体质差异与成因分析[J].北京体育大学学报，2013，36（1）：79-90.

[44] 刘显、张志勇.体育人文社会学博士学位论文问题与反思——理论基础探微[J].体育科学，2012，32（8）：81-90.

[45] 刘翔.自由式滑雪空中技巧中国国家队男子运动员的下肢肌肉力量特点分析[D].沈阳：沈阳体育学院，2010.

[46] 刘卫民，秦更生，张继辉.相对年龄效应对运动员选材与发展影响的元分析[J].上海体育学院学报，2012，36（6）：67-71.

[47] 刘文娟，杨红英，刘卫华，等.我国体育学领域学者影响力研究——基于四大数据库统计分析[J].北京体育大学学报，2010，12：1-6.

[48] 罗杰・霍克.改变心理学的40项研究（第5版）[M].白学军等，译.北京：人民邮电出版社，2010.

[49] 吕慧青，王进.大学生体育锻炼行为动机冲突解释模型研究[J].体育科学，2011，31（12）：30-37，72.

[50] 毛志雄.中国部分项目运动员对兴奋剂的态度和意向：TRA与TPB两个理论模型的检验[D].北京：北京体育大学，2001.

[51] 美国心理协会编.APA格式：国际社会科学学术写作规范手册[M].席仲恩，译.重庆：重庆大学出版社，2011.

[52] 莫雷，温忠麟，陈彩琦.心理研究方法[M].广州：广州高等教育出版社，2007.

[53] 莫提默・J・艾德勒，查尔斯・范多伦.如何阅读一本书[M].郝明义，朱衣，译.北京：商务印书馆，2004.

[54] 裴娣娜.教育研究方法导论[M].合肥：安徽教育出版社，1995.

[55] 皮丽娟，张辉，戴金彪，等.隔网对抗项目比赛技战术分析的理论与方法[J].上海体育学院学报，2007，31（3）：48-53.

[56] 秦华奇.新中国60年农村体育的回眸与反思[J].沈阳体育学院学报，2011，30（1）：28-30，38.

[57] 秦勇，林闯.CBA联赛近5年冠军球队主要技术指标与比赛得分情况的统计分析[J].西安体育学院学报，2012，29（3）：317-375.

[58] 邱芬，姚家新.我国专业教练员胜任特性模型、评价量表的建立及测评研究[J].体育科学，2009，29（4）：19-26.

[59] 仇军，罗锦文，佟鸣.从单一走向多元：西方体育社会学研究方法的流变[J].体育科学，2005，25（11）：58-63.

[60] 仇立平.社会研究方法[M].重庆：重庆大学出版社，2008.

[61] 沙川华，张涛，李龙. 体膝关节交叉韧带生物材料力学特征实验研究[J]. 体育科学，2013，33（1）：72-77，83.

[62] 沈海琴. 儿童少年生长发育12年追踪研究[M]. 北京：北京体育大学出版社，1998.

[63] 舒华，张亚旭. 心理学研究方法：实验设计和数据分析[M]. 北京：人民教育出版社，2008.

[64] 舒炜光，邱仁宗. 当代西方科学哲学述评（第2版）[M]. 北京：中国人民大学出版社，2007.

[65] 姒刚彦，李庆珠，郑金枝，刘靖东. 运动心理学临场支持服务实证研究[J]. 体育科学，2009，29（4）：27-34.

[66] 苏小霞，吴贻刚，张军献. 近10年国际体育社会学研究现状及热点问题——对IRSS杂志和SSJ杂志的内容分析[J]. 体育与科学，2007，28（5）：7-14，6.

[67] 孙青，张力为. 个人项目运动员自我设限的影响因素[J]. 体育科学，2008，28（1）：22-26.

[68] 谭嘉辉，赖勤，黄竹杭. 注意焦点对运动技能学习影响的元分析[J]. 北京体育大学学报，2012，35（4）：80-87，110.

[69] 谭金凤，伍姗姗，王小影，王丽君，赵远方，陈安涛. 奖励驱动的双任务加工过程中的分离脑机制：来自ERP的证据[J]. 心理学报，2013，45（3）：285-297.

[70] 王尘尘. 体育游戏对流动儿童社会适应的影响 [D]. 北京：北京体育大学，2010.

[71] 王重鸣. 心理学研究方法[M]. 北京：人民教育出版社，1990.

[72] 王宁，江伟新. 世界男子排球强队失分环节的技术统计研究[J]. 中国体育科技，2004，40（6）：40-44.

[73] 王琪，黄汉生. 西方现代体育科学学科结构的演变研究：基于美国《研究季刊》1930—2009年文献共被引的知识图谱分析[J]. 南京体育学院学报，2012，26（3）：26-33.

[74] 王启荣，杨则宜. HMβ与运动能力[J]. 体育科学，2000，20（6）：47-50.

[75] 王卫星，李海肖. 竞技运动员的核心力量训练研究[J]. 北京体育大学学报，2007，30（8）：1119-1131.

[76] 王修方. 奥林匹克主义与消费——2008北京奥运会我国报纸广告分析[J]. 沈阳体育学院学报，2010，29（3）：25-28，32.

[77] 王兆鹏，邵大为，张静，等. 唐诗排行榜[M]. 北京：中华书局，2011.

[78] 魏德祥. 太极拳锻炼与心理健康的关系——一项元分析研究[J]. 福建师范大学学报，2011，27（5）：111-116.

[79] 温泉. 三种拉伸方法及不同延迟时间对于短跑加速能力的影响 [D]. 北京：北京体育大学，2008.

[80] 温晓亮，米健，朱立志. 1990—2007 年中国居民主观幸福感的影响因素研究[J]. 财贸研究，2011（3）：9-18.

[81] 韦恩・C・布斯，格雷戈里・G・卡罗姆，约瑟夫・M・威廉姆斯. 研究是一门艺术[M]. 陈霞等，译. 北京：新华出版社，2009.

[82] 徐赟，张辉. 数据挖掘在体育领域中的应用[J]. 武汉体育学院学报，2012，46（11）：27-30.

[83] 许思毛，刘涛波，苏全生. 大负荷运动引起的大鼠心肌收缩力变化及其与心肌自由基、钙离子水平的关系[J]. 体育科学，2011，31（7）：73-78.

[84] 晏冰. 运动中急性低氧对左心室功能的影响 [D]. 北京：北京体育大学，2007.

[85] 杨芳，李先雄. 我国城乡居民体育锻炼行为差异与均衡化途径研究——以湖南省为例[J]. 广州体育学院学报，2012，32（4）：28-32.

[86] 杨英. 女博士的社会媒介印象研究[J]. 中国青年研究，2011（5）：65-70.

[87] 叶孙岳. 体育锻炼对学生身体自我影响的元分析[J]. 中国学校卫生，2011，32（4）：457-459.

[88] 殷恒婵，陈雁飞，张磊，等. 运动干预对小学生身心健康影响的实验研究[J]. 体育科学，2012，32（2）：14-27.

[89] 游永豪. 体育科学实验设计及相关统计分析方法应用现状的调查研究 [D]. 北京：北京体育大学，2010

[90] 虞重干，刘炜，匡淑平，谢燕歌，张霞，王鲁蛟. 我国优秀运动员文化教育现状调查报告[J]. 体育科学，2008，28（7）：26-36.

[91] 于拓，毛志雄. 北京市青少年身体锻炼与自尊、人格的关系[J]. 体育科学，2013，33（3）：49-55.

[92] 袁方. 社会研究方法教程[M]. 北京：北京大学出版社，1997.

[93] 原丽英. 基于元分析视角对赛前训练影响最佳竞技表现的研究[J]. 成都体育学院学报，2010，36（9）：51-54.

[94] 袁潇，风笑天. 改革开放30年我国青年流行文化与价值观的变迁[J]. 中国青年政治学院学报，2009（1）：1-6.

[95] 张慧，张力为. 运动员梦境特点：自我发展的重要线索 [D]. 北京：北京体育大学，2011.

[96] 章建成，张绍礼，罗炯，等. 中国青少年课外体育锻炼现状及影响因素研究报告[J]. 体育科学，2012，32（11）：3-18.

[97] 张凯. 体育科学论文规范的误区[J]. 北京体育大学学报，2006，47（12）：1591-1595，1585.

[98] 张力为. 体育科学研究方法[M]. 北京：高等教育出版社. 2002.

[99] 张力为，黄定保. 元分析及其在体育科学研究中的应用[J]. 体育科学，1993，13（5）：81-86.

[100] 张力为，毛志雄.体育科学常用心理量表评定手册（第二版）[M].北京：北京体育大学出版社，2010.

[101] 张力为，田麦久. 竞赛自信及竞赛焦虑与注意指向：情绪Stroop实验的提示[J]. 体育科学，2002，22（1）：116-119.

[102] 张天桥，刘佳杰. 英语论文检索、写作与投稿指南[M]. 北京：国防工业出版社，2011.

[103] 张晓娟，陈玉忠. 北美体育社会问题研究主题的趋势分析——以2007—2011年《Journals of Sports and Social Issues》为例[J]. 成都体育学院学报，2012，38（11）：36-40.

[104] 张旭. 北京体育大学体育艺术系毕业论文现状分析与对策 [D]. 北京：北京体育大学，2011.

[105] 张彦峰，江崇民，蔡睿，等. 中国国民体力活动水平的区域特征研究[J]. 体育科学，2012，32

（9）：3-10，22.

[106] 郑希付，陈雪军，黄月胜，等. 自传体记忆的情绪对其相关信息内隐提取的影响[J]. 心理学报，2011，44（11）：1463-1471.

[107] 钟秉枢，蒋家珍. 体育科学研究选题的误区[J]. 北京体育大学学报，2006，47（12）：1590-1591，1585.

[108] 中国心理学会. 心理学论文写作规范[M]. 北京：科学出版社，2002.

[109] 周慧，林宇. 不同运动负荷对小鼠学习记忆能力及脑组织血管内皮物质的影响[J]. 天津体育学院学报，2012，27（1）：64-66.

[110] 周昀，雷国樑. 体育信息检索[M]. 北京：人民体育出版社，2012.

[111] 朱智贤. 心理学大词典[M]. 北京：北京师范大学出版社，1989.

[112] 邹英，王晓晨. 2008年北京奥运会手机媒体传播特点研究——以奥运手机报为例[J]. 沈阳体育学院学报，2009，28（5）：42-44.

[113] Bar-Eli，M.，Azar，O. H.，Ritov，I.，Keidar-Levin，Y，& Schein，G. *Action bias among elite soccer goalkeepers：The case of penalty kicks*[J]. Journal of Economic Psychology，2007，28（5），606-621.

[114] Feltz D L，Landers D M. *The effects of mental practice on motor skill learning and performance：A meta-analysis*[J]. Journal of Sport Psychology，1983，5：25-57.

[115] Glass G V. *Primary，secondary and meta-analysis of research*[J]. Educational Researcher，1976，5：3-8.

[116] Hedges L V，Olkin I. *Statistical methods for meta-analysis*[M]. New York：Academic Press，1985.

[117] Lazarsfeld P F. *Problems in methodology*. In R. K. Merton（Ed），Sociology today[M]. New York：Basic Books，1959.

[118] Levine，G. & Parkinson，S. *Experimental methods in psychology*[M]. Hillsdale，New Jersey：Lawrence Erlbaum Associates，Inc，1994.

[119] Spradley，J. P. *The Ethnographic Interview*[M]. New York：Holt，Rinehart & Winsotn，1979.

[120] Thomas J R，French K E. *The use of meta-analysis in exercise and sport：A Tutorial*[J]. *Research Quarterly for Exercise and Sport*，1986，57：196-204.

[121] Vohs，K. D.，Mead，N. L.，& Goode，M. R. *Psychological effect of money*[J]. Science，2006，314：1154-1156.

策划编辑：佟　晖
责任编辑：佟　晖
责任校对：未　茗
版式设计：李　鹤

图书在版编目（CIP）数据

体育科学研究方法：体育教育、运动训练方向 / 《体育科学研究方法》编写组编.
-- 北京：北京体育大学出版社，2013.8（2020.9重印）
高等教育体育学精品教材
ISBN 978-7-5644-1412-2

Ⅰ. ①体… Ⅱ. ①体… Ⅲ. ①运动训练－科学研究－研究方法－高等学校－教材 Ⅳ. ①G808.1-3

中国版本图书馆CIP数据核字（2013）第189850号

体育科学研究方法：体育教育、运动训练方向

《体育科学研究方法》编写组 编

出版发行：北京体育大学出版社
地　　址：北京市海淀区农大南路1号院2号楼4层办公B-421
邮　　编：100084
网　　址：http://cbs.bsu.edu.cn
发 行 部：010-62989320
邮 购 部：北京体育大学出版社读者服务部 010-62989432
印　　刷：北京瑞禾彩色印刷有限公司
开　　本：787mm×1092mm　　1/16
成品尺寸：185mm×260mm
印　　张：17.75
字　　数：431千字
版　　次：2014年1月第1版
印　　次：2020年9月第4次印刷
定　　价：70.00元